유엔 세계평화의 날 제창자
경희학원 설립자

조 영 식

유엔 세계평화의 날 제창자
경희학원 설립자

조영식

발행	조정원	국제밝은사회재단 이사장
집필	홍덕화	연합뉴스 독자부 기자
감수	안영수	경희대학교 명예교수
	최상진	경희대학교 명예교수
편집위원	허 종	밝은사회국제클럽 한국본부 총재
	박흥순	유엔한국협회 부회장
	이원종	국제밝은사회재단 사무총장
	손용우	한반도선진화재단 정책위원
편집간사	원소영	밝은사회클럽 국제본부 간사

펴낸날   초판 1쇄 2023년 2월 15일

펴낸이   서용순
펴낸곳   이지출판

출판등록 1997년 9월 10일
등록번호 제300-2005-156호
주소   03131 서울시 종로구 율곡로6길 36 월드오피스텔 903호
대표전화 02-743-7661 팩스 02-743-7621
이메일   easy7661@naver.com
디자인   김민정
인쇄   ICAN
물류   (주)비앤북스

ISBN 979-11-5555-193-6   03990
ISBN 979-11-5555-195-0   05990

※ 잘못 만들어진 책은 교환해 드립니다.

미원 탄신 100주년 기념

유엔 세계평화의 날 제창자
경희학원 설립자

조
영
식

홍덕화 지음

이지출판

▲ 경희학원 설립자 조영식 박사

▲ 서울 동대문구 회기동 고황산 자락에 들어선 경희대 서울캠퍼스 본관 석조전 건물은 고대 그리스식 기둥과
삼각형의 박공벽 등 신고전주의 양식으로 지어졌고 태극과 무궁화 문양 등 한국적인 요소들도 부분적으로
반영돼 있다. 2018년 12월 국가등록문화재 제741호로 지정되었다.

文化世界의創造

▲ 웅비의 기상을 담은 서울캠퍼스 교시탑. 1955년 7월 건립된 이 탑에 동양의 정신문화와 서구 물질문명을 조화시켜 값지고 풍요롭고 보람 있는 사회를 교육지표로 삼는다는 의미로 '문화세계의 창조'라는 글을 새겼다.

▲ 경희대학교의 상징인 '웃는 사자상.' 졸업생들의 성금으로 본관 앞에 세웠다.

▲ 창가에 선 미원. 6·25전쟁 중이던 1951년 부산 피란지에서 대학을 인수한 것은 "교육의 힘으로 나라를 바로 세우겠다"는 '교육입국론'의 웅지에서 비롯됐다.

▼ 미원이 환도 후 서울캠퍼스 부지 모색 차 휘경동 일대의 청량산에 올라 일제 식민지의 잔유물인 방치된 채석장과 황폐한 산골짜기 등을 살펴보고 있다.

▲ 경희대학교 조감도(校舍分布全景圖). 1953년 7월 휴전으로 수도 서울로 돌아온 미원은 그해 10월 고황산 기슭에 교지를 확보해 서울캠퍼스 공간을 구성한 뒤 일관교육체계를 구축하고 학술연구, 사회공헌 등 대학의 역할을 재정립하는 등 마스터플랜을 수립했다.

▼ 경희인에게 높은 기개와 웅지를 심어 주기 위해 1955년 5월에 세운 높이 12m, 폭 14m의 등용문(登龍門). 이곳으로 드나드는 학생들에게 뜻을 세우고 세상에 나아가 마음껏 펼치라는 의미를 담고 있다.

▲ 서울캠퍼스 본관 건물에 '세계 지성의 향연'으로 불린 제2차 세계대학총장회 참가자들을 환영하는 현수막이 태극기와 함께 걸려 있다.

▲ 동양 최대 규모와 설비를 갖춘 서울캠퍼스 중앙도서관 내부 모습. 1968년 6월 경희대에서 열린 제2차 세계대학총장회를 앞두고 건립되었다.

▼ 1957년 10월 준공된 한국 스포츠의 요람 체육대학관. 뒤쪽으로 국제 규모를 갖춘 종합운동장이 보인다.

▲ 제2차 세계대학총장회 치사를 하기 위해 경희대에 도착한 박정희 대통령을 행사장으로 안내하는 미원.

▼ 미원이 제2차 세계대학총장회에서 개막인사를 하고 있다.

▲ 경희대가 개최한 제2차 세계대학총장회의는 세계 31개국 대학 총장 105명을 포함한 참가자 154명, 박정희 대통령과 피터 삼마르티노 미국 페얼리디킨슨대학교 총장, 대만의 세계적인 석학 린위탕(林語堂) 박사, 주한 외교사절 등 국내외 귀빈 300여 명, 보도진 200여 명 등 1천여 명이 참석했다.

▲ 유엔은 1981년 11월 30일 제36차 총회를 열어 미원의 제안을 상정해 157개 회원국의 만장일치로 가결, 매년 9월 셋째 주 화요일을 세계평화의 날로, 1986년을 세계평화의 해로 제정했다. 이후 2001년 유엔은 기념행사가 최초로 개최된 9월 21일을 '세계평화의 날'로 재조정하여 오늘날까지 그 의미를 이어오고 있다.

▲ 미원이 1981년 코스타리카에서 열린 세계대학총장회에서 '세계평화의 날' 제정을 유엔에 제안하는 모습. 당시 유엔 회원국이 아닌 한국을 대신해 코스타리카 정부가 유엔총회에 정식 의제로 상정했다.
▼ 유엔이 제정한 세계평화의 해(1986년) 10주년 기념식에서 연설하고 있는 미원.

▲ 하계 농촌봉사활동에 참가한 학생들을 찾아가 격려하는 미원.

▼ 학생들과 봉사활동에 대해 환담을 나누면서 건전사회운동, 잘살기운동, 자연애호운동, 인간복권운동, 세계평화운동 등 5대 운동의 전개 배경을 설명하는 모습.

▲ 서울캠퍼스 학생들이 여름 방학을 이용해 농촌 지역을 방문, 아이들과 함께 지내며 교육봉사 활동을 하는 모습.

▼ 경희대 총학생회 주도로 농촌 지역에서 교육과 의료봉사 등 다양한 활동을 진행했다.

▲ 의사국가고시를 비롯해 각종 국가고시 전체 100% 합격을 축하하는 현수막들.

▲ 대한적십자사 · KBS 이산가족찾기 현수막 앞에 선 미원. 1천만 이산가족재회추진위원장으로 이산가족 상봉 행사를 주도했다.

▼ 1969년 개교 20주년을 맞아 경희인상(8선녀상)을 완공했다.

▲ 신흥대학교 제4대 학장으로 취임하는 미원(1954. 5. 20).

▶ 미원은 서울 환도 후 운동장에서 아침 조회를 열고 자유와 민주시민 등을 주제로 특강을 했다.

▼ 미원이 '인류사회재건'을 주제로 특강하는 모습. 그는 "모든 것이 인간의 재발견이라는 의미에서 인간화되어야 하며, 인간성 회복이라는 인간중심주의에 기초해야 한다"고 강조했다.

소련모스크바국립대학교 총장 로구노

Ceremony Conferring The University Me
Upon Academician Dr. A.L.
...or of the Moscow State
April 30.1991

▲ 아나톨리 로구노프 모스크바국립대 총장이 경희대에서 '대학장(University Merit)'을 받고 수락 연설을 하고 있다.

▼ 1985년 경희대를 방문한 고르바초프 전 소련 대통령은 미원이 주도한 평화운동에 찬사를 보냈다.

국제캠퍼스 중앙도서관 앞 사색의 광장에 세워진
두 개의 오벨리스크에는 '제2르네상스 횃불 들어
온누리 밝히는 등불 되자'라는 표어가 새겨져 있다.

▲ 개교 30주년 기념 '평화의 제전' 현수막과 카드섹션.

▲ 1999서울NGO세계대회. "뜻을 세우고, 힘을 모아, 행동하자!"는 슬로건 아래 NGO대회 역사상 최초로 전 세계 모든 분야 NGO들이 한자리에 모여 NGO 올림픽이라 불리기도 했다.

▼ 유엔은 국제평화를 위한 미원의 공로를 인정해, 51년 UN 역사상 처음으로 'UN세계평화특별공로상'을 수여했다. 미원과 부트로스 부트로스 갈리 유엔사무총장(1996).

▲ 1984년 경기도 광릉에 세운 경희대 제3캠퍼스 평화복지대학원 본관과 전경.

▲ 평화의전당. 1999년 개교 50주년에 맞춰 건립한 4,500석 규모의 대형 문화공간.

▲ 평양3중 시절 공부하는 모습. 어린 시절부터 소문난 책벌레였던 미원은 독서 후 그 내용을 되새겨 보곤 했다. 대학총장으로서 바쁜 일상 속에서도 '생각하는 시간'을 일정에 넣어 둘 정도의 '사색왕'이었다.
▼ 평양3중 때 장대높이뛰기 조선 대표 선수를 지낸 미원은 축구와 탁구 등 여러 운동 종목에서 두각을 나타냈다(뒷줄 왼쪽에서 네 번째).

▲ 미원 조영식과 오정명 부부(왼쪽). 자녀 2남2녀와 함께(중앙). 1947년 월남한 강원도 인제군을 50년 만에 다시 찾아가 '자유를 찾아서'라는 표지석을 세운 미원 부부와 장남 조정원(오른쪽).

▲ 해외 순방 후 김포공항 귀국장에서(1960년대 초). 중절모를 쓴 미원과 어머니 강국수 여사(오른쪽 두 번째), 아내 오정명(왼쪽), 경희대 2대 총장 고병국(오른쪽 첫 번째).

▲ 신흥초급대학 서울연락사무처.
▼ 400평 크기의 운동장과 화단을 갖춘 신흥대학교 동대신동 신축 교사. 1953년 1월 부산 동광동 교사가
  화재로 전소된 후 그 해 3월 말 이곳에 새 교사를 건립했다.

▲ 1953년 부산 동대신동에 건립된 신흥대학교 신축 교사 교문에 '학원의 민주화, 사상의 민주화, 생활의 민주화' 라는 교훈을 써 넣었다.

▼ 의과대학과 약학대학 현판식. 1965년 4월 동양의과대학을 인수·합병함으로써 의대, 한의대, 치대, 약대, 간호대 등 의학계열의 모든 단과대학을 갖춘 종합대학으로 성장하는 기폭제가 되었다.

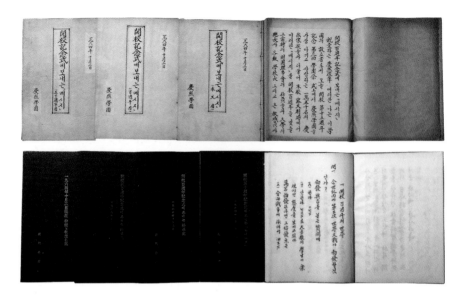

▲ 개교 50주년(1999년)과 100주년(2049년)을 맞게 될 미래 대학생들에게 보내는 메시지. 2012년 2월 18일 미원이 타계한 후 유품을 정리하는 과정에서 발견된 편지 원본과 학생 대상의 앙케트, 연혁, 교수 명단 등이다.

▲ 미원의 역저들. 『민주주의 자유론』, 『문화세계의 창조』, 『인류사회의 재건』, 『오토피아』 등 4대 명저와 『우리도 잘살 수 있다』, 『평화대백과사전』 외 45권을 펴냈다.

전기를 펴내며

조정원
세계태권도연맹 총재
국제밝은사회재단 이사장

　늦은 감이 있지만 아버님(美源 조영식 박사)의 전기를 발간하게
된 것을 매우 기쁘게 생각합니다. 2021년은 부모님 두 분의 탄신
100주년이자 아버님이 제창하여 제정된 '유엔 세계평화의 날' 40주년
이 되는 해였습니다. 전기는 각각 100주년의 인간적인 의미와 40주
년의 역사적인 의미를 기념하자는 취지에서 시작했습니다. 특히
아버님의 생애와 업적을 회고하면서 당신의 사상과 비전을 새롭
게 조명하고자 했습니다.

　전기는 그동안 출판된 경희대학교와 밝은사회클럽 등 기관들
의 공식적인 문헌에 의존하면서도 그동안 밝혀지지 않았던 자료
를 발굴하고 주변의 증언 등을 참고하여 이를 재구성하고자 노력
했습니다. 어려움도 있었습니다. 아버님과 함께 동고동락한 많은
분들이 이미 작고했거나 연로한 이유도 있었고, 그분들의 기억과
기존 자료 간에 일부 차이도 있었기 때문입니다. 그러나 흩어진

점들을 얽어 가면서 의미 있는 결과를 얻기도 했습니다. 보람된 시간이었습니다.

이번 전기는 경희대학교 평화복지대학원을 졸업한 아버님의 제자 홍덕화 동문이 집필했기에 그 의미가 적지 않다고 생각합니다. "스승의 은혜는 하늘과 같고 제자는 스승의 가르침과 발자취를 따라야 한다"고 했습니다. 아버님의 철학과 이상을 가르침으로 받은 홍덕화 동문의 여러 단상과 소감이 전기에 흥미를 더해 주고 있어 또 다른 감회를 느낄 수 있었습니다.

아버님은 이미 70여 년 전 인류의 정신적 지표로써 '문화세계의 창조'와 인류사회의 재건을 통한 '종합 문명사회 건설'이라는 비전을 밝힌 바 있습니다. 그리고 이러한 문명사적 대업을 성취하기 위해서는 인간의 자유와 창의 그리고 강인한 의지가 초석이 되어야 함을 강조했습니다. 그래서 "평화는 개선보다 귀하다"라는 모토로 인류사회의 평화운동과 지구적 공동사회 구현을 위한 밝은사회운동(GCS, Global Common Society)을 펼쳐 나갈 것을 제시했습니다.

우리는 오늘날 코로나 팬데믹과 기후 변화, 미·중 패권 경쟁으로 인한 신냉전, 러시아와 우크라이나의 지정학적 전쟁 그리고 종교와 역사의 갈등으로 인한 문명 간 충돌 등 지구적 난제들을 목도하고 있습니다. 또한 AI와 빅데이터 등 정보혁명은 인간에게 협력과 갈등이라는 딜레마를 안겨 주고 있습니다. 그야말로 우리는 전대미문의 위기와 도전에 직면해 있는 것입니다.

이러한 문명사적 대전환기를 현명하게 대처하기 위해 아버님의 사상과 비전이 밑거름과 나침반이 되기를 기대합니다. 그리하여 동서 융합의 사상을 바탕으로 인간 존중과 시대적 가치 그리고 공동체적 연대가 중시되는 신문명-신문화의 시대가 펼쳐지기를 소망합니다. 이를 위해서는 더욱더 강력한 세계적인 연대 노력이 필요할 것입니다.

아버님은 제자들에게 "사색은 진리를 뚫어보고 의지는 대망을 성취하기에 역사는 주어지는 것이 아니라 창조되는 것"이라고 가르쳤습니다. 특히 역사적 전환점과 문명적 갈림길에 새로운 시대정신을 이끈 청년들의 꿈과 이상 그리고 강인한 의지와 기상을 높이 평가했습니다.

대한민국은 좌절과 실패 속에서도 응전을 통한 성취의 역사를 만들어 왔습니다. 앞으로도 대한민국 청년들이 올바른 가치관과 비전을 함께 공유하고 펼쳐 나간다면 그 역사는 더욱 빛날 것이라고 믿습니다. 이 전기가 독자들에게 역사적 소명의식과 밝은 미래의 등불을 밝히는 데 도움이 되기를 희망합니다.

끝으로 전기 집필에 열정적으로 헌신해 준 홍덕화 작가, 인터뷰를 통해 아버님에 대한 기억과 추억을 전해 주신 지인들, 감수로 힘을 더해 준 안영수 명예교수와 최상진 명예교수, 아버님에 대한 자료를 발굴하고 치열하게 토론해 준 편집위원들, 아버님이 작사한 곡들을 새롭게 편곡해 준 이우창 교수와 전기 출간을 위해 애써 준 이지출판사 서용순 대표 그리고 특별히 귀한 추천사를 써 주신 반기문 전 유엔사무총장께도 감사드립니다.

시대의 질곡 넘어 무에서 유를 창조한 거인

반기문
제8대 유엔사무총장
보다나은미래를위한반기문재단 이사장

한 세기 앞선 현인(賢人) 조영식

경희대학교를 세계 속의 상아탑으로 우뚝 세운 고 조영식 박사의 전기가 출간된다는 소식을 듣고 무척 반가웠다. 외교관 초년병 시절부터 30여 년 이어 온 조 박사와의 소중한 인연과 이 과정에서 적잖은 은혜를 입은 까닭이다.

사적인 인연을 떠나 세계평화와 인류사회 발전을 위해 일생을 헌신하신 자연인 조 박사의 삶을 되돌아보며 나 자신의 삶도 반추해 보게 하는 전기여서 숙연한 마음으로 원고를 정독했다.

6·25전쟁 폐허 속에서 '재기 불능'이라는 비관적 전망에 짓눌려 있던 대한민국이 전 세계가 부러워하는 강소국으로 자리매김하기까지 전기적 인물들의 역할이 컸다고 본다. 이들 가운데 나라를 세우고 헌법 기초 등으로 국가 기틀을 다진 이승만 초대 대통령과 근대화를 이룩한 박정희 대통령, 민주화의 초석을 다진

김대중 대통령 등이 흔히 거론되곤 하는데, 나는 여기에 교육행정가이자 사상가, 시민운동가로 헌신한 조 박사를 추가하고 싶다.

조 박사는 민간인으로서 우리나라 근대화의 초석을 다지는 데 기여했고, 특히 경희대학교를 세계인이 주목하는 대학으로 키웠으며, 지구촌 건설과 밝은사회운동 등을 통해 국제화를 앞당기는 데 탁월한 역량을 발휘하였다.

'잘살기운동'과 '문화세계 창조', '인류사회 재건' 캠페인은 세상을 이롭게 한다는 홍익인간의 삶을 지향한 조 박사 인생의 1막과 2막에 해당하는 것 같다. 핵전쟁을 막기 위해 동서 진영을 분주히 오가며 "평화는 (승전 후의) 개선(凱旋)보다 귀하다"고 역설하고 "인류 멸망의 위험" 등을 경고한 1980년대 중반 평화운동가의 모습이 90 인생의 3막이자 대단원의 결말로 보였으니 말이다.

전기 원고를 보면 고 미하일 고르바초프 소련 대통령은 1995년 2월 8일 경희대 시청각실에서 행한 '냉전 이후의 신평화 구축'이라는 강연에서 "세계평화의 날(9월 21일)과 세계평화의 해(1986년)가 없었다면 지금 우리가 누리고 있는 평화로운 세계는 없었을 것이다"라고 강조했다. 이는 고르바초프 전 대통령이 조 박사 주도로 유엔에서 제정된 세계평화의 날과 세계평화의 해의 중요성을 평가한 것이다. 제임스 S. 서틀린(James Sutterlin) 전 유엔사무총장실 행정실장도 미원을 가리켜 "냉전시대의 막을 내리게 한 분"으로 평가했다.

미래를 꿰뚫는 남다른 혜안

그동안 책을 펴내는 분들로부터 추천사를 써달라는 요청은 대부분 사절해 왔다. 그러나 조 박사의 장남이고 평소 가까이 지내온 조정원 세계태권도연맹 총재의 부탁은 거절하기 어려웠다.

조영식 박사는 내게 세상에 대해 꿈꾸고 비전을 품을 수 있게 '물댄 동산'처럼 끊임없는 가르침을 주신 스승 같은 분이었다. 오랜 시간 외국에 머물기도 하고, 분주한 일상이 계속되다 보니 제대로 보은을 하지 못했다는 자괴감은 오랫동안 견지해 온 '추천사 사절' 결심을 눈 녹듯 녹여 준 것 같다.

또 내가 외교부장관 시절 출입기자였던 연합뉴스 홍덕화 부국장이 전기를 썼다고 하여 한층 편한 마음으로 추천사를 준비했다. 홍 부국장은 전문 분야인 중국 외에 팔레스타인, 이란, 나이지리아 등 아프리카, 중동 국가들과의 관계 증진에 대한 조언도 아끼지 않았다.

조 박사와의 인연은 1980년 12월 외무부(현 외교부) 유엔과장이 되면서 시작됐다. 당시 고향(충주) 선배인 안영수 경희대 영문과 명예교수의 소개로 처음 뵈었는데, 조 박사의 미래를 내다보는 남다른 혜안에 깜짝깜짝 놀라곤 했다. 그러면서도 세계평화, 하나의 지구촌 등의 예언엔 반신반의했었다. 미·소 충돌의 가능성이 고조되어 세계평화는 아주 요원해 보이던 시절이었기 때문이다.

더군다나 세계가 하나로 통일된다는 말은 허황된 것으로 여겼었다. 그런데 요즈음 디지털 시대에 우리가 목도하는 것, 즉 온라인으로 지구촌이 통일된 것을 보면 조 박사야말로 우리 같은 범인들의 세계관을 크게 뛰어넘는 선각자였음이 분명하다.

'유엔 세계평화의 날 제정' 소식 전달 심부름도

가난한 나라 출신 학자가 세계대학총장회(IAUP)를 출범시킨 업적도 경이롭다. 게다가 국제행사 경험조차 없던 대한민국에서 제2차 대회(1968. 6)를 유치하고 성공적으로 개최했다는 점도 믿기 어려운 조 박사만의 독보적인 능력이었다.

그가 코스타리카의 로드리고 카라조 오디오(Rodrigo Carazo Odio) 대통령을 설득해 1981년 제36차 유엔총회에서 세계평화의 날과 세계평화의 해를 제정하는 결의안을 통과시킨 것도 놀라울 따름이다.

이 역사적인 결의안이 유엔총회에서 기적적으로 채택되었는데 당시 통신 사정이 좋지 않아 유엔대표부를 통해 코스타리카에 전달하는 등 심부름을 해야 했다. 이와 관련해 내가 담당한 의미 있는 역할이 있었다면, "세계평화의 날 제정의 숨은 공로자는 조영식 총장이다"라는 메시지를 국내 언론에 전달한 것이었다. 이런 내용의 보도자료를 만들어 조선, 동아, KBS 등 신문과 방송사에 배포했다.

나 자신도 2015년 9월 25일 유엔총회에서 모겐스 리케토프트(Mogens Lykketoft, 전 덴마크 국회의장) 의장이 유엔과 국제사회의 목표인 '지속가능한 개발목표(SDGs)를 위한 의제 2030'을 채택하는 의사봉을 두드리던 순간을 잊을 수 없다. 현장에서 환호하던 150여 명의 세계 지도자들과 함께 감동의 도가니에 빠졌던 기억이 난다. 41년 전 유엔총회장에서 조 박사가 감격에 겨워 환희와 함께 탈진된 것 같았다던 말씀과 똑같은 심정이었다.

조 박사(당시 경희학원장)가 병석에 계실 때 마지막으로 뵙고 나오면서 "초인적인 정신을 소유한 비범한 인물"이라고 생각했다. 유엔사무총장으로 선출된 2006년 10월 초 출국 인사 차 찾아뵈었을 때 깜짝 놀랐다. 뇌출혈로 쓰러졌다가 가까스로 회복되어 누워 계시던 분이 넥타이에 정장 차림으로 꼿꼿이 앉아 나를 기다렸던 것이다.

비서실에서 모셨던 안영수 교수나 간호사들이 "불편하신데 환자복 차림으로 만나셔도 됩니다"라고 했지만, 한 치의 흐트러짐 없는 자세로 차기 유엔사무총장이 된 나를 예우한 것이었다. 그런 조 박사의 부음을 전해 듣고 유엔사무총장의 이름으로 성명을 발표하고 장남 조정원 총장과 이유경 사모님께 전화를 걸어 애도하며 위로 인사를 드렸던 기억이 난다.

마음속 두 스승, 조영식과 노신영

한 세기 앞서가는 선지자적 인물로 꼽는 또 다른 마음속 스승이 있다면 외무장관을 역임한 고 노신영(1930~2019) 국무총리다. 조 박사와 노 총리는 선각자로서의 모습은 비슷하지만 학자로서 조 박사가 이상주의적 가치를 현실과 접합시키려 주력했다면,

국가지도자였던 노 총리는 현실주의에 기반을 둔 이상을 추구하는 서로 다른 삶의 궤적을 그렸다고 볼 수 있다.

1980년 12월 주 유엔대표부 1등서기관 임무를 마치고 귀국, 외무부 국제연합과장이 됐을 때 노신영 장관은 "앞으로 10년 후 중국, 소련과 수교가 터진다"는 말로 모든 사람들을 놀라게 했다. 그러면서 과장들에게 중국어와 소련어(러시아어)를 배우도록 지시했다. 과장들은 장충동 소재 외교안보연구원에서 아침마다 외국어 강습을 한 뒤 출근해야 했다. 정확히 10년 후인 1991년 9월 소련과 수교를 했는데, 노 장관이 예측한 것은 아무리 생각해 봐도 수수께끼 같다.

장티푸스로 사경 헤매던 날 구해 준 은인

조 박사와의 또 다른 인연의 끈은 장티푸스 전염병이었다. 고 이범석 외무장관이 1982년 인도에서 열린 비동맹 외상회의에 참석할 때 유엔과장으로 수행한 나는 음식을 잘못 먹어 장티푸스에 걸렸다. 귀국 후 잠복기를 거쳐 체온이 43도까지 치솟아 고열에 시달리면서도 병원을 못 구해 발을 동동 구를 때였다.

안영수 교수를 통해 경희의료원에 간신히 입원했는데, 조 박사가 병문안을 오셨다. 입원실을 특실로 옮겨 주고 주치의를 데리고 병실에까지 오셔서 "국가를 위해 큰일을 할 사람인데 건강해야 한다. 꼭 완쾌되어 퇴원할 수 있게 만전을 기해 달라"며 최영길 박사에게 간청하는 모습에 눈시울이 뜨거웠던 기억이 아직도 생생하다.

앞에서 말했지만, 조 박사와 대화를 하다 보면 평범한 우리 상식에는 (속된 말로) '핀트'가 맞지 않는 말이 가끔 나온다. 그런데 신기하게도 시간이 지나면 딱딱 들어맞는 것이었다. 세상에는 (가끔씩이라도) 우리와 다른 그런 위인들이 태어나기 마련이다. 이들이 세상을 구원하고 실질적으로 발전시키는 사람인 것 같다. 내가 세상 사람들 모두 부러워하는 유엔사무총장을 지냈지만, 나는 조영식이나 노신영처럼 선각자급 인물 축에도 못 들어가는 이유이기도 하다.

그에게 내재된 위인의 면모 중 하나는 책을 많이 읽고, 또 끊임없이 집필하는 모습이다. 오래전에 펴낸 책들을 읽다 보면 한참 후에 우리가 당면한 국제정세와 맞아떨어지는데, 감탄할 정도다. 참으로 특이한 분이라고 생각된다. 이런 얘기들을 남들에게 들려주면 믿기 어려울 수도 있다. 그런데 나는 조영식 박사를 수십 년간 옆에서 지켜본 덕분에, 그가 실로 여러 면에서 비범한 분이요, 세상이 꼭 필요로 하는 인물이었음을 깨달았던 것이다.

기후 위기, 신냉전 시대 헤쳐 나갈 지혜와 철학 얻길

작년 여름 유럽을 강타한 최악의 폭염과 초대형 산불, 가뭄 등 기후 변동 조짐과 코로나 팬데믹이 시사하는 바가 적지 않다. 우선 기후 변화 위기와 전염병 대확산 등은 전 세계적 위기가 발생하면 어떤 모습이 될 수 있는지 예고해 준 '경고'라고 할 수 있다.

러시아의 우크라이나 침공을 비롯한 현재 진행 중인 지정학적 갈등, 또 이로 인한 경제위기 심화, 이상기온 등 기후 변화, 생물 종 다양성의 감소 등은 인류의 지속가능한 미래를 위협하는 요인 들이다. 우크라이나 사태에 이어 북한의 핵과 미사일 위협 수위 가 점차 높아지고 대만해협의 전운 고조 등 신냉전 시대를 맞아 전 세계 사회 경제는 물론 삶의 방식이 위협받고 있다고 해도 과 언이 아니다.

코로나 바이러스 창궐 이후 수년 간 각국들은 앞다퉈 국경을 봉쇄했다. 근래 들어 초유의 일이다. 이어 세계 경제를 강타한 공급망 부족으로 국가 간 경쟁이 격화하며 고립주의가 심화되면 서 민주주의의 기초도 흔들리고 있는 상황이다. 이런 복합적인 위기 시대를 헤쳐 나가면서 인류의 건강하고, 평화롭고, 지속가능 한 번영을 이룩하기 위해서라도 다자간 협력이 더욱 절실해졌다.

이런 절체절명의 상황에서 이 책이 조영식 박사가 남긴 고귀한 유산들인 '전쟁 없는 평화', '건강한 지구', '성숙한 인류사회 재건' 의 비전을 선포했던 그 사자후에 귀 기울이고, 다자협력 정신을 따라 배우는 교재로 활용될 수 있기를 기대한다.

그가 일찍이 내다본 아시아 태평양 시대가 눈앞에 펼쳐져 있 고, 하나로 연결된 지구촌 시대가 도래한 지 많은 시간이 흘렀지 만 그의 소망과 달리 전쟁과 각종 분쟁, 전염병, 기후 변동 등 다 양한 위험 요인들이 급증 추세를 보이고 있다. 이처럼 총체적인 지구적 위기를 완화하고, 해소 노력을 기울여 나갈 수 있는 지혜 와 통찰을 이 책에서 얻을 수 있다는 생각에 일독을 적극 권한다.

차례

제1부 자유를 찾아 38선을 넘다

제1장 식민 치하에서 미래를 꿈꾼 청년

제2부 교육입국의 횃불을 들다

프롤로그

실천적 사상가 조영식을 만나다

나라를 잃은 일제 식민지 시절, 음악에도 세계지도에도 나오지 않는[1] 조선 땅에 세계를 품은 청년이 있었다. 소학교 때는 작은 키와 소심한 성격에 그리 눈길을 끌지 못했던 미원(美源) 조영식(趙永植). 하지만 타고난 책벌레로 '손에서 책을 놓지 않는다'는 수불석권(手不釋卷) 정신을 실천해 온 소년은 흙(이광수), 상록수(심훈) 류의 신문연재소설과 위인전, 세계문학전집을 끼고 살았다.

평양숭실중학교(5년제 평양3중 전신, 이하 평양3중)에 진학해서는 공자에서부터 소크라테스, 파스칼, 칸트까지 동서양 사상전집을 독파했다. 왜소한 체구에 비해 정신만큼은 매우 실팍했던 그런 그가 널리 인간을 이롭게 하고(弘益人間), 밝고 건강한 세상을 만들겠다(爲世獻身)는 꿈을 키우고 이상을 실현하기에 식민지 조선 땅은 협소했다. 그 시절 평양3중을 졸업하고 숭실전문학교로 진학하던 대세를 따르지 않고 미원이 현해탄을 건너 일본으로의 유학을 선택한 배경이다.

식민 국민으로서 법학 등 인기 학과 진학이 어렵게 되자 그는 도쿄에 있는 일본체육전문대학에 진학했다. 이는 전화위복의 계기가 됐다. 평양3중 때 전국체전에 조선 대표로 출전한 장대높이뛰기 종목에서 입상한 경력을 인정받았다. 당시 이 대학은 독일 쾰른 소재 독일체육대학과 함께 세계 체육대학계의 양대 산맥이었다. 아울러 일본이 메이지 유신을 통해 선진 문물을 적극 수용한데다 학생들에게 문예, 사상, 과학기술 등 다양한 학문을 접하도록 권장한 것도 일본으로의 유학을 선택한 이유였다.

일본 유학은 청년 미원이 철학과 과학 등 학문의 영역을 개척하고 이를 소화해 90 평생 다양한 학문 세계를 담게 된 그릇을 빚은 시기로 볼 수 있다.

문화세계의 창조, 인류사회의 재건, '당위적 요청사회'를 뜻하는 오토피아(Oughtopia)의 건설. 이는 학도병으로 끌려가 여러 차례 죽을 고비를 넘긴 청년 미원이 해방 후 자유를 찾아 월남해 세계를 품게 되면서 그린 꿈이자 청사진들이다. 그는 1948년 27세에 펴낸 첫 저서 『민주주의 자유론』에 이어 3년 뒤 6·25전쟁 중이던 1951년에는 『문화세계의 창조』를 출간했다. 그리고 1965년 『우리도 잘살 수 있다』는 책을 펴내면서 새마을운동의 모태가 된 잘살기운동을 전국적으로 전개했다.

이런 기념비적인 저서 발간 행진은 물질문명의 폐해에 대한 우려의 목소리가 점증되고 핵전쟁 위기가 고조되던 시기에도 계속됐다. 1970년대 5년 간격으로 또다시 세계 지성계를 크게 진동시킨 역저 2권을 펴내기에 이르렀다. 1975년 『인류사회의 재건』,

1979년『오토피아』를 연이어 선보였다. 이 가운데 피란지 부산에서, 그것도 총성과 포성 속에서 집필한『문화세계의 창조』는 필자를 비롯한 제자와 후학들에게 지적 충격과 함께 큰 감동을 준 책이다.

생사조차 가늠하기 어려운 전쟁의 공포와 극도의 혼란 속에서 국민 절대 다수가 굶주리거나 허기진 배를 움켜쥐고 연명하던 그 시절에[2] 문화세계 창조의 비전을 제시한 것은 경이로움 그 자체다.[3] 30세 청년이 갈파한 그 '문화세계'는 단순한 사전적 의미인 '문화적 보편성의 확대'가 아닌 '발전적 자유', '문화복리' 등 지고지상(至高至上)의 품격을 지닌 개념이었다.

미원이 세계적인 지도자 양성을 목표로 세운 경희대 평화복지대학원 학생들은 수요토론회와 목요특강 등에서 미원과 대화를 나눌 때면 그가 그리는 '구원(久遠)한 이상', '인류사회 재건', '종합문명세계' 비전에 흠뻑 빠져들던 기억이 생생하다.

휴전협정(1953. 7. 27)으로 임시 수도 부산에서 환도한 뒤 전 국토가 잿더미로 변한 막막한 상황에 처해 있었지만 미원은 학도병 시절 수차례 생사를 오간 경험을 되살려 팔을 걷어붙이고 전후 복구사업과 학교 재건 과정을 진두지휘했다. 그가 주력한 것은 농촌계몽운동 등을 통해 "우리도 잘살 수 있다"는 희망을 심어 주고, 넘어진 자를 일으켜 걷게 한 '잘살기운동'이었다.

1963년 이를 눈여겨보던 박정희 대통령에게 이 운동의 철학과 비전을 제시해 새마을운동을 탄생시킨 주역이 된 배경이다. 농어촌

소득증대 등으로 대표되는 새마을운동의 성과로 숙명 같았던 보릿고개를 넘기게 되자 물질문명에 찌든 인류사회 재건과 문화세계 창조라는 야무진 꿈이 되살아난 것이다.

이미 세계 방방곡곡을 돌며 지적 탐험을 마친 붕새(미원 조영식)의 나래는 좁디좁은 남한 땅에 머물지 않고, 천하를 주유하고 일세를 풍미하도록 구만리 바람[4]을 일으킨 듯했다. 미원의 지적 탐험은 『민주주의 자유론』, 『문화세계의 창조』, 『인류사회의 재건』, 『오토피아』 등 4대 저서로 끝나지 않았다. 이는 둥지(연구실)에서 노래만 하는 새(학자)가 아닌 두 날개를 활짝 펴고 자신을 필요로 하는 곳으로 날아가 붕정만리(鵬程萬里)의 이상과 비전을 실현시키려 진력해 온 실천가요 행동가였음을 짐작하게 한다.

21세기 인류사회를 이끌어 온 경희정신

미원은 전후 재건 과정에 발맞춰 "우리도 잘살 수 있다"는 기치 아래 문맹퇴치와 농촌계몽 등 범국민 잘살기운동을 전개했다. 박정희 정부가 이를 새마을운동으로 승화시킴으로써 농어촌의 소득증대와 도시 가구의 경제력 향상으로 이어졌다. 사회 전반의 부흥을 이끌어 낸 경희의 정신운동은 여기에 그치지 않고 밝은사회운동, 인류사회재건운동, 전쟁 없는 세계평화 캠페인 등으로 확장, 발전해 왔음은 국내외 언론을 통해서도 알려진 바 있다.

1983년에는 '1천만 이산가족재회추진위원회'를 출범시켰다. 실향민이기도 했던 그가 KBS와 함께 이산가족 상봉운동을 시작한 까닭은 남북 이산가족들의 한을 달래고 풀어 주면서 남북한의 적대 관계를 해소하기 위한 다목적 포석에서였다. 이처럼 미원이 일생 동안 주력한 일 중 어느 하나도 우리 국민의 삶에서 벗어나거나 나라 발전에 기여하지 않은 것이 없었다.

독자적인 사상을 창안한 철학자로서의 모습은 또 어떠한가. 그는 교육행정가이자 50년 연구를 토대로 주리생성론과 전승화론을 창시한 철학자였다. 또 사회운동가로서, 일생을 인류평화를 위해 헌신한 평화운동가로서 이 땅의 숱한 범부들이 흉내 내기 어려운 위인임은 미원과 교류해 온 국내외 석학이나 측근들의 일치된 견해이기도 하다.

그가 교육을 통한 평화 구현의 꿈을 꾸게 된 계기는 개인의 체험에서 비롯된 환경적 측면으로 설명할 수도 있다. 식민통치와 소련 군정, 북한 공산 치하의 탄압, 6·25전쟁으로 동족상잔의 아픔을 두루 겪으면서 전쟁의 참상에 전율을 느끼게 된 경험을 토대로 이 같은 꿈을 현실로 만들어가기 시작했다.

미원은 전시 수도 부산에서 2년제 신흥초급대학을 인수한 데 이어 유치원·초·중·고교·대학·대학원에 이르기까지 한 캠퍼스에서 모든 교과과정이 체계적으로 진행되는 일관(一貫)교육체계를 갖추게 됐다. 국내외 교육전문가들과 미원 측근들은 이를 "한국 현대 교육사에 쌓아올린 금자탑"[5]으로 평가하면서 그 동인을 미원만의 남다른 교육철학과 불요불굴의 의지로 설명해 왔다.

미원 저작물 접근과 이해 돕는 디딤돌 역할

미원 전기는 필자만의 노력으로 탄생한 것이 아니다. 그의 장남 조정원 총재와 허종 밝은사회국제클럽(GCS) 한국본부 총재, 경희대 총장 비서실에서 미원을 오랫동안 보필한 안영수 영문학과 명예교수 등 여러 편집위원들의 집단 지성의 작업으로 이루어졌다.

이 중에서도 경희대 문과대학장과 『경희 50년사』 편집위원을 지낸 최상진 명예교수가 팩트와 오류 등을 지적, 첨삭해 주었다. 또 난해한 측면이 많은 미원의 사상 부문은 연구자들의 자문을 받았다. 편집위원들과 꼼꼼하게 문맥을 따져 가며 문장의 오류를 지적해 준 최창근 작가에게도 감사를 표한다.

2019년 5월 26일 경기도 남양주시 조안면 삼봉리 묘역에서 열린 오정명 여사 추도식 후 조정원 총재 주도의 회의에서 전기 출간 계획이 발표됐다. 이 자리에서 필자가 작가로 선정된 후 10여 차례 편집회의를 열었다. 여러 의제 중 비교적 고심한 것 중 하나는 난이도 조정과 목표 독자(target readership) 결정이었다.

일각에서는 서점 판매를 결정한 만큼 고교, 대학생도 부담 없이 읽을 수 있는 쉬운 내용으로 집필해 주길 당부했다. 필자가 가본으로 내놓은 것에 대해서도 한자어나 어려운 고사성어가 등장하는 것에 대한 지적도 있었다. 반면, "이 정도는 읽을 수 있어야 한다"는 반론도 있었다. 미원이 창시한 오토피아 사상이 세계 지성계에서 극찬을 받았음에도 우리 독자들이 쉽게 접하기에 어려운 점이 있는 만큼 이 전기가 미원의 방대한 저작물로 통하는 디딤돌 역할을 하면 좋겠다는 의견이었다.

이 전기가 1950~70년대 왕성하게 저술 활동을 한 미원의 저작물에 간직된 보물섬으로 건널 수 있는 다리가 되어 달라는 동문회 일각의 권고도 있었다. 평생 독서와 저술에 진력한 미원의 방대한 저작물이 국내외에서 제대로, 또 공정한 평가를 받도록 돕는 교량 역할이 중요한 과제라는 지적이었다.

이런 점에서 이 책이 심오한 행적을 남기며 일세를 풍미했던 미원의 삶의 궤적의 대강을 이해하고 그가 남긴 방대한 사상과 연구서들에 좀 더 가까이 다가가 살펴보는 데 도움이 되면 좋겠다. 세계평화와 인류사회의 재건, 밝고 건강한 사회 건설 등 미원이 뜻을 세우고 실천해 왔지만 여전히 미완성으로 남겨진 원대한 비전은 이를 유산으로 물려받은 제자와 동료 연구자들에게 시급한 과업으로 남아 있음을 재확인해 둔다.

'전장 최소화' 등 핵전쟁 불가피론 반박한 미원

지구 멸망을 경고하는 기후 급변동과 로봇, 인공지능(AI)에 의한 '인간성 말살' 우려에 이어, 코로나(COVID-19) 팬더믹으로 세계 각국이 불안에 떨고 있다. 이러한 문명사적 대전환의 시대를 맞아 인류사회가 어느 때보다도 경각심을 가지고 '지구공동사회적 협력'에 적극적으로 나서야 할 시점임을 생각해 본다.

감염병 대위기에 이어 러시아의 우크라이나 침공, 북한의 지속적인 핵위협 등으로 신냉전 체제가 도래한 오늘, 타락일로의 인류사회 재건과 핵전쟁 예방이 시급한 과제임을 전 세계에 경고한 선각자로서, 교육을 통해 평화를 실천한 사상가로서 일생을 완전 연소하고 떠난 미원 같은 인물이 더욱 절실해진다.

미원은 1980년대 핵전쟁 위기가 한층 고조되었을 때 각종 국제회의장에서 각국 지도자들을 찾아다니며 인류 종말의 위기를 경고하기도 했다. 그는 "핵전쟁을 막기 어려운 만큼 전장을 최소화하자"는 견해를 내놓는 전략가들에게 전쟁의 속성을 들어, '핵전장(核戰場) 최소화'는 불가능하다고 역설했다. 이러한 숨은 노력을 통해 미·소 데탕트를 이끈 주역의 일원이었던 미원에게 지혜를 구하고 싶은 마음 간절하다.

그의 떠남을 애달파하고 그리워하는 독자들의 애정과 지혜에 힘입어 미원 조영식이 꿈꾸었고 도전했던 그의 이상이 속히 실현되고, 그가 흘린 땀이 사후에라도 합당한 평가를 받을 수 있기를 소망해 본다.

1 김춘수의 시 '부다페스트에서의 소녀의 죽음'에서 따온 표현이다.

2 미국의 비영리 국제구호기관인 HEIFER INTERNATIONAL은 전쟁 당시인 1951년 한
   국에 가축을 보내는 구호사업을 앞두고 실태조사를 한 결과 "한국 농가의 주요 자
   산인 가축이 대부분 사라졌고 식량이 절대적으로 부족하다"는 사실을 확인했다. (연
   합뉴스 2020. 6. 21. 당시 필자가 헤퍼 자료와 관계자 인터뷰를 토대로 작성한
   기사다(6·25전쟁 70년)① 폐허의 한국 축산업 되살린 '노아의 방주').

3 '문화세계'라는 말에 집약된 미원의 사상은 전승화(全乘和) 이론에 의한 유기적
   세계관을 바탕으로 한다. 우주의 모든 개별적 존재는 각각 독립된 실체인 동시
   에, 시간과 공간이라는 제약 속에서 서로 영향을 주고받으며 역동적으로 상생·
   발전하는 관계적 상관자라는 것이 전승화 이론의 기본 개념이다. 미원조영식박
   사기념사업회, 『학문과 평화 그 창조의 여정』 p.124, 2014.

4 장자(莊子)는 구만리나 가는 거센 바람이 불면 붕새가 날아오른다고 했다. 보통 운
   이 좋은 시기(時運)를 상징하기도 한다. 『장자(莊子)』 내편(內篇) 소요유(逍遙遊).

5 고 곽응철 밝은사회국제클럽 한국본부 부총재. 미원과 동향이자 서울법대 후배
   로 육군 제3사단장과 파월 비둘기부대장을 지냈다.

제1부

자유를 찾아 38선을 넘다

"생각하는 자 천하를 바로 세운다."
미원 조영식

눈을 들어 하늘을 보라, 땅을 보라

조영식

끝없는 저 하늘
하늘 뒤에 하늘이
그 뒤에 또 아득한 하늘이 이어진다.
아~ 무한한 우주의 대공간이여!

우리 인간의 삶이
오직 한 찰나 속에 있거늘
어제도 그제도 그그제도
아니 내일도 모레도 글피도
한없이 흐르는
영원한 순간순간 속의 삶이여!

그 속에 나도 있고 너도 있고,
나와 남이 아닌 만물도 함께 있네

(중략)

그 속에 있는 나는 누구이고 또 무엇인가?
아~ 내가 누구이길래
어떻게 여기에 존재하며
어디서 왔다 어디로 가고 있는가?
눈을 들어 하늘을 보라, 땅을 보라!

식민 치하에서 미래를 꿈꾼 청년

구름골 '운산'의 사계

평안북도 동쪽 끝에 자리한 구름골 운산(雲山). 빽빽이 우거진 수풀이 구름처럼 둘러싸여 있다 하여 생긴 지명이다. 첩첩이 깊고 큰 골짜기와 수많은 산봉우리가 빙 둘러 있어 고개를 들면 하늘만 보이는 분지, 구름도 장대한 산세(山勢)에 눌리고 하늘 아래 첫 동네의 절경에 놀라 쉬어 가는 곳이다.

남쪽으로 묘향산맥을 등지고 북쪽을 바라보면 중국 만주(동북3성)와 접한 압록강이 흐르고 산등성이에 올라서면 황해 앞바다가 눈앞에서 손짓한다. 북쪽에는 '오랑캐가 넘어오는 고개'를 뜻하는 적유령(狄踰嶺) 산맥이 내달리는데, 북쪽 여진족에게 오랫동안 시달린 나머지 이런 이름을 얻게 되었다 한다.

적유령 지맥이 동서로 뻗어내려 생긴 1,316m 피난덕산을 시작으로 1,165m 동림, 847m 도리산 등의 고봉들이 줄지어 솟아 있다.

1,025m 대암봉과 1,022m 송곡산에서 발원한 온정천이 운산군 동북쪽 소고개를 휘돌아 내려온 우현강과 합류해 힘차게 굽이치니 바로 청천강 물줄기인 구룡강 상류다.

서남서 계곡을 흐르는 이 지류들은 김소월이 노래한 '진달래꽃' 만발한 영변의 약산과 남쪽 경계를 이루고, 구룡강을 품은 운산 분지 한가운데로 흘러들어간다. 북으로 적유령, 남으로 묘향산맥을 병풍처럼 두른 이곳은 청천강 상류 분지로 구름에 숨는 날이 많아 고려 때 '구름 가운데 고을'이라 하여 '운주(雲州)'로 불리다가 1413년(조선 태종 13) '운산(雲山)'으로 바뀌었다.

동해의 붉은 기운이 여명을 밀어내면 새털구름 비구름이 몰려들어 일곱 색깔 무지개 궁전을 짓는 운산은 땅거미가 질 때면 바람결에 실려 온 오색영롱한 저녁노을도 일품이다. 선제비꽃이 자홍색 옷을 걸치고 꽃보다 더 아름답다는 산단풍나무도 철따라 화사한 자태를 뽐낸다. 엄동설한에도 송백 등 침엽수들이 눈꽃 잔치를 벌이니 관서 지역을 찾던 문사와 서화가들의 발걸음이 끊이지 않던 곳이다.

예로부터 세상을 이롭게 한 숱한 위인들의 우렁찬 아기 울음소리가 울려 퍼진 곳으로 알려진 운산. 여기 아침저녁으로 구름 속을 거니는, 푸른 하늘을 드높게 이마받이한, 우뚝 솟은 아홉 개 봉우리와 기암절벽들을 바라보며 청운의 꿈을 키우는 소년이 있었다. 훗날 경희학원을 세워 한국 굴지의 사학으로 키워 내고 '당위적인 사회' 오토피아 철학을 창안하여 인류사회 전환의 비전과 청사진을 제시한 미원 조영식이다.

광산촌의 '생각하는 소년'

미래를 내다보는 선각자적 혜안으로 시대의 흐름을 통찰하고 인류사회가 지향해야 할 미래사회의 방향을 제시하며 평생 세계 평화운동에 헌신해 온 미원. 그가 확립한 사상체계와 인류애 정신, 사회운동가로서 일생을 헌신한 독특한 삶의 뿌리는 무엇일까? 그가 어린 시절을 보낸 운산의 지리적 환경과 식민통치, 분단, 전쟁 등의 시대적 배경, 그리고 학도병 징집, 공산 치하 등 청년기의 체험과 무관하지 않아 보인다.

미원은 1921년 11월 22일(음력 10월 23일) 평북 운산군 희천읍에서 광산주인 부친 조만덕과 모친 강국수의 1남1녀 중 장남으로 태어나 어린 시절 운산에서 성장했다. 본관은 배천(白川) 조(趙)씨다. 오늘날 황해도 연백군의 옛 지명 白川의 한자 독음은 '백천'이지만 '배천'으로 읽는다. 배천 조씨의 시조 조지린(趙之遴)은 송나라 태조 조광윤(趙匡胤)의 사실상 장남으로 대를 이을 예정이었던 연의왕(燕懿王) 조덕소(趙德昭)의 아들인 것으로 전해진다. 그는 979년 황궁의 난을 피해 고려(경종 4년)로 망명해 황해도 은천면 도태리, 오늘날 배천에 정착했다. 조지린은 고려 현종 때 금자광록대부(金紫光祿大夫)로 좌복야(左僕射) 참지정사(參知政事) 관직을 받았다.

미원은 일제 강점기였지만 부친이 희천(熙川)에서 장향(長香)광산을 운영한 덕분에 유소년 시절을 비교적 부유한 환경에서 지냈다. '희천'이라는 이름은 994년 거란 1차 침공 때 당시 탁월한 외교술로 고구려의 옛 영토 강동 6주를 돌려받은 서희(徐熙)의 이름에서 딴 명칭으로 전해진다.

운산은 자연 절경 외에도 금이 많이 나는 곳으로 유명하다. 특히 북진에는 세계적인 금광들이 많아 19세기 후반부터 외국 자본이 몰려들었다. 조선 왕조 고종 시절인 1895년 7월 미국 무역상사 사장 제임스 모스(James R. Morse)는 금광채광특허협약을 체결하고 이듬해 4월 동양합동광업회사를 창립했다. 고종은 미국 공사관 서기관 호레이스 앨런(Horace N. Allen)에게 운산 금광 채굴권을 하사했다. 3년 뒤인 1898년 운산 금광의 미국인 경영자는 40명이나 됐고, 조선인 광부와 노동자는 거의 1,200명에 달했다고 한다.

이후 운산 금광 채굴권은 미국 무역상사 사장 제임스 모스에게 넘어갔고, 다시 미국 사업가 헌트에게 3만 달러에 팔려 운영되다가 1938년 일본 정부가 매수해 일본광업주식회사로 넘어갔다.

1900년대 초기에는 운산 금광에서만 해마다 200~500만 원어치 금을 캐냈다. 운산 금광이 대한제국 광무 6년(1902년) 한 해 일본에 수출한 금액이 130만 원에 달했다. 1901년 대한제국의 연간 예산이 600만 원이었음을 고려해 보면 운산 금광이 당시 국내 산업경제에 끼친 기여도와 그 중요도를 가늠해 볼 수 있다.

운산은 중국과 문물 교류 관문으로서의 역할 외에도 대대적인 광산 개발과 서양 사업가들의 운영 참여, 거기에다 철도 부설 등으로 국제 교역과 상거래가 활발하던 곳이다. 이에 따라 남북한 어느 지역보다도 경제개발 속도와 서양 문물 유입이 비교적 빠른 편이었다. 조선총독부가 수풍발전소를 세우고 석탄 기관차가 다닌 곳도 이 지역이 처음이었다.

1939년 발전 능력 66만kw로 당시 구소련에 이어 세계 두 번째 규모의 수풍댐 발전소를 건설하기 위해 정주와 삭주를 운행하는 철도 정삭선이 개통됐다. 수풍발전소 준공 후에는 면(面) 단위 가정마다 전기가 들어오고 좀 잘사는 집에서는 전화까지 놓았다고 한다.

1896년에는 미국인이 세운 운산광산병원이 문을 열었고, 미국과 유럽 등에서 출간된 다양한 책과 팸플릿 등 영어로 된 인쇄물이 광산 사무실과 주변 숙박 시설, 식당 등에 비치되어 있었다.

일제 강점기에 운산은 국내 최대 금광 지역답게 외국인들이 몰려들어 타 지역보다 서양 문물이 빨리 도입되었다. 벽안(碧眼)의 외국인들이 거리를 활보하고 외국어로 된 책들이 곳곳에 널려 있는 주변 환경은 유소년 시절 아버지 손을 잡고 광산에 자주 놀러 다니던 소년 미원의 호기심을 자극했을 것이다.

광산 개발 붐을 타고 조선 땅 최고의 상업시설이 들어선 데다 서양 출신 기업가와 선교사들이 대거 거주하던 이곳에서 광산주 아들로 성장한 미원은 유복한 어린 시절을 보내며 국제화된 사고체계(mind-set)를 갖출 수 있었다.

세계적 인물로 성장한 시공간적 배경

그가 유년 시절을 보낸 운산의 사회·경제적 특징은 일생을 교육가로서 사회개혁운동, 세계평화운동에 전념하며 세계적 인물로 성장하는 데 유리한 시간적·공간적 배경이 되었던 것 같다. 그가 어릴 때부터 세상 밖 일에 관심을 갖고 생각하는 소년으로 자라게 된 시기와 이런 환경 속에서 성장한 공간적 지점은 성장단계에서 동년배에 비해 한층 다층적으로 세상을 바라보며 큰 그림(holistic picture)을 그리는 데 도움을 줬다고 볼 수 있다.

미원이 태어나고 청소년기를 보낸 평안도는 한반도에 기독교가 들어와 가장 기세를 떨치고 교세를 확장한 곳이다. 1902년 운산 읍내에 운산교회가 건립된 데 이어 북진교회도 들어섰다. 1907년에는 '조선의 예루살렘'으로 불린 평양에서 대부흥회가 열리기도 했다. 평양에서는 감리교 소속으로 민족운동의 본산이었던 산정현교회와 장로교 소속 장대현교회 등이 널리 알려져 있다.

역사학자 윤정란이 쓴 『한국전쟁과 기독교』에 따르면, 당시 북한 지역에는 미국 기독교계의 선교지 분할 협정에 따라 북장로교 선교부 소속 선교사들이 황해도 북부와 평안도 등 서북 지역에 대거 진출했다고 한다. 윤정란은 "서북 지역은 신흥 상공인들의 교육 수준이 높아 새로운 문물과 사상을 받아들이기에 적합했다. 청일전쟁과 러일전쟁, 평양대부흥운동 등을 거치면서 서북은 기독교 색채가 가장 강한 곳이 됐다"고 술회했다.

서북 지역의 이와 같은 환경은 미원이 기독교 신앙을 품게 된

토양이 되었고, 청소년기에 목회자의 꿈을 꾸게 했던 것으로 추정된다.

공간석으로 일제 강점기에도 미국 주축의 기독교 선교사들이 대거 전도 활동을 하던 상황으로 학교에서 기독교 교육을 받고 외국 문물을 자주 접했던 것도 미원을 세계 속 인물로 자라게 한 환경을 제공했다고 볼 수 있다. 1915년 당시 서당이 58개나 있었는데, 서당은 신교육이 실시된 1930년대까지도 존립하였다. 또 1909년 무렵 유지들에 의해 사립학교 설립 붐이 일기 시작해 삼달, 벽산, 운룡 등 11개 신교육기관이 있었다.

미원은 소년 시절 할아버지로부터 천자문과 동몽선습, 격몽요결, 소학 등 한학 입문 과정을 배운 뒤 서당을 다니며 사서삼경 등 경서 공부를 했다고 전해진다. 이러한 지식은 후일 미원이 동서양의 사상과 철학을 집대성하여 독자적으로 정립한 '주리생성론'과 '전승화론'의 뿌리가 되었다. 전 생애에 걸쳐 미원의 사유체계가 된 '주리생성론'과 '전승화론'에 대해서는 제2부에서 다루기로 한다.

생각 돌탑

미원은 유년 시절 병약하여 잔병치레가 많았지만 어려서부터 남다른 비범함이 있었다. 게다가 동네 사람들이 예의범절이 바르고 생각이 깊으며 행동거지가 진중한 소년이라고 칭찬하곤 했다.

그는 생각하는 습관을 갖도록 늘 권면하신 아버지의 가르침을 따라 어거스트 로댕의 조각상 '생각하는 사람(Le Penseur)'처럼 어릴 때부터 생각에 잠기기를 즐겼다고 한다.

평양3중 입학 후에는 자연 풍광을 바라보며 홀로 사색하는 습관으로 주변 사람들로부터 이목을 끌곤 했다. 어릴 때부터 생각에 잠기는 미원의 습관은 훗날 제자들에게 사색의 필요성을 역설한 배경으로 이어진다. 분주한 일상 중에도 학생들을 자주 찾았던 미원은 "생각하는 자, 천하를 얻는다"면서 사색하는 삶의 중요성을 누누이 강조했다.

경희대 총장을 지낸 장남 조정원 세계태권도연맹 총재는 생전에 부친으로부터 자주 들었다는 '소년 사색왕'에 얽힌 수수께끼 실타래의 일부를 이렇게 풀어 주었다.

"아버지는 어릴 때 할아버님을 따라 희천읍에 있는 광산에 자주 다니셨는데 하루는 개울가에 있던 돌탑이 무엇인지 궁금해 여쭤봤다고 해요. 할아버지는 '이것은 생각의 탑이란다. 이 앞을 지날 때마다 잠시 멈춰 생각하는 습관을 갖도록 하려무나'라고 당부하셨다고 합니다."

미원은 경희대 총장 시절 주한 외국대사 등 저명인사들의 면담 요청이 쇄도할 만큼 분주할 때도 일정에 사색 시간을 꼭 넣도록 비서실에 지시했다고 한다.

미원에게 있어 운산은 톨스토이의 야스나야 폴랴나(Yasnaya

Polyana)였다. '청명한 숲속의 빈터(Clear Glade)'를 뜻하는 이곳이 『전쟁과 평화』를 쓴 레프 톨스토이의 출생지이자 문학적·사상적 원천이었듯이, 구름골 운산은 미원에게 교육, 애민, 평화 사상을 불어넣어 준 원천이었다. 미원 사상의 주요 토대가 된 사색의 공간이었던 것이다.

운산 구봉(九峯)의 절경이 구름의 조화 속에 명멸하고 산 정상에 오르면 호연지기를 느끼게 해 주던 태평양 바다 등 천혜의 환경은 미원이 사색하는 습성을 씨줄로, 특유의 독서 능력을 날줄로 지혜의 옷감을 짜나가는 데 도움을 주었을 것이다. 특히 광산촌 생각 돌탑을 지나다니며 절로 배인 사색의 일상화는 일생 동안 갈망했던 교육과 사상에 대한 깊은 철학, 사회 변혁에 대한 강한 의지, 세계 평화에 대한 실천 등으로 나타난 것 같다.

지금도 서울캠퍼스와 용인 국제캠퍼스, 남양주 광릉캠퍼스(평화복지대학원) 등 경희대 교정에는 "생각하라, 그 속에 답이 있다"라며 사색의 중요성을 강조해 온 미원의 사상관을 보여 주는 조형물이 곳곳에 세워져 있다.

서울캠퍼스 교정에는 "생각하는 자, 천하를 바로 세운다"는 명구를 새긴 사색비가 방문객들을 맞는다. 국제캠퍼스 사색의 광장(일명 팡세 프라자)에는 원래 크기의 1.5배인 로댕의 '생각하는 사람' 석상이 바닥 타일에 그려져 있는 5대양 6대주를 바라보며 깊은 사색에 잠겨 있는 자태로 세워져 있다. 중앙도서관 벽면에는 미원이 평소 사색하던 28개의 사색 테마가 아로새겨져 있다.

1. 나는 누구이고 무엇을 위해 어떻게 살아야 하나

2. 인간의 삶이란 무엇이고 죽음이란 무엇인가

3. 운명이란 주어지는 것인가 창조되는 것인가

4. 삼라만상의 변화 원리는 무엇인가

5. 이 세상은 유한한가 무한한가

6. 미래는 있는가 없는가

7. 선과 악, 정의와 진리는 어떤 것인가

8. 종교의 참된 의미는 무엇인가

9. 나의 인생관은 어떤 것인가 그리고 세계관 우주관은

10. 우리는 무엇을 위해 발전을 추구하는가

11. 무엇이 진정한 행복인가 가치와 보람은

12. 부, 권력, 향락 추구가 인생의 목적이 될 수 있는가

13. 우주는 창조되는가 진화되는가

14. 우주의 기원과 생명의 탄생은

15. 인류 역사 속에서 전쟁의 의미와 결과는

16. 인류 역사의 회고와 반성은

17. 인간적인 인간사회란 어떤 것인가

18. 현대사회에는 철학이 없다고 하는데 이는 무엇을 뜻하는가

19. 현대 물질 문명 사회의 문제점과 미래 전망은

20. 정보화사회의 문제점은 무엇인가

21. 21세기 동아시아 시대의 한국의 임무와 역할은

22. 진정한 민주주의의 의미와 그 장단점은

23. 유전자의 조작과 미래사회는

28개의 사색 테마

이 테마는 현대를 살아가는 젊은이라면 반드시 생각하고 또 생각해야 할 화두들로, 생각 돌탑이 시공간을 넘어 현대로 옮겨 온 것이다. 광릉캠퍼스에는 삼정행(三正行), 즉 올바른 인식(正知), 올바른 판단(正判), 올바른 행동(正行)을 강조한 사색 훈련의 터 명상관이 있다. 이렇게 미원은 학생들에게 늘 생각하는 습관을 기르도록 당부했다. 마하트마 간디가 "사람은 사유의 산물이다(A man is but the product of his thoughts.)"라며 사유의 중요성을 강조한 경구를 떠올리게 하는 대목이다.

소년 미원은 선대 가풍을 이어 어릴 적부터 마을 서당에서 한학을 배웠다. 다만 집에 서양에서 들어온 책이 많았고, 일찍이 신학문에 눈을 뜬 덕분에 세계문학선집과 사상전집 등을 즐겨 읽었다고 한다. 학생 시절 손에서 책을 놓지 않는 독서광이다 보니 세계 곳곳의 다양한 문화와 사상, 삶의 이치를 간접적으로 체험한 것이다. 이와 같은 독서로 축적된 지식은 훗날 세계적인 사상가들과 어깨를 나란히 하며 일생을 인류사회 재건과 세계평화 운동에 매진할 수 있었던 주요 원동력 중 하나였다고 볼 수 있다.

미원은 세미나 기조연설, 특강, 강평, 좌담회, 졸업식 축사 등 다양한 행사에서 원고 없이 동서양 사상과 문화예술, 과학기술 분야의 지식을 자유자재로 구사했다. 다양한 장르의 경계를 넘나들며 의견을 개진하고 토론하는 모습에서 그가 지식 습득 후 사색 과정을 거쳐 '지혜를 얻은 인식(智識)' 능력이 남다른 점을 알게 됐다.

미원이 일상의 주요 과제로 삼았던 독서방식도 독특하다. 그는 일정 기간에 읽을 독서량을 정한 뒤 다양한 분야의 서적들을 수집, 탐독하면서 '5천 권 도전' 목표를 세웠다고 한다. 오랜 시간 앉아서 책을 읽느라 복사뼈에 세 번 구멍이 났다(踝骨三穿)는 다산 정약용 등 독서 삼매경에 빠졌던 선조들의 이름이 떠오른다. 다산은 "5천 권 정도가 머릿속에 있어야 세상과 자신을 제대로 꿰뚫어 보는 통찰력이 생긴다"[1]고 했다. 또 삼봉 정도전, 세종대왕, 퇴계 이황, 율곡 이이, 교산 허균, 자칭 '책 읽는 바보(看書痴)'였던 실학자 이덕무, 혜강 최한기, 민족시인 이육사 등도 평생 수천 권을 독파한 책벌레들이었다.

미원은 생전에 제자들에게 공자 등 성인들의 말씀을 인용하면서 "늘 책을 가까이하고 생각하는 습관을 기르도록 하라"고 권면했다. 필자의 수첩에서 1988년 3월 평화복지대학원 입학 사흘째 날 미원이 당시 류승국 원장(성균관대 유학과 명예교수)의 동양철학 특강을 강평하면서 학생들에게 당부한 말씀을 발견했다.

"신입생들에게 이 자리를 빌려 당부하려고 해요. 새 정부(김영삼 대통령 정부) 정책의 향방 등 신문, 방송에 나오는 목전의 일에만 관심을 두지 말고, 시공적으로 좀 더 멀리 있는 이슈들에 대해서도 소양을 쌓으면 좋겠어요. 오늘 류승국 원장께서 태극원리를 설명하면서 제기하신 우주의 기원이나 핵전쟁의 위험성, 식량 문제 등 로마클럽 회원들이 다루는 분야까지도 긴 안목을 갖고 생각하는 습관을 가졌으면 해요."

미원은 심지어 학도병으로 끌려가서도 눈에 띄는 책이면 무조건 읽고 싶어 했다. 평양3중 동창으로 일본 메이지대학에 다니던 학도병 동기 박태식은 미원의 이런 모습이 걱정되어 몸조심하라고 당부하곤 했다. 사리원 헌병대 부사관(軍曹) 아라이가 제대 군인으로 신분을 속이고 미원의 동태를 살피기 위해 접근하는 등 "일본 헌병대가 요시찰 인물로 감시하고 있다"면서 이렇게 귀띔한 적도 있다.

"아라이가 자네에게 접근한 것은 자네의 학도병 의거 주도 전력도 전력이지만, 이곳에 온 지 며칠 되지도 않아서 사리원 서점에서 사상 서적을 구입하는 등 군인으로서 특이한 행동을 한 탓이라네. 헌병대가 은밀히 자네를 눈여겨보고 있었다네."

이렇듯 어려운 환경에서도 미원은 가는 곳마다 "책이 있으면 행복감을 느꼈다"고 술회한 적이 있다. 이 같은 독서의 생활화는

"배우기만 하고 스스로 생각하지 않으면 학문이 체계가 없고, 생각만 할 뿐 배우지 않으면 오류나 독단에 빠질 위험이 있다"[2]는 공자 말씀을 가르치면서 몸소 실천하기 위한 것이기도 했다.

미원이 27세에 『민주주의 자유론』(1948)을 펴낸 데 이어 6·25전쟁 중 피란지 부산에서 『문화세계의 창조』(1951)를 쓸 수 있었던 힘의 일단을 보여 주는 대목이다. 훗날 미원의 창작에 대한 열정은 막힘이 없었다. 『인류사회의 재건』(1975), '당위적인 요청사회'를 주창한 『오토피아(Oughtopia)』(1979) 등 4대 명저를 포함해 51권을 잇달아 간행한 힘은 '생각 돌탑'으로 상징되는 사색 습관과 소년 시절에 체질화된 책읽기 훈련에서 비롯된 것으로 보인다.

이 4대 명저는 정치, 철학, 과학, 문학, 예술, 교양 등 여러 분야를 섭렵하고 사색을 거듭한 후 책으로 출간된 것이다. 또한 『하늘의 명상』이라는 시집과 수십 편에 달하는 작사·작곡 등도 미원의 사색과 독서의 힘이 만들어 낸 걸작품들이다.

이와 관련해 아내 오정명 여사는 평화복지대학원 학생 간담회에서 "조영식 총장님은 독서도 많이 하시지만 책을 쓰시는 것을 자주 봤다"고 증언한 바 있다. 미원은 저녁 식사 후 대부분 서재에서 집필을 해 왔다는 것이다.

앞에서 잠깐 언급했듯이 다산 정약용이 500여 권의 방대한 저술로 실학사상을 집대성할 수 있었던 원동력도 다독과 배우기를 즐겨한(好學) 학문의 자세였다. 이 대목에서 교산 허균[3]과 추사 김정희,[4] 혜강 최한기, 북송(北宋)의 문장가 황정견(黃庭堅),[5] 또 웬만한 책은 어머니 뱃속에서 읽고 나왔다는 소동파(蘇軾) 등 선인들의 흉중 5천 권이니 1만 권 독파[6] 등에 얽힌 고사들이 연상된다. 동아시아에 알려진 역사 속 독서광들의 천재성은 바로 스스로에게 채찍을 가하며 책장을 넘겼을 미원의 어린 시절과 많이 닮아 있다.

그는 "학도병 시절 탈주 모의가 발각돼 헌병대에서 3개월 간 영창 생활을 하면서 우주의 생성 원리에 대한 깨달음을 얻고 주리생성론(主理生成論)을 깨우쳤다"고 밝혔다. 이 회고담은 '도의 깨달음'에 이르는 네 단계, 즉 "태어나면서 아는 것이 제일이고, 배워서 아는 사람은 버금이며, 고생 끝에 배워 아는 사람은 그 다음이다"라는 공자의 이지이학(以知以學)을 연상케 한다.[7]

평양제3공립중학교 입학

미원은 1929년 북진공립보통학교를 졸업한 후 1936년 서북 지방의 명문 평양제3공립중학교(평양3중)에 입학했다. 몽양 여운형이 운영하던 조선중앙일보(1936. 3. 28)에 합격자 명단이 실릴 정도였다.

미원이 청소년기 학창시절(1936~1941)을 보낸 평양3중은 지적 성장 배경을 엿볼 수 있는 중요한 실마리가 된다. 이 학교의 전신인 숭실학교는 1897년 미국 북장로교 선교사 베어드(W. M. Baird)에 의해 '숭실학당'이란 이름으로 개교했다.

숭실학교는 1900년 5년제 정식 중학교 과정을 운영했고, 마침내

1904년 세 명의 졸업생을 배출했다. 1906년 10월 대학부를 설치하여 숭실대학이 되었으나, 일제 탄압으로 1925년 숭실전문학교로 개편되었다.

미원이 입학한 1936년 평양3중의 교장은 선교사 조지 매쿤(1878~1941)이었다. 평북 선천과 평양에서 교육 선교사로 활동하며 기독교 복음과 민족 독립을 위해 헌신한 그는 선천군 신성중학교와 숭실전문학교 교장으로 26년간 활동하며 3·1운동에도 협력했다. 그러나 1935년 11월 소집된 지역 학교 교장회의에서 도지사가 신사참배를 강요하자 반대운동에 앞장선 것이다.

1936년 1월 숭실중학교와 숭실전문학교 교장직에서 해임되어 3월에 추방된 그는 교정을 떠나기 전 학생 500여 명 앞에서 그의 저서 『인생 문제 해결의 주인인 그리스도(Solve Your Problem with Jesus)』를 나누어 주고 "이렇게 하십시오(do)!" 하고 크게 일곱 번을 외치며 눈물을 흘렸다고 한다. 그가 떠나고 일 년 뒤 숭실중학교는 폐교되었다가 평양3중이라는 일본인 학교로 바뀌었다. 미원은 이 학교를 1941년에 졸업했다.

숭실중학은 1930년대 한국 현대사에서 문예와 저항정신의 산실 같은 곳이었다. 일제 강점기에 문학, 문예, 체육 및 농촌계몽 활동을 통해 문화적 선구자 역할을 감당했으며, 또한 농사개량과 농업기술을 발달시키는 계몽운동을 전개하기도 했다.

숭실중학이 배출한 주요 인물은 조만식(1883~1950, 독립운동가), 조병옥(1894~1960, 정치가), 박태준(1900~1986, 음악가), 주요섭(1902~1972,

소설가), 현제명(1902~1960, 음악가), 안익태(1906~1965, 음악가), 김동진(1913~2009, 음악가), 황순원(1915~2000, 문인), 윤동주(1917~1945, 문인), 문익환(1918~1994, 목사), 장준하(1918~1975, 독립운동가), 김형석(1920~ 철학자), 안치열(1922~2000, 경희대 총장), 백인엽(1923~2013, 선인학원 설립자), 박영하(1927~2013, 을지재단 설립자) 등이다.

미원은 평양3중을 졸업할 때까지 학창시절의 일화는 알려진 것이 많지 않다. 다만, 미국 선교사들이 도입한 신학문 체계 덕분에 이 학교에서 매우 수준 높은 교육을 받았고, 특히 어린 시절 병약했던 모습에서 완전히 탈피해 체육 과목에서 상당한 소질을 보였다는 점이다. 이에 대해 미원이 훗날 들려준 얘기들을 종합해 보면, 어릴 때 건강을 염려해 아버지가 선물로 사 준 스케이트 덕분이었다. 스케이트를 오래 타다 보니 하체가 튼튼해져 소학교 고학년 때 육상선수로 활약하기도 했다.

평양3중에서도 체육교사 눈에 띄어 복싱, 평행봉, 철봉을 했고, (전 일본) 전국체전 장대높이뛰기(棒高跳, Pole Vault) 조선 대표로 출전했다. 이러한 청소년기의 경험과 자신감으로 체육에 대한 관심이 높아졌고, 일본체육전문학교 유학으로 이어졌다. 경희대가 국내 체육학의 산실 역할을 하게 된 중요한 씨앗이 이때 뿌려진 것으로도 볼 수 있다.

도쿄 유학을 선택하다

1941년 5년 과정의 평양3중을 졸업한 미원은 동급생 대부분이 숭실전문학교로 진학하던 당시 분위기를 뒤로하고 일본 유학을 결심했다. 서당에서 한학을 배우고 동서양 고전을 차례로 섭렵하면서 호연지기를 키운 미원은 선진 문물을 접해 보고 싶은 열망으로 당시 조선 지식인들의 해외 유학 대상지였던 일본으로 건너가게 된 것이다.

또한 "조선에만 있다가는 우물 안 개구리가 될 수밖에 없다"는 현실을 간파한 부친의 권유도 일본 유학 결심을 굳히는 데 한몫했다. 미원은 일본 유학을 통해 영어와 일어 등으로 된 책을 마음껏 읽으면서 새로운 세계에 대한 탐구심이 한층 불타올랐다.

1941년 미원은 일본체육전문학교에 입학했다. 1839년에 설립된 일본체육회체조연습소가 모체인 이 학교는 독일 쾰른체육대학교와 함께 세계 체육교육을 대표하고 있었다. 여기서 동서양의 철학과 역사 등에 관심이 높았던 청년이 왜 일본체육전문학교를 선택했는가에 대한 의문이 남는다. 체육에 대한 남다른 관심이 작용했거나, 일제 치하에서 조선인의 인문사회 분야 진출이 어려운 것을 알고 선택한 우회적 방법이었을 수도 있다. 당시 일본체육전문학교는 체육 외에도 인문, 사회과학 교육과정이 있었던 것으로 알려져 있다. 청년 미원은 이 시기에 새로운 서양 학문을 두루 섭렵하며 두각을 나타냈다.

미원은 170cm로 작은 편이지만 체조로 다져진 다부진 체격이었다. 장대높이뛰기 조선 대표 출신인데다 체조와 축구 등 운동도 만능이었고 독서광으로 지적 수준이 높아 교수들의 눈에 띄었다. 그러나 조선인 청년 영식(미원)은 일본인 눈에는 불령선인(不逞鮮人), 즉 불순한 기질을 가진 불온한 조센징으로 비쳐졌다.

미원은 조선 학생들에게 손찌검을 한 일본 학우를 찾아가 따지는 등 의협심이 강했다. 조선인을 괴롭히는 일본 학생들에게 점잖게 말을 해서 통하지 않으면 주먹으로 똑같이 응징해 주곤 했다고 한다. 당시 그의 대장부 성품을 알아본 일본인 학우들은 미원에게는 "조(趙)상!" 하고 깍듯이 대했는데, 조선 학생들에게 이름 대신 "야!"라고 부르면서 업신여길 때였다.

이는 경희대 C교수가 이 학교에서 유학할 당시 미원의 동급생이었던 니카다 미치오 일본체육대학 교수에게 들었다며 전해 준 얘기다. 니카다 교수는 C교수에게 미원에 대한 또 다른 '영웅담'을 들려주었다.

"자네 교수인 조영식 군은 도쿄에 유학 온 조선인들을 모아 시위를 하다가 형무소에 수감되기도 했는데, 배짱이나 용기가 참 대단했다네. 공부를 잘하는 라이벌이자 조선인 친구여서 면회를 갔는데, 대뜸 '쥐약 좀 갖다 달라'며 자진(自盡) 의사를 피력하지 않았겠나. 친구의 간청을 들어주지 않았지. 죽겠다는 친구에게 약을 갖다 주기도 싫었지만, 당시 쥐약이 무척 비싼데다 구하기도 힘들었지 뭔가. 하하하…."

미원의 사람 됨됨이나 박학다식함, 뛰어난 학과 성적에 대한 화제는 학장을 겸했던 일본체육대학 설립자에게도 전해졌다. 학장은 미원을 불러 면접을 하고는 '범상치 않은 인물'이라고 판단해 신설된 3년제 과정으로 진학시켰다. 당시 3년제 과정으로 변신을 꾀하고 있던 학교 측은 식민지 조선 청년에게 매료되어 특별대우를 했고, 이후에도 애제자로 여겨 늘 가까이했다. 청년 미원은 조선인으로서 일본체육전문학교 3년제 과정 첫 졸업생이 되었다. 일본체육전문학교는 1949년 4년제 정규 대학인 일본체육대학 인가를 받았다.

후일 미원은 1997년 10월 일본체육대학 개교 100주년 기념 동문 초청 행사 참석 차 경희대 교직원들과 함께 현지를 방문했다. 행사 만찬에서 니카다 교수는 당시 수행했던 조정원 부총장에게 "당신이 조영식 박사의 자제냐?"라고 질문한 뒤 예사롭지 않은 말을 들려주었다. "부끄러운 말씀입니다만, 당시 일본체육전문학교 수석 졸업 영예는 춘부장이신 조 총장에게 돌아가야 했는데, 조선인이어서 줄 수 없었던 것 같습니다. 이제라도 사과하고 싶습니다"라며 고개를 숙였다.

그때 통역을 맡았던 경희대 C교수가 니카다 교수에게 자초지종을 확인해 보니 학교 측도 피치 못할 사정이 있었던 것 같다. 니카다 교수는 "학업 성적이 우수했지만 시력이 극도로 나빠 학과 성적에서 시종 1등이었던 조 총장에게 뒤졌었지. 그런데 천황이 참석하는 졸업식에서 조선인에게 수석 자리를 내줄 수 없었던 학교 측의 고민 때문이었다네"라며 양해를 구했다고 한다.

니카다 교수는 1988년 제24회 서울올림픽 때 경희대 초청으로 학교 관계자들과 함께 방한해 올림픽 경기를 지켜봤다. 그리고 경희대를 방문해 곳곳을 둘러본 후 "우리 동문이 세운 세계 최고의 대학이다"라고 극찬했다고 한다. 그는 맨손과 맨주먹의 뜻으로 아무것도 가진 것이 없다는 '적수공권(赤手空拳)'을 인용하면서 미원에게 이렇게 물었다.

"북한에서 맨주먹으로 월남하셨는데 교정 곳곳을 둘러보니 온통 돈 투성이 학교이구려. 오카네까(이 돈이 다 어디서 나셨소?)."

이에 대한 미원의 대답이 걸작이었다.

"와다시가 가네자나이까(내가 곧 돈이 아니겠소?). 하하하."

이 말에 주변 사람들 모두 파안대소했다. 니카다 교수는 미원을 만나고 난 뒤 C교수에게 '고차원적인 답변'에 매료되었다고 털어놓았다고 한다. 그러면서 "이런 말은 영웅호걸들에게서나 들을 수 있는 것일세!"라며 같은 말을 여러 번 되뇌었다는 일화도 들려주었다.

천상배필 오정명 여사

청년 미원에게 1943년은 특별한 해였다. 조선인 학생으로서 일본체육전문학교를 차석으로 졸업한 뒤 도쿄의 명문 사립대학 주오(中央)대학 법학부 편입시험에 합격했다. 새로운 학문 연구에 대한 기대로 들떠 있던 그때 부친한테서 전보가 왔다. 훌륭한 배필감이 있으니 잠시 귀국해서 선을 보라는 것이었다.

부모의 강권으로 고향에 돌아온 미원은 아버지에게 "법학 공부를 계속하고 싶다"고 말씀드렸지만 "나라도 없는데 법관은 무슨 법관이냐?"라는 꾸지람에 일본행을 포기했다고 한다. 맞선 상대는 운산군 북진읍에서 양조장 영창상회를 경영하던 갑부 오경호의 딸로 일본 유학에서 돌아온 신식 여성 오정명이었다.

동갑내기 오정명은 5년제 평양여중을 졸업하고 도쿄도에 있는 호리코시(堀越)고등학교에 진학, 가정과를 졸업한 뒤 귀국해 평양 서문공립고등여학교(서문여고)에서 교편을 잡고 있었다. 두 사람은 맞선 후 수차례 데이트 끝에 결혼을 약속했다. 나중에 안 사실이지만 오정명은 청년 미원과 초등학교 동창이었다. 게다가 비슷한 시기에 일본 유학을 했는데도 서로 모르고 지냈다면서 마주 보고 웃었다고 한다.

약혼식에 이어 11월 23일 평양에서 전통 혼례식을 올렸다. 신부는 성격이 활달하고 명랑한 서북 기질의 여성이었다. 시집올 때 발구[8]에 예단을 가득 싣고 왔는데, 이 예단은 훗날 경희대가 교직원 월급도 주지 못하는 등 운영난에 처했을 때 재정 위기를 극복해 낸 주요 밑천이 되었다.

두 사람의 결혼이 무산될 뻔한 일화도 있다. 2007년 1월 초 평화복지대학원 졸업생들이 서울캠퍼스에 있는 학원장 공관으로 세배를 갔을 때 일이다. 함박눈이 펄펄 내리는 창밖을 내다보던 오정명 여사는 문득 결혼 당시 생각이 난다며 특유의 평안도 사투리로 추억의 실타래를 풀어놓았다.

"혼례를 올리던 날 눈이 얼마나 많이 왔는지, 식을 올릴 수 있을까 걱정이 됐다우. 물론 이보다 더 큰 걱정거리도 있었지만…. 도쿄에서 유학 중이던 학원장님과 약혼식을 마치고 혼례를 준비하고 있었는데 어느 날 갑자기 찾아와서는 이상한 소리를 하는 것이었어. '학도병으로 징집돼 군대에 가게 됐다'고 하더니 '앞으로 살아 돌아올지 어떨지도 모르는데 지금이라도 파혼을 하는 게 순리적이지 않겠느냐'고 묻는 게 아니겠어?"

그런데 오 여사에게서 이 말을 전해 들은 부모님은 "이미 정혼을 한 이상 어떤 일이 있더라도 약속을 깨선 안 된다"고 강경한 입장을 고수해 결국 결혼하게 됐다는 것이다. 수많은 역경과 고난으로 점철된 그의 일생을 살펴보면 미원에게 오정명과의 결혼은 숙명과 같은 것이었다. 오정명은 미원에게 단순한 반려자를 넘어 동반자였다.

천상으로 웅비하는 기상을 지닌 한 청년과 온누리를 포근히 감싸 주는 도량을 지닌 한 여인의 결합은 이런 감동으로 시작되었다.

미원이 아내를 끔찍이 사랑했다면, 오 여사 역시 지아비에 대한 존경심이 어떠했는지는 평화복지대학원 학생들과의 대화에서 짐작해 볼 수 있다. 오 여사는 "총장님이 지금까지 단 한 번도 내 속을 썩인 적이 없다"며 남편에 대한 무한한 사랑의 마음을 넌지시 전해 주었다.

우리나라 국민 가곡의 하나가 된 '목련화'는 실제로 미원이 아내에게 바친 사랑의 헌시이기도 하다. 이 시는 1973년 해외 출장 중 대서양 상공을 나는 여객기 안에서 사랑하는 아내 오정명 여사를 생각하며 작시했다고 한다. 이 시는 훗날 저명한 작곡가 김동진 경희대 음대 교수가 작곡하고 같은 음대 테너 엄정행 교수의 노래로 널리 알려지게 되었다.

오 내 사랑 목련화야
그대 내 사랑 목련화야
희고 순결한 그대 모습
봄에 온 가인과 같고
추운 겨울 헤치고 온
봄길잡이 목련화는
새 시대에 선구자요
배달의 얼이로다

오 내 사랑 목련화야
그대 내 사랑 목련화야

오 내 사랑 목련화야

그대 내 사랑 목련화야

그대처럼 순결하고 그대처럼 강인하게

오늘도 내일도 영원히

나 아름답게 살아가리 (하략)

많은 사람들의 사랑을 받아 온 이 노래는 1975년 4월 11일 미원의 장남 조정원(현 세계태권도연맹 총재)의 결혼식에서 축가로 불리며 공식적으로 처음 소개됐다.

미원은 생전에 자녀들에게 목련이 다른 나무와 달리 잎을 내놓기 전에 꽃을 먼저 세상에 알리는 독특한 나무임을 설명하곤 했다고 한다. 노래 가사처럼 "희고 순결한 아내 모습이 봄에 전령사로 나타난 아름다운 여인 같다"고 찬사를 보내고 있다. 그러면서도 경희학원 건설 과정에서 직면한 수많은 난관(추운 겨울)을 헤치고 온 봄 (꿈과 희망의) 길잡이를 해 준 아내에 대한 고마운 마음이 곳곳에 서려 있는 느낌이다. 희고 순결한 모습의 목련화는 백의민족인 우리의 색이다. 전통 건축의 주조색인 백색과 회색 그리고 자연의 색과도 닮아 있다.

미원은 경희대가 모든 시련을 이겨내고 세계 속의 대학을 건설해 가기까지 "새 시대의 선구자" 역할을 해 준 이도 아내라 생각했다고 한다. 또 이 꽃은 "함께 피고 지는 등 단합의 의미도 있다"는 말을 자녀들에게 자주 들려주곤 했는데, '하모니'와 '단합'의 중요성 등 무언의 가르침으로도 볼 수 있는 대목이다.

경희대 3대 캠퍼스(서울·국제·광릉)를 찾는 상춘객들은 교정 곳곳에서 만나는 목련꽃이 교화(校花)임을 알아차리는 데 어렵지 않을 것이다. 그러나 우리 국민이 애창하는 가곡 '목련화'의 노랫말을 설립자 미원이 썼고 아내에게 바치는 노래라는 것을 아는 이는 그리 많지 않다.

일제 학도병에 징집되다

신혼의 단꿈에 젖어 있던 1944년 1월, 미원 부부에게 뜻밖의 고난이 찾아왔다.

　"영식 군, 학도 지원병 원서를 쓰는 게 어떻겠소?"

희천 고향집에 일본 경찰이 찾아와 학도 지원병 원서를 내민 것이다. 일본 유학생이던 미원이 약혼을 위해 일시 귀국할 때만 해도 일제 학도 지원병 제도가 실시되기 전이었다. 그러나 동남아 전선에서 연합군에게 밀리던 일제 당국은 1943년 조선총독부를 통해 20세 이상 학생들을 대상으로 허울 좋은 명목인 '반도인 학도 특별지원병제'를 공표하기에 이르렀다.[9]

당시 최전선의 부족한 병력을 보충하면서 고등학교나 대학에 다니는 지식 계급의 젊은이들을 동남아나 태평양 전선으로 강제로 끌고 가기 위한 식민 당국의 포석이었던 것이다.

명목상 자원 입대 형식으로 강제 징집된 지원자들은 1944년 1월 20일까지 인근 부대에 입소하도록 강압적으로 참전을 종용받았다. 일제는 반도 청년들이 학도병에 응하지 않을 경우 온갖 탄압과 박해를 서슴지 않았다.

당시 상황에 대해 미원은 "학도병으로 끌려가지 않으려고 중국 국경을 넘어 만주로 피신할 생각도 했다. 하지만 자칫 부모님과 아내의 신변이 위험해지고, 특히 아버지가 힘써 운영해 온 광산 사업까지도 큰 타격을 입을 수 있어 포기했다"고 술회했다. 태평양전쟁의 총알받이 신세가 우려됐지만 자기 목숨이나 창창한 미래보다 부모형제와 아내의 안위가 우선이라고 생각한 터였다.

경찰의 교묘하고 집요한 회유와 협박으로 결국 입대 지원서에 서명한 미원은 입영 일자에 맞춰 평양에 주둔해 있던 일본군 제48공병중대에 입소했다. 입대 전날 밤 희천군 관동면 장항광산에 있는 집 안 분위기는 침울하기 짝이 없었다.

"이런 고얀 놈들이 있나? 영식아, 미안하구나. 우리가 고생을 하더라도 너를 피하게 했어야 했는데, 모두 널 성급하게 귀국하도록 종용한 내 잘못이다."

아버지는 모든 게 자신의 잘못이라고 자책하였고, 어머니는 아무 말씀도 없이 흘러내리는 눈물만 훔쳤다. 결혼한 지 두어 달 만에 이런 청천벽력 같은 일을 당한 아내 역시 소리 없이 울기만

할 뿐, 엄격한 시대 가풍을 아는 터라 어른들 앞에서 마음대로 흐느낄 수도 없었다. 미원은 갓 시집온 아내가 몹시 안쓰럽고 미안했을 것이다.

일제의 강압적인 징병으로 신혼의 꿈은 산산이 부서지고 말았다. 미원은 당장 내일부터 닥쳐올 고난도 고난이지만 자신과 생이별일 수도 있는 아내의 처지를 생각하니 가슴 밑바닥에서부터 분노가 치밀어 올라왔다. 자신도 모르게 "교활한 일본 놈들 같으니라고! 이게 마지막 발악이야"라고 중얼거렸다.

미원은 비탄에 잠겨 있는 가족들에게 "걱정 마세요. 하나님께서 도우신다면 죽지 않고 무사히 돌아올 수 있을 겁니다"라는 위로의 말을 남기고 고향 집을 나섰다. 미원은 훗날 학도병 동지들과 함께 헌병대 영창 생활 등을 거치며 수차례 죽을 고비를 넘긴 1년 7개월간의 병영 생활을 회고한 실록 수기를 책으로 펴냈다.

생환자 10여 명이 집필한 회고록 『조선인 학도병! 운명의 악몽』(1989)에 입대 당시 상황이 실감나게 묘사되어 있다. 미원에게 학도병 의거사건은 인생의 중요한 변곡점으로 볼 수 있는 운명적인 사건이었다. 이 일을 계기로 인생의 전환점을 맞이한 것이다. 학도병 수기에 의거하여 당시 상황을 자세히 살펴본다.

학도병 의거 주도 : 헌병대 영창에서 보낸 한 철[10]

1944년 1월 20일 평양에 20년 만의 강추위가 몰아쳤다. 살을 에는 듯한 추위로 온 천지가 꽁꽁 얼어붙어 있었다. 미원이 배속된 제48공병중대 정문은 아침부터 학도병과 그 가족들로 북적거렸다. 미원도 그들과 함께 부대 영내로 들어섰다. 그곳에는 사각모와 검은 외투를 걸친 학도병과 가족들의 얼굴에 걱정과 불안, 초조감만이 흐르고 있었다. 손자의 손을 붙잡고 엉엉 우는 할머니와 슬픔을 가누지 못하는 어머니들의 모습, 2대 독자의 입대를 안타까워하는 아버지의 모습도 보였다. 이 모든 게 나라와 주권을 빼앗긴 힘없는 우리 겨레의 서글픈 한 단면이었다.

부사관들의 인원 점검을 거쳐 내무반으로 들어간 학도병들은 교복을 벗고 그렇게도 증오하던 제국 군인의 옷으로 갈아입었다. 미원은 학도병 동지 22명과 함께 후루카와 중대에 배속됐다. 공병대여서 보병 훈련 외에 도강 연습과 토치카(전투진지) 파괴 훈련 등을 반복했다. 훈련을 받던 미원은 '일본을 위해 죽을 수는 없다'는 생각에 조선인 학도병들을 규합해 비밀결사 조직을 만들어 탈출하는 '학도병 의거'를 준비하기로 했다.

미원은 결사 조직을 점차 확대해 나갔으나 같은 조선인이던 일본군 부사관 하야시가 의거 계획을 탐지하는 바람에 연루된 학도병들과 함께 체포되어 트럭에 실려 인근 헌병대로 연행됐다. 일제 패망을 7개월 앞둔 1945년 1월 2일이었다. 미원은 '학도병 의거사건' 편 모두(冒頭)에서 당시를 다음과 같이 회고했다.

평양 학도병 의거 모의사건으로 내가 악명 높은 일본 헌병대에 연행되던 대전 말기인 1945년이 시작되는 1월 2일이었다. 평양 주둔의 각 부대에서 모의된 학도병 의거 계획이 헌병대에 탐지되어 많은 동지들이 속속 연행되고 있다는 소식을 듣고 있던 터라 나 역시 무사하지 않을 것이라고 이미 각오는 하고 있었다. 같은 부대 내 동지들과 트럭에 실려 연행되며 나는 앞으로의 사태에 대해 곰곰이 생각했다. 정말 헌병대로 끌려가는 것인가, 이대로 끌고 가 외딴곳에서 총살이라도 해 버리는 것은 아닐까…. 이들은 독립군이라면 무자비하게 학살하던 자들이니, 하물며 일본 군대 안에 있으면서 독립운동을 계획한 우리들을 얼마나 혹독하게 다룰 것인지 생각만으로도 소름 끼친다. 그러나 우리 동지들은 비록 죽더라도 실토하지 말자. 자신 이외에는 동지들을 끌고 들어가지 말자. 그래야 누구라도 살아남아 이 나라를 독립시킬 것이 아닌가.

이후 미원은 헌병대 영창에서 5월 중순 재판을 받고 불기소 처분으로 풀려나기까지 6개월 가까이 고문이 일상화된 수감 생활을 견뎌야 했다. 하지만 미원은 석방 후 자대로 복귀한 뒤에도 끊임없이 탈출을 꿈꿨다. 미원과 함께 탈주 의거 모의사건에 연루되어 헌병대에 수감된 한인 학도병은 22명이었다. 이들은 탈주뿐 아니라 대동강교 등 주요 군사시설을 폭파하는 무모할 정도의 큰 거사 계획을 꾸몄다. 앞에 인용한 회고록 내용을 토대로 탈주 모의사건을 재구성해 본다.

병영 내에서 지옥 같은 내선일체 훈련을 받고 있던 우리의 뇌리 속에는 언제나 '저들의 방패막이가 될 수 없다'는 생각뿐이었다. 입대 후 4개월쯤 지나자 군대 생활에 대한 요령도 차츰 생기기 시작했다. 야외 훈련이 없는 날엔 점심 식사를 빨리 끝내고 하사관이나 고참병들의 눈을 피해 영내 으슥한 목욕탕 건물 뒤에서 만나 일본군과의 차별 대우, 행패 등에 대해 불평불만을 털어놓기도 하고, 향후 할 일에 대해서도 종종 토론을 했다.

그러던 그 해 7월 중순쯤 좋은 기회를 잡았다. 우리 부대가 대동강 하류 봉래도를 거점으로 철선을 저으며 도강 훈련을 하고 쉬는 시간에 마침 주영광, 이호경, 박태훈, 정명선 동지 등과 우연히 강둑에 둘러앉게 되었다. 주위를 살펴 아무도 엿보는 사람이 없음을 확인하고 내가 말문을 열었다.

"언제까지 우리가 이렇게만 있을 수 있겠나? 일제의 전황은 점점 더 불리해지고 있어. 우리가 언제 이들의 총알받이로 끌려갈지 알 수 없는 상황이다. 또, 이대로 가만히 있다간 나중에 우리 사정을 모르는 사람들도 '일군에 입대해 협력했다'고 지탄을 해도 변명을 못하지 않겠는가?"

이렇게 호소하자 모두 기다렸다는 듯이 너도나도 일제에 대한 불평을 늘어놓기 시작했다.

"이왕 죽을 몸이라고들 생각했다면 조국 독립을 조금이라도 앞당기기 위해 우리도 한 번 무엇인가 일을 해야 해. 일제가 망하더라도 우리가 그들의 패망에 아무런 역할을 못했다면, 훗날 연합국이 우리에게 불리한 대접을 하더라도 떳떳하게 권리를 주장할 수 없어!"

이윽고 김문식과 심준걸 동지 등이 "이대로 그냥 있을 수 없다"며 행동으로 옮기자고 촉구했다. 봉래도 회합을 계기로 학도병들은 수시로 모여 거사 준비와 실행 계획을 토론했다. 그 결과 '거사 시점'을 일본의 패망이 가까워질 때로 잡는 등 네 가지 방안을 마련했다.

먼저 거사 시기는 미군이 남방 전선에서 계속 반격해 오고 소련도 일제에 선전포고를 할 것이니, 그로부터 한 달 후를 결정적인 때로 정했다.

두 번째 방안은 면회 오는 가족, 친척, 친구들을 통해 평양 부근에 주둔한 여러 부대의 학도병들이나 영외 인사들과 함께 동맹을 맺어 함께 움직이는 것이었다.

세 번째는 민족 봉기 방안으로 모든 동지가 각 부대 화약고와 무기고의 무기를 탈취해 평양 시내로 들어가 그곳에 있는 애국 동포들과 합세해 남녀 중학생들에게까지 우리 거사에 동참하도록 호소하는 것이었다.

네 번째 방안은 일군의 출동 저지를 위해 대동강 다리를 폭파하고, 사태가 불리해지면 만주로 건너가 독립군과 합세해 싸우는 것이었다. 다리 폭파 작전은 당연히 공병대원인 미원의 소속 부대 동지들이 책임지기로 했다. 다만, 이러한 과감한 계획은 면회객들을 통해 타 부대 배속 학도병들에게 전달하는 등 귓속말 작전이었지, 모두 한자리에 모여 구체적으로 결정된 사항은 아니었다.

천산만수(千山萬水)의 면회 길 : 쥐약과 눈물

8월 중순 어느 일요일, 미원은 희천에서 평양까지 먼 길을 달려 면회 온 아내(오정명 여사)에게 이 같은 거사 계획을 귓속말로 알려 아내의 시름을 더욱 깊게 했다. 이뿐이랴? 다음에 올 때는 "돈 300원과 쥐약을 꼭 갖다 달라"며 서로 생사를 달리할 수도 있다는 폭탄선언을 '간절한 부탁' 형태로 한 것이었다. 돈은 군자금으로 쓰고, 쥐약은 거사 실패 시 자진하려던 것이었다.

도저히 들어줄 수 없는 부탁이었기에 아내는 몇 차례 면회를 왔는데 빈손이었다. 이에 언짢은 표정으로 역정을 내자 다음 면회 때 진짜 돈과 쥐약을 갖고 와서 울먹이며, "몸조심 하세요"라며 전해 주었다.

아내 오정명은 당시를 회상하면서 웃음을 참지 못하는 얼굴로 "죽겠다고 쥐약을 갖다 달라는 것을 미련하게 갖다 준 내가 참 바보였어"라고 말하곤 했다. 그리고 가파른 산악지대인 운산에서 평양까지의 면회 길은 "마치 천 개의 산과 만 개의 강을 타고 넘는 것처럼 험난하기 이를 데 없었다"고 회고했다.

거사 디데이(D-Day)는 소련의 선전포고 한 달 뒤로 잡았는데, 선전포고가 늦어지자 면회 온 아내에게 "선전포고가 없어도 내주 토요일에 거행할 거야. 우리가 입을 민간인 옷과 비상식량 미숫가루를 가지고 보통강 다리로 나와 주오"라고 부탁했다. 그리고 정오까지 못 나가면 다음 주 같은 시각에 다시 와 달라고 했는데, 아내는 평양 시내에 살고 있는 친구 둘이 준비해 준 물건을 가지고 약속한 날 여덟 시에 보통강 다리로 가서 두 주 연속 기다렸다.

하지만 토요일의 거사 계획은 타 부대에 배속된 학도병들과 연락이 잘 안 되어 끝내 감행하지 못했다. 이후에도 학도병들은 부대 내에서 은밀히 거사 준비를 진행하던 중 10월 중순에 면회객으로 가장해 거사 계획을 탐지해 낸 헌병 군조 하야시에게 발각되었다.

거사를 주도한 미원은 부전고원 추계 대훈련을 앞두고 장비를 이전하던 중 수레바퀴에 왼손을 다쳐 훈련에 참가하지 못했다. 미원에게 '운명의 장난' 같았던 손가락 부상은 개인적으로 전화위복의 계기이기도 했다. 훗날 1945년 5월 18일에 있었던 재판에서 불기소 석방 결말로 이어질 줄 예상하지 못했다고 한다.

미원을 비롯한 의거 모의 가담자들은 7개월 뒤 군법회의에 회부돼 대부분 불기소 처분을 받았으나 몇 사람은 실형을 구형받았다. 석방된 학도병들은 모두 자대로 복귀해 2개월여 만에 일제의 패망으로 해방의 감격을 누리게 되었다.

한편, 미원과 함께 의거 모의사건에 연루된 22명은 트럭에 실려 헌병대로 끌려갔다. 이들은 "배후를 대라"고 위협하는 헌병들로부터 살인적인 고문을 당하면서도 아무도 가담자 명단을 밝히지 않았다. 헌병대에서 열흘 간 고문을 받으면서 몇 번씩 실신 지경에 이르렀지만 미원과 동지들은 끝까지 뜻을 굽히지 않고 어떤 자백도 하지 않았다.

그러자 결국 악명 높은 아키오츠(秋乙) 헌병부대 감옥으로 이감

되었다. 미원은 함께 영창살이를 하던 주영광, 이호경 두 동지와 번갈아가면서 취조실에 끌려가 분리 심문하는 헌병 부사관들로부터 온갖 고문에 시달렸다. 엄동설한에 옷을 벗긴 채 알몸을 채찍과 곤봉으로 때리고, 심지어 구둣발로 짓밟기 일쑤였다. 영창살이의 끔찍한 고난과 생사불명의 불안과 고통의 심경은 실록 수기 책자에 생생하게 담겨 있다.

> 꼬챙이로 손톱을 쑤시는 등 말로만 들었지 상상조차 하지 못한 고문을 퍼부어대는 바람에 우리 모두 수차례 실신을 했다. 아픔과 쓰라림, 모욕감으로 온몸의 신경이 아우성치고, 마음 한구석 깊숙한 곳에 숨어 있던 분노가 고개를 쳐들고 나왔다. 처음 끌려올 때만 하더라도 처형장이 아니어서 다행이라고 생각했지만, 모진 고문에 계속 시달리다 보니 차라리 죽고 싶다는 생각마저 들었다. (중략) 심한 고문을 받고 냉기만이 가득 찬 영창으로 돌아와 잠을 이루지 못하는 두 동지에게 다가가 "기운을 냅시다. 저 가증스런 일제의 패망과 조국의 독립을 보지도 못하고, 또 젊음의 이상을 펼쳐보지도 못한 채 놈들의 손에 허무하게 죽을 수는 없지 않소?"

헌병 부사관은 일본 군도를 목에 들이대고 "중국 대륙에서도 내 손에 죽은 놈만 스무 명이 넘는데 네까짓 놈 하나 죽인다 해도 업무 집행 중인 만큼 아무 문제도 없다"고 협박하면서 탈출 기도 사건의 배후를 캐물었다. 미원은 뼛속까지 파고드는 냉기도 견디기 어려웠다. 서북 지방 추위에 웬만큼 단련됐지만 북향인

시멘트벽에 서리가 내릴 정도인 영창에 열흘 간 갇혀 있으면서 내내 "자다가 동사할 수도 있다"는 불안감이 엄습했다.

미원과 동지들이 목숨까지 위태로운 상황에서도 끝까지 자백하지 않고 고통을 감내했던 이유가 무엇이었는지 궁금하기도 하다. 훗날 미원은 이에 대해 "감옥살이에 대한 두려움은 아니었다. 풀려날 수 있다면 조국 독립을 위해 또다시 탈출을 기도하기 위한 의도였다"고 설명했다.

모진 옥살이에서 깨달은 3차원적 우주관

인생은 '새옹지마', '나그네길' 등에 비유되곤 한다. 삶의 곳곳에 길흉화복이 번갈아 나타날 수 있고 예측하기 어려운 만큼 매사에 일희일비 말라는 경구다. 미원은 학생들에게 특강을 할 때마다 우리가 왜 태어났고, 어떻게 살아야 할지에 대해 얘기하면서 학도병 시절에 겪은 전화위복의 경험담을 들려주곤 했다. 생사를 넘나드는 시련을 겪은 뒤에야 '살아 있다'는 말의 의미를 더욱 깨닫게 된다는 말이다. 미원이 종종 들려주던 얘기를 소개한다.

출옥 후 부대로 귀환한 뒤에야 병영에 남아 있던 학도병 동지들과 소대장, 중대장 등이 수송선을 타고 남태평양 필리핀의 레이테섬으로 가다가 미군 전투기 공격으로 격침돼 바다에 수장됐음을 알게 됐다. 이 얘기를 전해 듣고 '2차 세계대전의 사지(死地)에

서 나를 구해 준 것은 분명히 조그마한 애국심이었다'는 생각이
들었다. 학도병들을 규합해 1차 탈출 계획을 세우다 적발된 걸 불
행의 씨앗으로 알았는데 결국 행운으로 바뀌게 된 것이다. 돌이
켜보면 학도병 의거사건으로 끌려가지 않았거나 6개월 간 모진
고문을 받으며 영창에 갇히지 않았다면 동지들과 비극적인 운명
을 같이 하지 않았겠는가?

미원은 원래 학도병 의거 모의 때 헌병에게 체포될 기미만 보
이면 탈출해 만주 국경을 넘어 항일 독립운동부대에 들어갈 계
획을 갖고 있었다. 해방 후 공산 치하와 6·25동란 등으로 이어
진 민족적 시련 앞에서도 '죽어야 나올 수 있던 사지에서 다시 얻
은 목숨'이라고 생각해 위국헌신의 마음을 가다듬곤 했다. 그가
교육행정가로 교육입국의 꿈을 이뤄 나가면서 늘 "여생을 나라와
겨레 사랑, 그리고 나라의 번영과 영원한 발전에 기여하자"고 스
스로를 다그치며 살아온 이유가 바로 여기에 있다.
미원에게 끊임없는 고문보다 더 견디기 어려웠던 건 담요까지
도 씹어 삼키고 싶은 배고픔과 밤이면 찾아오는 살을 에는 추위
였다. 하지만 그럴수록 일제에 대한 증오와 조국 광복에 대한 열
망은 점차 커져 갔다. 이런 고통 속에서도 한 줄기 희망을 걸고
아키오츠 헌병대 영창 생활을 악착같이 견뎌 낼 수 있었던 힘은
반드시 살아남아 일제를 이 땅에서 몰아내겠다는 불퇴전의 의지
였다. 그러려면 고난을 견디지만 말고 헤쳐 나가야 한다는 생각을
하게 된 미원은 동지 이호경과 주영광을 다음과 같이 설득했다.

"혹독한 영창살이지만 무의미하게 시간만 보내며 연명하지 맙시다. 우리 중 누구라도 살아남을지 모르니 무엇이든 미래를 위해 준비합시다."

두 동지가 이에 찬성해 세 사람은 영창 안에서 각자의 지식을 모두 쏟아 놓으며 서로 배우고 일깨워 주는 새로운 '옥중 학습법'을 생활화하게 된 것이다. 관심사에 따라 지식의 폭과 깊이가 다른 여러 분야의 지식을 공유하고, 토론을 통해 새로운 것을 배우는 3단계 학습법을 통해 역사, 과학, 철학, 윤리학, 논리학 등 다양한 학문에 눈을 뜨게 되었다.

영어를 비롯한 외국어 공부 '역시 알파벳 A에서 가까운 순서로 단어를 열거해 가르쳐 주는 식이었다. 특이하게도 이 3인 토론학습은 어느 분야를 막론하고 향후 자신들의 역할 논의 등 대부분 조국과 민족의 장래와 결부되어 있었다는 점이다. 생사 여부가 불투명한 극한 상황에서도 그만큼 식민지 조국을 생각하고 앞날을 염려하던 청년들이었기에 토론학습은 광복을 위한 새로운 결의를 다짐하는 시간이었던 것 같다.

미원은 평생 우주의 기원과 생성, 발전 과정 등에 관심을 갖고 이를 철학 연구의 한 테마로 삼았다고 볼 수 있다. 그는 우주와 삼라만상의 변화 속에서 인생에 대해 뭔가 깨달음을 얻었다고 술회한 적이 있다. 그 순간 우주의 근원이 어찌나 아름답게 느껴졌던지, '미원(美源)' 아호(雅號)를 옥중에서 지어 사용하게 됐다는 것이다. 미원 연구가들은 그의 깨달음에 대해 통합과 조화라는 3차원적 우주관과 유기적 통일체관의 뿌리를 찾게 된 것으로 풀이했다.

필자는 '미원의 깨달음'이라는 명제에 대해 하나의 가설을 생각해 보았다. 방대한 독서로 축적된 지식과 평소 사색가로서 명상을 생활화했던 그에게 자유가 허용되지 않은 정지된 '시간'과 좁은 '공간', 즉 차가운 감방은 시간과 공간적으로 깨달음을 얻기에 안성맞춤이었다. 깨어 있는 시간에 토론, 사색, 명상을 반복하는 등 점진적인 수양(漸修)을 통해 순간적인 깨달음(頓悟)을 얻을 수 있었을 것이라는 추정이다. 이른바 '돈오점수(頓悟漸修)'[11]식의 경지를 경험해 봤을 수 있다는 생각이다.

20년 가까이 다양한 분야에 대한 체계적이고 심층적인 독서와 명상을 병행해 온 청년이 생사의 기로에서 깨달은 것이 무엇이었을까, 자못 궁금해지는 대목이다. 앞서 말했듯이 미원은 유소년 때부터 한학과 유교경전을 익혀 동양적 우주관에 눈을 떴고, 기독교 가정에서 성장한 것도 기독교적 세계관을 이해하는 데 도움이 되었을 것이다.

여기에다 일본 유학을 통해 서양 철학을 접하면서 자연스레 과학적 세계관까지도 정립하게 된 것으로 추정해 볼 수 있다. 청년기에 경험한 체계적인 학습 훈련은 미원이 향후 전 생애를 통해 사색하고 탐구한 사상을 정립하고, 철학체계를 구축하는 필요조건이자 충분조건으로 볼 수 있겠다. 세계적 지성인들로부터 극찬을 받은 '오토피아' 사상이 단적인 예다.

이 '깨달음'에 대해 한 연구가는, 미원이 자신의 삶에 왜 이러한 역경이 일어났는지 사색한 끝에 학도병 징집과 영창 생활을

"역사라고 하는 거대한 소용돌이" 속에서 일어난 "거역할 수 없는 운명"임을 직감했을 것으로 보고 있다. 미원이 일생 동안 보여준 배움을 즐기는(好學) 기질과 지적 호기심, 또 남다른 탐구심과 열정 등으로 볼 때 개인의 운명이 사회와 국가의 운명과 톱니바퀴처럼 맞물리며 숙명처럼 전개된다는 그 필연성을 인식했을 수 있겠다.

이런 인식을 토대로 너와 나, 사회와 국가가 하나의 유기체로 연결돼 있으며, 사색의 주체인 나와 사색의 대상인 우주 자연 전체가 하나의 체계로 이어져 있다고 미원 연구가들은 보는 것이다. 이는 천(天)·지(地)·인(人) 삼재(三才)가 하나라는 동양적 우주관 혹은 성부·성자·성신이 하나라는 기독교의 삼위일체론에서 착안한 것으로 보여진다. 이는 미원이 훗날 체계적으로 정립한 주리생성론과 전승화론 사상의 주요 핵심 중 하나다.

일본군 부대 집단 탈영 이끌다

"각자 산개(散開, 모두 흩어져)! 대동강 둑으로 도망쳐!"

해방 사흘째 되던 1945년 8월 17일, 미원은 군부대 집단 탈영을 감행했다. 조영식 일등병은 일본도를 빼들고 영내 북쪽 대동강 둑에 설치된 철조망을 내리쳤다. 이렇게 탈주로를 내고 먼저 둑을 넘자 조선 출신 학도병과 징병자 등 60여 명이 줄줄이 탈영

대열에 합류했다. 흩어지라고 소리친 것은 이틀 전 히로히토 천황의 무조건 항복 선언 후 자포자기 상태의 일본군들이 악에 바쳐 뒤에서 추격해 올까 두려워서였다.

'계급장 없는 지휘관'이 된 조영식 일병의 일사불란한 지휘로 부대 담장을 뛰어넘은 학도병들은 대동강 주변을 따라 평양신사까지 줄달음쳤다. 총을 맞을 수 있는데도 끝까지 함께한 동지들이 10여 명에 달했다. 이에 앞서 학도병들은 1945년 초 평양에 있는 제48공병중대에서 황해도 사리원 분견대로 전속한 상태에서 만주전선으로 이동 준비를 하고 있던 중 갑자기 해방을 맞았다.

이렇게 되자 조 일병을 비롯한 조선인들은 "당장 고향으로 가자"고 환호했으나, 조선인 출신으로 평소 호감을 갖고 대해 주던 김형차 소대장은 "끝날 때까지 끝난 게 아니다"라며 만류했다. 일본군들이 무장해제를 하지 않은 상황에서 자칫 대참사가 일어날 수 있다는 것이었다. 이에 서로 말없이 표정관리를 하는 등 신중하게 기회를 엿보고 있었다. 그런데 뜻밖의 일이 벌어져 이날 탈주를 감행했다.

해방 이틀 뒤 제48공병중대로 귀환해 있던 상황에서 전 병력 집결 명령이 떨어졌다. 평양에서 100여 리 떨어진 강동 지방에서 대규모 민중봉기가 일어나 이를 진압하기 위해 출동한다는 것이었다. 우리 손으로 조선인을 죽일 수 없다는 생각에 김형차 소대장을 찾아가 "우리는 출동할 수 없습니다. 당장 떠나게 해 주십시오" 하고 강력히 요청했다. 김 소대장은 미원의 말을 들어줄 수 없었지만, 미원이 "그럼 15분이라도 준비할 시간을 달라"는 요청은 들어주었다. 모르는 척할 테니 알아서 도망가라는 신호인 셈이었다.

미원은 내무반으로 달려가 "우리 손으로 애국 동포를 죽일 수 있는가? 조선 사람들은 부대에서 나갑시다! 내가 신호를 하면 당장 뛰쳐나오시오" 하면서 "조선 청년이여, 나갑시다!"라고 고함을 치며 뛰쳐나갔다.

고당 조만식과의 조우

일제는 태평양전쟁 말기 연합군이 필리핀에 상륙하고 사이판을 점령하는 등 패색이 짙어지자 북한 지역 요시찰 인물들에 대한 단속을 더욱 강화했다. 그때 3·1운동을 주도하고 물산장려운동, 국내 민간 자본으로 민립대학 설립운동을 이끈 민족지도자 고당 조만식은 평안남도 강서군 반석면 반일리로 피신했다.

그러던 중 1945년 8월 15일 아침 일본 천황이 정오에 항복 선언을 한다는 소문이 퍼지고, 평양에서 김동원 장로(훗날 제헌국회 부의장, 6·25 때 납북)가 고당 조만식에게 사람을 보내 평양으로 속히 와 달라고 요청했다. 조만식은 이틀 후 새벽 평양에 도착했고, 당일 평안남도건국준비위원회를 결성했다. 건국준비위는 일본군의 패퇴로 인한 치안 공백이 생기지 않도록 자경단을 조직한 데이어 조선인들이 일본인이나 군인들에게 해코지하지 않도록 보호하는 역할에 중점을 두었다.

해방 열흘 후인 25일 해방군이라는 이름의 소련 군대가 북한에 진주(평양 입성은 8월 26일)했고, 김일성도 소련군 대위 계급장을 달고 평양으로 왔다. 당시 평양에 거주하던 조만식의 장남 조연명은 소련군 진주 후 주민들의 어려움이 일제 때보다도 가중되었다면서 이같이 회고했다.

부녀자 겁탈과 약탈에 광분, 특히 공산주의자들이 조직한 적위대라는 불량배들까지 소련 군인들에 편승해 날뛰는 바람에 시민들의 불안과 고통이 더욱 심각했다. 시민들은 밤이면 동네 입구에 바리케이드를 쌓고 소련군이 나타나기만 하면 꽹과리를 쳐 사람들에게 알리는 등 자위책을 강구하기도 했다.

조만식이 치스차코프 진주군 사령관이나 로마넨코 민정사령관 등 진주군 장성들에게 이런 만행을 왜 다스리지 않느냐며 여러 번 항의했으나, 이들은 시정 약속만 하고 소련군의 만행은 계속됐다. 소련 정부에서도 겸이포 제련소, 진남포 제철소, 흥남 비료공장의 설비를 마구 뜯어가고, 북한의 식량도 수백만 섬씩 마음대로 실어가 버렸다.

소련군이 평양에 진주해서 가진 첫 공식 활동은 조만식 등의 민족운동가들이 해방 이틀 뒤에 결성한 건국준비위원회를 해체하는 작업이었다. 소련 군정은 남한과의 인적 왕래와 물적 교류를 차단, 통제했다. 1945년 9월 스탈린은 극동 소련군사령부에 "북한에 반일적 민주주의 정당 조직의 광범위한 블록을 기초로 하는 부르주아 민주주의 정권을 확립하라"고 지시했다. 이것은 공산당 주도하에 자본가와 지주세력을 배제한 통일전선을 결성하고 이를 통해 공산혁명을 수행하기 위한 것이었다. 이 전략에 따라 그해 10월 북조선공산당이 조직되어 서울의 조선공산당으로부터 독립하고 당 책임자로 소련의 지원을 받는 김일성이 지명되었다.

조만식을 비롯한 민족지도자들도 1945년 11월 3일 우파 기독 정당인 조선민주당을 창당해 이에 맞섰다. 당수는 조만식, 부당수는 이윤영과 최용건, 정치부장은 김책이었다. 조만식은 김일성의 동참을 요구했으나 대신 최용건을 보냈다. 최용건은 조만식이 오산학교 교장이었을 때 학생이었다. 당시 24세였던 미원은 조선민주당 창당 발기인으로 참여했다.

미원이 조만식을 어떤 계기로 만났는지, 어떻게 조선민주당 창당 발기인으로 참여했는지는 알려져 있지 않으나 소련군 진주 후 북한에서 일어난 상황을 잘 파악하고 있었고, 기독교 교육을 받은 미원은 같은 기독교인이고 민족지도자였던 조만식이 창당하는 조선민주당을 유일한 대안으로 생각했을 것이다.

미원의 조선민주당 창당 발기인 참여에는 백사(白史) 이윤영(1890~1975)의 권고가 있었을 것으로 추정된다. 이윤영은 평북 영변에서 태어나 숭실전문학교 사범과와 감리교 협성신학교를 졸업한 후 일제 강점기에 교육자, 목회자로 활동했다. 또한 평양에서 기독교연합회장을 지내는 등 종교계에서 영향력이 큰 인물이었다.

이윤영은 미원과 동향인데다 숭실학교 동문이고 같은 감리교 기독교인이었다. 이런 점에서 두 사람은 조선민주당 창당 발기인으로 함께 참여한 것으로 추측해 볼 수 있다. 이윤영은 8·15광복 직후 조만식 등과 함께 조선민주당 창당에 참여해 부당수로 선출됐다. 그는 신탁통치 반대결의 밀서를 서울에 보낸 것이 당내에서 문제가 된 데다 최용건이 당권을 장악하자 1946년 2월 월남하였다.

월남 후 이승만의 단독정부 수립을 지지했고, 조선민주당을 재건해 수석최고위원이 된 이윤영은 서울에서 조선민주당 산하에 '평안청년회'를 조직하고 월남한 청년들을 규합했다. 미원은 1947년 월남 후 이윤영과 재회한 것으로 보인다. 이윤영은 제헌국회 개원식에서 목사로서 기도를 집도할 정도로 이승만 대통령과 각별한 관계였다. 1948년 이승만 초대내각에서 국무총리로 지명되었으나 야당의 반대로 부결됐다.

이후 이윤영은 국무총리서리, 제2대 사회부장관, 제1~4대 무임소장관을 지냈으며, 미원이 신흥초급대학을 인수한 뒤 다시 인연이 되어 1953년 3월 신흥대학교 학장을 맡았다.

제2장

자유와 민주의 꿈을 안고

공산 치하에 시달리던 부친, 화병으로 타계

소련 군정은 1945년 8월 17일 출범한 건국준비위원회를 한 달도 안 돼 강제 해산하고 그 해 10월 민족진영 16명과 공산진영 16명으로 평남인민정치위원회를 출범시켰다. 조만식은 명목상의 위원장에 추대되어 고려호텔에 숙소를 정하고 집무를 시작했다. 이런 가운데 소련군은 지방행정을 담당할 인민위원회를 조직했다.

1946년 1월 2일 조만식은 소련 군정에 신탁통치 반대의 뜻을 통고하고 한편으로는 반탁 성명을 발표했다. 1월 6일 소련 군정과 김일성 일파와의 최후 담판이 결렬되자 조만식은 소련군에 의해 고려호텔에 연금되었다. 그리고 2월 인민위원회 전국연합으로 북조선임시인민위원회가 결성되었는데, 이는 북한을 통치하는 사실상의 임시정부였다.

이즈음 북한에서 비공산 세력은 거의 제거되거나 추방된 상태였다. 인민정치위 민족진영 위원들은 소련군의 저의가 드러나기 시작하면서 절반 이상이 월남해 버렸다. 1946년 3월에는 무상몰수와 무상분배 등에 초점을 맞춘 토지개혁이 단행되었다. 김일성이 토지개혁을 단행하여 한 달 만에 지주제를 해체하자 기독교인들은 경제적 기반을 잃어 버렸다. 소련군 사령부와 김일성에 반대하던 기독교인은 대부분 체포되거나 행방불명되고 검거를 피해 남쪽으로 탈출했는데, 말 그대로 탈북 엑소더스였다.

　미원의 부친 조만덕 또한 이러한 시대적 상황을 피할 수 없었다. 해방 후 김일성 정권이 지주들의 사업체 조사에 나서자 제련이 가능한 원석들을 드럼통에 넣어 땅에 묻어 두었다가 들켜 고초를 겪었다. 자신이 무척 아끼던 탄광 직원이 김일성 정권의 졸개 노릇을 하면서 감춰 둔 재산을 밀고한 것이다. 이로 인해 공산 정권의 끊임없는 괴롭힘에 시달렸다.

　부친은 소련 군정과 김일성 정권에 의해 광산을 몰수당하는 등 극심한 탄압 속에 화병으로 1946년 1월 9일 세상을 떠났다. 좌절감이 극에 달했던 부친은 운명하면서 "운산을 떠나 남쪽으로 가거라. 이곳은 더 이상 희망이 없다"는 유언을 남겼다.

자유 찾아 38선을 넘어

　미원은 기독교인으로서의 종교적 배경과 부친이 광산을 운영했던 가정 환경, 그리고 고당 조만식이 이끄는 조선민주당에 가입한 이력 등으로 북한에 더 머무를 수 없음을 깨닫고 선택의 순간이 다가오고 있음을 예감하고 있었다.

미원이 백일도 안 된 아들을 잃은 지 얼마 안 돼 하늘같이 의지해 오던 부친마저 돌아가시는 슬픔을 겪은 점도 38선을 넘게 한 동인 중 하나였다. 무엇보다도 부친이 일반적인 병치레가 아닌 소련 군정과 북한 공산 치하에서 지주로 몰려 모든 재산을 강탈당한 데 이어 엄청난 탄압의 소용돌이 속에서 울화병을 이겨내지 못하고 돌아가시게 된 점이 몹시 통탄스러웠다고 한다. 부친이 자리에 눕게 되자 미원은 용하다는 의원들을 찾아가 왕진을 간청하는 등 정성을 다했으나, 부친은 끝내 자리에서 일어나지 못했다.

미원은 당시 평양대동공업학교와 평양여고 등에서 교편 생활을 하고 있던 터라 안정적인 생활도 보장이 돼 있었다. 하지만 부친의 갑작스런 타계로 공산 치하에 대한 분노와 더 이상 북한에 희망이 없다고 판단했다. 또 임종 직전에 속히 자유를 찾아 남쪽으로 가라고 강력히 권유했던 아버지의 유언까지 있었던 터였다.

미원은 26세이던 1947년 6월, 삼촌뻘인 친지와 함께 국경 수비대의 경계가 좀 허술하다는 강원도 태백 준령을 넘어 남으로 왔다. 당시 인제, 원통은 38선 이북이었는데 인제까지 기차를 타고 온 후 인민군 초소를 피해 나침반 하나에 의지한 채 남쪽으로 정신없이 내려오다가 한 농부를 만난 뒤에야 38선을 넘었음을 확인했다고 한다.

미원은 서울에 정착한 후 국경 경비 상황이 괜찮으니 넘어와도 된다는 전갈을 고향집에 보냈고, 이에 어머니 강국수 여사와 아내 오정명은 1947년 8월 월남하게 된다. 두 사람은 38선을 지키던 소련군 초병과 마주쳤지만, 이 초병은 아내가 임신 중인 것을 보고 다행히 제지하지 않아 임진강을 따라 서울에 무사히 올 수 있었다.

미원은 당시를 회고하며 1998년 5월, 이케다 다이사쿠(池田大作) 일본 소카대학 설립자와의 대담에서 월남 경위를 이렇게 밝혔다.

"아내보다 내가 먼저 월남하였고 이때도 아버지의 인생에 대한 가르침이 내 인생을 좌우했다. 아버지에게 월남할 것을 상의한 뒤 자유를 찾아 남하하기로 했다. 그런 상황에서 아버지가 지주 탄압에 시달리다가 화병으로 돌아가신 것이다. 그때에는 나침반 하나만을 의지한 채 38선을 넘었다. 이곳(강원도 인제군 기린면 북리 958)에 '자유를 찾아서'라고 돌에 새긴 것이 기억난다. 내 아내는 임신 중이었기에 나중에 어머니와 함께 내려왔고, 여러 번의 우여곡절 끝에 겨우 아내와 상봉할 수 있었다."

미원은 38선을 넘음으로써 경계인(境界人)이자 실향민이 되었다. 좌우 이념의 대립으로 조국이 분단되는 현실을 온몸으로 체험하면서 자유를 찾아 월남을 결행한 것이다. 이 사건은 후일 전개되는 미원의 생애와 사상에 큰 영향을 미치게 된다. 그는 자유와 진정한 민주주의가 무엇인지 깊은 고민을 하면서 자유와 평등의 가치가 조화롭게 공존하는 새로운 사회를 꿈꾼 것이다. 한반도의 분단을 넘어 인류사회가 평화롭게 공존공영하는 새로운 지구공동사회의 구상, 바로 그것이다.

서울 신촌에 겨우 살 곳을 마련한 미원에게 새로운 기회가 찾아왔다. 1946년 개교한 서울중학교(5년제)에 체육교사로 임용되면서 남한에서 새로운 삶을 시작하게 됐다. 서울중학교 설립자 김원규(1904~1968)는 황해도 웅진 출신으로 당시 우수 교사 영입에 큰 공을 들였다고 한다. 당시 교원 명단을 보면 북한 출신이 대거 채용되었음을 알 수 있다.

미원은 일본체육전문학교를 차석 졸업한 유학파이자 장대높이뛰기 조선 대표 선수로 활약한 이력을 인정받아 체육교사로 임용됐는데 윤리 과목도 함께 가르쳤다.

서울대학교 법학부 편입

앞에서 언급한 대로 미원은 어릴 때부터 동서양 사상전집을 끼고 살 정도로 방대하고 다양한 독서와 학문을 섭렵했다. 그 덕분에 학생들로부터도 인기 만점이었다고 이수성 전 서울대 총장과 유종해 전 연세대 행정대학원장 등 제자들은 증언했다. 당시 서울중에는 소설가 황순원(전 경희대 교수), 시인 조병화(전 경희대 교수), 고전문학연구가 양주동(전 동국대 교수), 철학자 안병욱(전 숭실대 교수)

등 쟁쟁한 스타급 교사들이 많았다.

미원은 이런 인연으로 훗날 서울 환도 후 대학의 모습을 갖춘 신흥대학(경희대 전신)에 서울중 출신 교사들을 대거 교수로 초빙했다. 이 중에는 '국보' 별명을 가진 양주동(국문학), 고한권(화학), 시인 조병화, 소설가 주요섭, 소설가 황순원, 양병택(영어), 박노식(지리), 엄영식(역사) 등이 있었다.

미원은 교사로 재직 중이던 1947년 서울대학교 법학부 편입시험에 합격했다. 미원은 건국을 전후한 해방공간에서 벌어졌던 극도의 혼란한 정치와 사회 상황을 목도하고 이 시기에 가장 필요한 공부가 법학이라고 판단했을 수도 있다.

그는 일본체육전문학교를 졸업하고 주오대학 법학부 편입시험에 합격해 법학 공부를 하려 했으나 귀국하는 바람에 이루지 못한 꿈을 이루기 위해 편입시험을 준비했을 수도 있다.

당시 거의 같은 시기에 학교를 다닌 이태영(1914~1998, 대한민국 최초 여성변호사), 심태식(1923~2015, 전 경희대 총장), 김용철(1924~ , 전 대법원장. 경희대 이사장 역임) 등은 앞서 미원이 법학책보다 주로 철학책을 들고 다니며 공부했다는 일화를 밝힌 것으로 전해졌다.

일반적으로 법학도들이 고등고시를 통해 법조계로 진출했던 것과 달리 미원은 더욱 근원적인 정치·사회 문제에 대해 탐구하고 싶은 열망이 컸던 것 같다.

『민주주의 자유론』을 집필한 27세 청년

미원은 훗날 철학에 대해 천착하게 된 동기를 극도로 혼란했던 해방 정국에서 체험한 '민주주의와 자유'의 정체를 탐구해 보고 싶어서였다고 설명했다. 27세 때 첫 저서 『민주주의 자유론』을 펴낸 배경이다. 서문에 저술 의도가 명확히 드러나 있다.

자유에 대해 바로 아는 것은 인간의 진리를 깨닫는 것이다. 인간의 삶이란 궁극적으로 자유에 대한 추구라고도 말할 수 있다. 즉 인류의 장구한 역사는 자유에 대한 쟁투 과정이다. 개인이건 집단이건, 권력자이건 아니건 모든 인간에게는 자유를 꿈꾸고 또 유지하려는 의지가 존재한다.

"자유를 다오, 그렇지 않으면 죽음을 달라"고 말한 패트릭 헨리(Patrick Henry)를 기억해 보라. 유엔 조선위원회 환영식에서 "독립이 아니면 죽음을 달라"고 외친 조병옥 박사의 사자후 또한 어찌 잊겠는가. 이 모든 자유에 대한 절규는 자유에 대한 소중함과 존귀함을 말해 준다. 그렇다면 자유란 무엇인가. 막연하고 경솔하게 자유를 논해서는 안 될 것이다. 진정으로 뜻깊은 삶을 영위하고 가치 있는 국민의 의무를 다하기 위해서는 자유의 참뜻을 되새길 필요가 있다. 자유의 참뜻을 알고 난 후에야 비로소 인간은 완전한 행복을 향유할 수 있다.

이 책은 자유와 민주주의에 대한 광범위한 정치철학적 이론을 바탕으로 기술되었다. 미원이 서울대 법학부 재학 중 정치철학 서적들을 탐독했음을 짐작해 볼 수 있는 대목이다. 그는 1만여 시간을 목표로 독서에 매진하기도 했다.

미원의 저술에서 살펴본 이론 전개 방식은 기존 이론들을 비판적 시각으로 고찰한 뒤 자기 견해를 제시하는 것이다. 예를 들면 의지자유론과 필연론을 설명하고 두 이론이 모두 적절하지 않다고 지적한다. 의지자유론과 필연론 중 어느 시각도 인간의 자유의지를 명확하게 설명해 주지 못하며, 어떤 차원에서는 인간 스스로의 의식에 의해 유발되고 또 어떤 차원에서는 원인과 결과라는 필연적 구도에 의해 활동한다고 설명하는 식이다.

미원은 인간의 의지활동을 필연적이고 무한한 진리와 유한한 경험 사이에 존재하는 긴장의 체현으로 설명했다. 주어진 자연법칙에 따라 살아감과 동시에 자신의 의지를 바탕으로 자유롭게 살아갈 수 있다고 보는 것이다.

'발전적 자유' 개념과 '보편적 민주주의관' 제시[12]

미원이 보기에 인간은 자유의지를 부여받은 숙명적 존재인 것이다. 즉 인간의 의지에 있어서 주관적 영역과 객관적 영역을 모두 긍정한 것이다. 이러한 관점은 모든 것이 자연섭리에 의해 결정된다는 동양철학적 관점이나 모든 것이 신의 섭리에 따라 결정된다거나 신이 인간에게 자유의지를 부여하였다는 기독교 신학적 관점과는 다른 것이다.

미원은 깊은 철학적 성찰을 통해 인간의 본질을 파악했다. 자유의지에 대한 관점은 미원 철학사상에 있어서 매우 중요한 의미가 있다. 이런 관점은 향후 주리생성론으로 정립된다.

미원은 이어 칸트의 자유와 도덕에 관한 철학이론을 바탕으로 개인적 자유와 사회와의 관계를 논한다. 칸트의 관점을 수용해 자유가 없다면 도덕법칙 자체가 성립될 수 없다고 봤다. 인간은 자유를 통해서만이 진리를 발견하고 이성을 실현할 수 있으며, 강제가 없는 무한한 자유란 존재할 수 없다고 했다. 인간의 진정한 자유란 제한 속에서 자유를 추구하는 것이며, 이것이 더 나은, 더 큰, 더 필요한 자유를 얻는 방법이라고 본 것이다.

자유의 종류에 대한 미원의 논점도 연구가들의 눈길을 끄는 대목이다. 존 스튜어트 밀의 자유론을 비판하며 자유방임적 자유를 '본능적 자유'라 규정하고 이것이 무정부주의를 초래할 수 있음을 상기시켰다.

제러미 벤담의 공리주의적 자유, 즉 개인적 자유와 사회적 자유가 적절하게 조화를 이루는 자유를 '인격적 자유'라고 불렀다. 미원은 이러한 인격적 자유가 지나치게 평면적이고 비발전적이며 비향상적인 한계가 있다고 지적했다.

이러한 의미에서 미원은 '발전적 자유'를 제안했다. 발전적 자유란 개인의 자유와 사회공동선이 동시에 실현되는 자유다. 이렇게 될 때 인간은 개체로서의 자유와 공동체로서의 자유를 완전하게 향유할 수 있으며 발전을 거듭할 수 있다는 것이다. 발전적 자유관이 진정한 민주주의적 자유관이라는 것이다.

미원은 이러한 이론적 논의를 바탕으로 민주주의 정치를 설명했다. 미원이 보기에 민주주의란 자유와 평등의 가치가 양립하여 공존공영하는 정치체제다. 미원은 이것을 보편적 민주주의라고 명명했다. 그리고 보편적 민주주의에 대해 향후 집필할 것을 기약하며 『민주주의 자유론』을 마무리했다.

이 책이 출판되자 동아일보는 "현하사상계(現下思想界)의 혈청체가 되기에 넉넉한 양서"라고 평가했다(1948. 12. 26). 이 책 내용을 상기해 보면 미원이 왜 이 책을 저술했고 그가 지향하던 민주주의가 무엇이었는지 드러난다.

미원은 북한에서 경험한 공산 치하에서의 자유 박탈과 월남 후 남한에서의 무질서한 사회상, 해방공간에서의 극심한 좌우이념 대립을 목도하면서 진정한 민주주의가 무엇인가를 깊이 고민했다고 한다. 이 책은 3년 뒤 1951년 6월 피란지 부산에서 출판된 『문화세계의 창조』의 이론적 기초가 되었다.

1 독서게릴라 간서치(看書痴), 독서는 게릴라처럼(blog.naver.com)

2 미원은 평소 "學而不思則罔, 思而不學則殆(배우기만 하고 생각을 하지 않으면 (도리를 알지 못해) 어둡게 되고, 생각만 하고 배우지 않으면 위태로울 수 있다"는 공자의 말을 종종 인용하면서 평소 사색의 중요성을 강조하곤 했다. 『논어』 위정(爲政)편 2~15.

3 교산 허균은 "책 5천 권을 읽지 않은 자는 이 서재에 들어오지 말라(不讀五千卷書者勿得入此室)"라는 중국 북조(北朝)의 학자 최표(崔儦)의 말을 자주 인용했다. 최표의 호언(豪言)의 출처는 당나라 이연수가 편찬한 《北史. 崔儦传》에 전한다. 《北史》는 중국 정사(正史) 24사 중 하나로 북위, 북주, 북제, 수 4개 왕조의 역사를 하나의 기전체로 묶어 정리한 것이다.

4 청나라 학자 옹방강(翁方剛, 1733~1818)은 베이징에서 24세 청년 추사를 처음 만나 필담을 나눈 뒤 "그대는 해동(海東·조선, 일본 등) 제일의 유학자(通儒)"라고 극찬했다.

5 "이 생에 와서 독서하는 것은 이미 늦다(書到今生讀已遲)." 북송 시대 황정견의 '꿈' 얘기를 전해 들은 청나라 문장가 원목(袁枚)이 탄식하면서 "대문장가의 작품은 그의 생애만이 아닌 (조상의 음덕으로) 누대에 걸쳐 반복적으로 배우고 발효 과정을 거쳐 이뤄진 것"이라고 했다. 바이두 닷컴(https://zhidao.baidu.com)

6 민족시인 이육사는 이미 15세 때 '흉중 5천 권'의 경지에 도달했다.(도진순, 『강철로 된 무지개』 p.31. 허균은 "만 권의 책이 있는 곳이 낙원이다. 옥에 갇혀 있어도 책만 있으면 된다"고 했고, 당나라 시성 두보의 '위 좌승에게 올림(贈韋左丞)' 제목의 시에는 "만 권의 책을 읽는 사람은 붓을 들면 신의 경지에 도달한다(讀書破萬卷 下筆如有神)"라는 구절이 있다. 위 좌승은 상서좌승(尙書左丞) 위제(韋濟)다.

7 공자는 "태어나면서 아는 것이 제일이고, 배워서 아는 것은 버금이며, 고생 끝에 배워 안다면 그 다음이고, 애를 써 배워도 알지 못하는 사람은 백성들이 낮게 본다(生而知之者上也, 學而知之者次也, 困而學之又其次也. 困而不學, 民斯爲下矣)"고 가르쳤다. 『논어』 16편(李氏) 제9장(16~9) 참고.

8 길이 험한 산간지방에서 마소에 매워 물건을 실어 나르는 큰 썰매.

9 일제 식민 당국은 1943년 10월 만 20세 이상의 학생들을 대상으로 반도인 학도 특별지원병제를 공표했다.

10 19세기 프랑스의 견자(見者, Voyant) 시인 아뤼르 랭보(Arthur Rimbaud, 1854~1891)의 시집 '지옥에서 보낸 한 철(Une Saison en Enfer)'에서 제목을 땄다.

11 불교 용어로 문득 깨달음에 이르는 경지에 이르기까지에는 반드시 점진적인 수행 단계가 따른다는 것. 보조국사 지눌(知訥)이 돈오점수설을 채택하여 우리나라 선종에 정착시켰다.

12 이 부분을 집필하는 과정에서 미원 사상을 연구한 전문가로부터 큰 도움을 받았다.

제2부

교육입국의 횃불을 들다

"뜻 있는 자는 이루고 노력하는 자는 승리하게 마련이다."
미원 조영식

방에 들어설 때[1]

도널드 허드만(Donald L. Herdman)

사람에 있어서 그 위대성의 자질은
그가 단지 방문에 들어서는 것만으로
어떤 변화를 일으키게 한다.

재치가 발랄하고 생기에 가득 찬 사람이
방문에 들어설 때는 웃음꽃이 활짝 피며
고상한 품격에 많은 업적을 쌓은 사람은
많은 감화를 가져오게 하며
성스러운 사람, 덕망 있는 사람은
존경을 수북히 자아내게 한다.

그러나 이 사람은 이 모든 선물을
안고 오는 것뿐만 아니라
그의 비범하고 고상한 품격에서
흘러나오는 신비한 마력은
그가 방에 들어서는 순간
모든 평범한 사람들을
한꺼번에 사랑의 공동체로 화하게 한다.

제1장

극도의 혼란 속에 싹틔운 '교육입국론'

목회자, 정치가의 꿈 접고 교육자의 길로

미원은 1950년 서울대 법학부를 졸업하고 목회자가 되려고 미국 신학대학에 유학할 계획을 세웠다. 그런데 장충동에 있는 호텔(현 앰배서더호텔) 운영자에게 유학 자금을 사기당하는 바람에 유학의 꿈을 접어야 했다.

기독교 가정에서 성장한데다 미션스쿨을 다니면서 우주의 궁극적인 존재인 신(神)이란 무엇인가라는 의문이 그를 끊임없이 괴롭혔다. 사마천이 『사기(史記)』 집필 중 궁형(宮刑)의 치욕을 당하고 하늘에 던진 질문처럼[2] 과연 신이 존재한다면 이 세상이 이렇게 부조리할 수 있는가 하는 의문은 해결되지 않는 난제였다. 그래서 신학으로 돌파구를 찾으려 했지만, 후일 미원이 종종 술회한 것을 보면 목회자를 꿈꾸고 있었고 신을 만나보고 싶었지만 이러한 뜻이, 즉 영성을 얻는 것까지 이어지지 못했던 것 같다.

미원이 『민주주의 자유론』에서 갈파했듯이 자유의지와 필연의 긴장관계에서 자유의지가 필연적 상황에 의해 굴복되는 경우가 발생한다. 인생길을 걷다 보면 우연한 사건이 삶의 경로를 뒤바꾸는 경우가 종종 있다.

이처럼 그가 유학 자금을 사기당한 일이 우연일 수 있거나, 아니면 필연일 수도 있다. 만일 그가 계획대로 미국 유수의 신학대학에서 공부하고 목회자가 되었다면 어떤 인물이 되었을까, 라는 말들이 미원 측근들 사이에서 회자되곤 했다. 어떤 이는 "운명의 여신은 (조영식) 총장님이 목사가 되는 것을 허락하지 않았던 것 같다"며 운명론적 해석을 하기도 했다.

미원은 미국 유학을 포기한 상황에서 지인의 권유로 1950년 8월 대한청년단 선전부 부국장, 국회 민정동지회 사무국 차장, 국회 신정동지회 조사국장, 공화민정회 조사국장 겸 법제사법전문위원을 맡아 정치활동에 나서게 되었다.

정치적 비전 : 이상과 현실

이렇게 정치에 발을 들여놓은 것은 『민주주의 자유론』을 집필하면서 정립한 정치적 비전을 현실에서 펼쳐보고 싶었던 것 같다. 미원이 관여한 정치조직의 성격과 배경을 살펴보면서 이런 생각을 갖게 되었다.

대한청년단은 대동청년단의 후신이다. 미원은 월남한 서북인들과의 교분을 통해 대동청년단의 존재를 알게 되고 인연을 맺게 된 것으로 보인다. 대동청년단은 1947년 9월 상하이 임시정부 광복군 총사령관을 지낸 지청천이 당시 32개 청년운동단체를 통합해 대동단결을 이룩한다는 명분으로 결성한 우익 성향의 사회운동단체였다.

준비위원회 임원은 이선근, 유진산, 이성주, 선우기성 등이었다. 대동청년단은 지청천의 개인적 인기에 힘입어 막강한 조직을 갖추게 되었으나 반공 및 단독정부 수립을 주장한 이승만과 민족통일 및 남북협상을 내세운 김구에게로 민족노선이 갈라지자 주로 이승만 노선에 맞춰 활동했다.

1948년 대한민국 정부 수립 후 조직적 지지기반이 필요했던 이승만은 12월 19일 대동청년단을 중심으로 서북청년회 등 전국 20여 개 청년단체를 흡수 통합해 대한청년단을 조직했다. 대한청년단은 200만 명의 단원을 가진 거대 청년조직이었으나 일련의 사태를 겪으며 1953년 해체되었다.

공화민정회는 자유당의 전신이다. 1948년 유엔 소총회(小總會) 결의에 따라 남한 지역에서만 처음 치른 총선(5. 10) 결과를 토대로 그 해 5월 31일 선거위원회의 소집에 의해 헌정사상 최초로 제헌의회가 개원됐다. 국회는 의장에 이승만, 부의장에 신익희를 각각 선출했다.

1950년 5월 30일 제헌국회의원 임기(2년) 만료에 의한 제2대 국회의원 선거가 실시됐다. 선거 결과는 초대 총선 때처럼 무소속 당선자가 126명(60%)으로 제일 많았다.

총선 결과 중도파 민족주의자들과 무소속 국회의원들이 대거 승리했고, 대한국민당과 민주국민당은 각각 24명이 당선됐다.

이런 와중에 한 달여 뒤인 6월 25일 새벽 북한의 남침으로 6·25전쟁이 발발했다. 그 해 10월 19일 중공군이 압록강을 건너 본격적으로 참전(10. 25)한 지 수개월 만에 국군과 유엔군의 후퇴(1·4후퇴)와 본격적인 피란 행렬이 이어졌고, 정부도 전시 수도를 부산으로 이전했다.

이러한 상황에서 국회 원내 각 정치 파벌은 이합집산을 거듭한 끝에 1951년 3월 4일 원내 교섭단체가 정식으로 구성된다. 민정동지회와 국민구락부를 통합하여 발족된 신정동지회가 70명의 의원을 확보했으며, 민주국민당은 40명, 공화구락부(무소속구락부를 개칭)가 40명, 민정동지회와 무소속구락부의 이탈파 의원들로 구성된 민우회가 20명을 확보했다.

그런데 국민방위군사건에서 군간부들이 착복한 금품이 신정동지회 정치자금으로 유용되었다는 폭로가 제기되면서 정국이 수습할 수 없는 상황에 빠지게 되었고, 5월 9일 이시영 부통령이 사임을 발표했다. 국민방위군사건은 1·4후퇴 시기 방위군 예산을 국민방위군 간부들이 착복함으로써 방위군 수만 명의 아사자와 환자가 발생한 사건이다.

이선근, 안호상, 이시영 3인과의 운명적 만남

이에 후임 부통령선거에서 신정동지회 소속 이갑성 의원을 지명했으나 민국당 최고위원 김성수가 부통령에 당선됐다. 이로써 민국당에서 국회의장, 부통령직 등 요직을 차지하자, 원내 다수석을 포섭하여 당 건설을 준비하려는 공화구락부와 반이승만 세력과 제휴를 통해 대외적으로 이미지를 개선하려는 신정동지회가 결합해 5월 29일 공화민정회를 발족했다.

원내는 민국당계와 공화민정계가 국민방위군사건, 거창양민학살사건을 둘러싸고 5개월간 대립했다. 이 사태에 불만을 가진 공화민정회 의원들이 이탈하자 이승만 대통령은 1951년 8월 신당 창당을 선언하고 12월 창당대회를 개최해 자유당을 발족시켰다.

미원은 대동청년단과 대한청년단, 공화민정회 일원으로 활동하면서 자신의 인생에 큰 영향을 미치게 된 이선근, 안호상, 이시영 등 3인과 운명적인 만남을 갖게 됐다.

이선근(1905~1983)은 일본 와세다대학 출신으로 1949년 서울대 법대 교수, 1953년 신흥초급대 교수, 1954년 문교부장관, 1957년 성균관대 총장 등을 거쳐 1962년 경희대 교수(훗날 대학원장 역임)가 되었다. 이른바 '조영식 필화사건'(1955년) 때 문교부장관 이선근은 미원의 무고함을 입증하는 데 결정적 도움을 주었다.

안호상(1902~1999)은 독일 국립예나대학에서 철학과 법학을 전공하고 광복 후 서울대 문리대 교수, 이승만 정부 초대 문교부장관(1948~1950), 1993년 경희대 재단이사장을 역임했다.

안호상은 국조 단군을 숭상하는 대종교 14대 총전교를 역임하며 단군민족주의를 실천했다. 문교부장관 시절 홍익인간 이념을 근간으로 하는 교육이념을 토대로 한국 교육의 방향을 설정했으며, 박종홍 서울대 철학과 교수 등과 함께 국민교육헌장 제정 및 반포(1968. 12. 5)를 주도했다.

그는 특히 이승만이 1949년 공산주의에 맞서는 국가정책의 기본 방침으로 내세운 '일민주의(一民主義)'의 이론체계를 제공했다. 즉 하나의 국민으로의 통합을 강조하며 '한 핏줄, 한 운명', '흩어지면 죽고 뭉치면 산다'는 슬로건을 제창하며 대한국민당이나 대한청년단 같은 친이승만 계열의 정당과 단체들을 통해 일민주의를 확산시키는 데 기여했다.

미원은 당시 대동청년단과 대한청년단 선전부 부국장으로 활동한 점으로 보아 안호상과 정치적 궤를 같이한 것으로 보인다. 안호상은 또한 미원이 1975년에 창시한 '밝은사회운동' 한국본부 초대 총재(1978~1987)를 맡아 밝은사회운동을 창시하는 데에도 기여했다.

이시영(1868~1953)은 조선의 대부호 집안에서 태어나 과거에 급제한 후 구한말 평안남도 관찰사와 대한제국 한성고등법원 판사 등을 지냈다. 1910년 국권 피탈 후 일제의 회유를 뿌리치고 넷째 형 이회영 등 6형제와 함께 전 재산을 팔아 만주로 이주해 신흥무관학교를 설립하고 독립군 양성에 힘썼다.

1945년 광복 후 신흥무관학교를 재건하기 위해 노력한 끝에 1947년 2월 신흥전문학원을 설립했다. 이후 신흥전문학원은

1949년 2월 15일 재단법인 성재학원 신흥초급대학으로 가인가를 받고 첫 졸업생을 배출했으나, 뒤에 언급하겠지만, 심각한 재정난에 봉착하자 1951년 미원에게 신흥초급대학을 인수 운영하도록 간곡히 요청하게 된다.

이처럼 주요 인사들과의 인연은 향후 미원의 생애에 중요한 인적 자산이 되었다. 그럼에도 미원은 당시 정치활동을 하면서 해방공간에서 벌어진 극심한 좌우 이념의 대립에 이어 1948년 남한 단독정부 수립을 둘러싼 정파 간 갈등을 체험하면서 적잖은 충격을 받았다고 한다. 특히 극도로 혼란한 시기에 새로운 민주정부가 나아가야 할 방향에 대한 고민이 점차 깊어졌다는 것이다.

미원이 잠시 정계에서 경험한 사건들은 그가 기대하는 정치와는 거리가 먼 것이었다. 더욱이 자신이 속해 있던 대한청년단 간부들이 부정부패 사건에 연루되어 사형을 언도받는 것을 보고 큰 충격을 받았으며, 게다가 전쟁이라는 국난 상황에서 정치인들이 정파의 이해득실에 따라 이합집산하며 정쟁에 몰두하는 것을 보면서 한층 환멸을 느꼈을 것이다.

미원은 이런 과정을 통해 정치가 자신이 걸어가야 할 길 밖에 있다는 강한 확신을 갖게 됐다. 이 시기에 더 크고 원대한 세계를 구상하고 있던 그는 자신의 첫 저서 『민주주의 자유론』에서 예고한 보편적 민주주의를 구체화하기 위해 집필 구상에 몰두하던 터였다.

피란지에서 집필한『문화세계의 창조』

두 번째 저서『문화세계의 창조』원고는 6·25전쟁이 발발하기 2개월 전부터 쓰기 시작했다. 그런데 전쟁이 나는 바람에 서울에서 천안으로, 부산으로 피란지를 옮겨 다니는 와중에, 또 곳곳에서 포성이 울리고 폭격 소리가 들려오는 전쟁통에 집필을 했다는 점이 놀랍기만 하다.

1차 피란 때는 괴뢰군에 납치되어 끌려가는 바람에 원고를 숨기기도 하였고, 1·4후퇴 때는 부산으로 피란 가는 도중 70%쯤 완성된 원고가 들어 있는 가방을 도난당하기도 했다. 탈고를 앞둔 원고를 분실하는 등 큰 충격을 받으면 대부분 자포자기하기 마련인데, 미원은 이에 굴하지 않고 3개월에 걸쳐 다시 원고를 완성했다. 거의 일 년 만에 완성한『문화세계의 창조』는 1951년 출판되었다. 당시 출판기념회에서 이철원 공보처장(재임 1950~1953. 1.)이 축사를 했다.

육군 제1군단장을 지낸 문영일 예비역 중장은 수년 전 미원의 장남 조정원 총재를 만나, 25세 청년 장교 시절 이 책을 읽고 받은 감동을 털어놓은 적이 있다. 1970년 독일 참모대학을 졸업하고 귀국한 뒤 시중에 읽을 만한 책이 변변치 않던 시절에 이 책을 접하고 큰 감명을 받았다는 것이다. 이 책의 서설(序說)에『문화세계의 창조』집필 동기가 나타나 있다.

새 세기는 새로운 정치이념을 요망한다. 세계는 바야흐로 창망한 대해에 조난하여 구원을 애원하는 파선 모양으로! 어쨌든 묘안과 신(新)방안이 나서지 않는 한 그의 침몰은 아주 결정적일 것이다. 현금(現今) 빙탄상용(氷炭相容)할 수 없는³ 상극된 양대 조류(민주와 공산)는 첨예한 대립과 각축으로 말미암아 때와 장소를 불문하고 '붙으면 열전이요 떨어지면 냉전'인 금때로는 창해의 노도와 같이 포효하고 대공(大空)의 뇌벽과 같이 진동하며 때로는 만경창파와 도 같이 살풍경하게 냉엄한 반목질시를 계속하고 있다. (중략) 우리는 이러한 투쟁의 양상을 더욱이 금반(今般) 한국동란을 통하여 여실히 체감한 이상 하루빨리 제화(除禍, 화를 없앰)하기 위하여 무엇보다도 상투(相鬪)하는 두 사회를 하나로 지양하고 순화 통합할 수 있는 신 정치이념을 창조하여 대립과 분열, 투쟁이 없는 문화세계를 창건하기 위하여 가진 바 인류의 온갖 역량을 집결하도록 노력하여야 하겠다. 이러한 인류의 대과업을 어째 동란에 조우하고 있는 한민족만의 임무이며 과업이라 할 수 있으랴!

미원은 월남하기 이전 공산 치하의 정치를, 남으로 내려와서는 미군정 주도의 민주주의 정치를 온몸으로 체험하면서 새로운 정치이념을 모색할 수 있었다. 이는 세계 정치 판도의 축소판 같은 한국의 통일이념이 세계 통합을 위한 이념이 될 수 있다고 설파하게 된 배경이다.

미원이 이 시기에 이 같은 관점을 갖게 되었다는 것은 30대 초반에 이미 그의 사상이 전 인류로 확장되고 있음을 의미한다고도 볼 수 있다. 그가 5대양 6대주를 누비며 일생동안 평화운동을 전개한 배경에도 한반도 문제 해결이야말로 곧 세계 문제 해결의 단초가 될 수 있다는 확신이 자리 잡고 있다는 생각에서다. '전쟁 없는 지구촌'을 꿈꿨던 미원의 일생이 동양철학적으로 볼 때 이미 예정된 것으로 볼 수 있다는 어느 정치학자의 풀이도 매우 흥미롭다.

> 『주역(周易)』설괘전(說卦傳)에 보이는 "간(艮)은 동북의 괘로 만물이 마침(止)을 이루는 바요 비롯함을 이루는 바이므로 간에서 이룬다 하니라(艮東北之卦也 萬物之所成終而所成始也 故曰成言乎艮)"[4]는 구절과도 통한다고 볼 수 있다. 이런 점에서 "간(艮)에서 이룬다"라는 사상과 같은 맥락으로 볼 수 있다. 미원은 이런 점을 염두에 두고 한반도에서 새로운 정치이념이 출현해 고도의 물질문명과 정신문화가 조화를 이루는 종합문명의 꽃을 피우게 된다는 원대한 비전을 이미 1950년대 초에 설파했던 것으로 보인다.

인류사회 올바로 이끄는 건설적인 정신

『문화세계의 창조』는 미원이 일생을 탐구한 주제 중 하나인 인간주의에 대한 근본사상을 집약한 책이다. 그는 중심 내용 중 '문화적 복리주의'의 설명에 앞서 "인간이란 무엇인가?"라는 근본적인 질문을 던진다. 그는 철학에 있어서 다양한 인간관을 고찰하며 "인간은 신도 아니고 동물도 아니고 그 중간적 존재도 아니며 인간은 인간으로서의 독자성을 가지고 있고 그 자체로 완성되는 것이며 문화와 가치의 창조자"라고 규정하고 있다.

이와 관련해 미원은 "인류사회를 위해 봉사를 남기고 인류사회를 가장 올바른 방향으로 이끌려는 건설적인 정신에 창일한 인간을 완성하는 곳에 인간의 의무가 있다"고 역설했다. 이것은 곧 미원의 생애가 어떻게 전개될 것인지 예고한 대목이다.

미원은 이어서 "신이란 어떤 것인가?"라는 질문을 던진다. 그리고 이 대목에서 과거 십여 년간 신의 존재 여부에 대해 알고자 무한히 노력하였으나 도저히 알 수 없었다고 고백한다. 모든 신학서를 섭렵하였고 신학대에 진학하려고까지 하였으나 도무지 확신이 없어서 신앙과 멀어졌다고 고백했다.

후일 미원은 "내 나이 오십이 되어 우주의 끝을 볼 수 있었으나 신의 존재만은 도무지 알 수 없었다"고 말한 적이 있다. 미원은 "자기 본위의 신앙심을 버리고 현실 사회 위에 인류의 행복을 건설하고 문화문명의 가치를 창조해 인류 전체의 행복과 평화를 이룩한다면 이것이야말로 완전한 신의(神意)와 합치된 신도이며 이것이 곧 문화복리주의의 신관"이라고 보았다.

"운명이란 무엇인가?"라는 질문에서는 "우리의 운명은 일상생활의 의지 선택에 의해 방향이 결정되고 의사 선택 여하는 우리의 운명을 좌우하는 것이므로 '의지 선택은 운명의 모태'이며, 주관과 객관이 서로 상호작용하면서 운명이 결정된다"고 설명했다. 이 대목은 후일 '주리생성론(主理生成論)'으로 이론화된다.

"행복이란 무엇인가?"라는 질문에서는 "문화적 복리주의의 행복관은 진지한 인류의 문화세계를 창건하는 데 인생의 의의를 발견하고 문화의 왕국을 이룩하여 그 문명의 혜택을 향수하는 데 진정한 행복의 의의가 있다"고 역설했다.

"죽음이란 무엇인가?"라는 질문에서는 과학적 사생관을 견지했다. 즉 사후세계를 부정하고 있는 것이다. "인간은 세상에 왔다가 죽으면 그만이지 또 무엇이 있겠는가. 만약 인간에게 영생의 길이 있다면 이 세상에 자신을 인류문화 발전과 세계의 자유와 평화를 위해 희생하고 가치를 창조한다면 영원히 살 길을 얻는 것"이라고 단호하게 선을 그었다.

인간의 '의식적 지도성' : 주리·주의생성론의 요체[5]

이렇듯 미원은 인간의 본질적 문제에 대해 명쾌하게 정리한 후 개인과 국가에 대해 논한다. 개인과 국가는 불가분의 관계이며 개인의 행동은 곧 국가 전체의 이익이 되고 국가의 행동은 개인의 복리를 달성하는 것이 되어야 한다는 게 그의 지론이다. 우주문제 역시 미원의 일생과 함께한 일종의 사상적 동반자였으며, 그의 우주관은 정신과 물질의 상호관계에 관한 것이었다. 즉 주관과 객관의 상대적 생성원리가 우주질서의 근본 요체임을 강조하면서도 인간의 '의식적 지도성(指導性)'이 독립적으로 작용할 수 있다고 인정했다. 바로 이 대목이 미원이 주장하는 '주리생성론 (主理生成論)' 혹은 '주의생성론(主意生成論)'의 핵심이다.

미원은 이미 이 시기에 철학적 통찰을 통해 정신과 물질이 상호작용하며 우주 자연의 질서가 생성 변화하는 원리를 파악한 것이다. 이 이론은 10여 년간 축적된 사유와 그 세월의 담금질을 거쳐 1979년에 완성된 『오토피아』에서 보다 정교하게 독자적 이론으로 정립되었다.

미원은 이러한 철학적 고찰 후에 '문화적 복리주의'라는 개념을 제창했다. 그는 "문화적 복리주의라는 것은 정치적 민주주의와 경제적 민주주의에서 지양(止揚)된 민주주의이며 역사적 현실이 요구하는 바에 의해 문화세계를 지향하는 민주주의의 완성 형식"이라고 규정했다. 여기서 문화는 일반적으로 이해되는 문화와는 다른 개념임을 상기할 필요가 있다. 여기서 문화란 '인간의 당위적 규범'을 의미하는데, 바로 문화규범이다.

이는 자연상태(natural state)에서 통용되는 자연규범과 반대 개념으로 이해할 수 있다. 미원은 "어떤 행위든지 인류사회의 안녕, 복지와 문화발전을 위해 도움이 되는 것은 모두 선이요, 해가 되는 것은 모두 악이라고 하는 것이 문화규범의 본지(本旨)"라고 설명했다.

미원의 사상에서 자주 등장하는 '지양(止揚)'이라는 개념은 변증법적 발전 형식에 의한 지양이며 동시에 새로운 것에로의 정립을 의미한다. 미원은 이것을 '통정(通整)'이라는 개념으로 발전시켜 설명했다. 다소 어렵게 들리는 이 용어가 미원 사상을 이해하는 핵심 열쇠다.

통정이란 정신과 물질, 주체와 객체, 개인과 인류, 존재와 당위 등 다양한 차이를 통합하고 지양하는 사유방식이다. 이것이 그가 말하는 '생성(生成)'의 요체이며 후일 그가 정립하는 '전승화론(全乘和論)'의 핵심 원리가 된다.

이어 미원은 문화적 복리주의 성취를 위한 광범위한 방법과 과업을 제시하고 문화세계의 건설을 제창했다. 미원은 여기서 유엔국가, 연방공화국, 세계국가의 3단계를 통해 하나의 세계를 이룰 수 있다고 주장했다. 미원은 이렇게 인류가 지향해야 할 보편적 민주주의를 문화적 복리주의라는 개념으로 구체화하고 인류사회가 지향해야 할 목표를 제시했다.

그에게 『문화세계의 창조』가 갖는 의미는 자못 크다고 본다. 그의 전 생애를 통해서 구체화되는 사상의 골격이며 활동 지침서라는 점에서다. 미원은 '문화세계의 창조'를 그가 설립하게 될 경희대의 교시로 삼음으로써 원대한 계획을 실천에 옮겼다.

포성 속에 인수한 신흥초급대학

6·25전쟁이 발발한 지 사흘 만에 인민군은 전격적으로 서울을 점령했다. 이에 정부도 남하해 8월 18일 부산에 임시정부를 세우자 미원은 또다시 역사의 풍랑에 일렁이는 한 조각 배처럼 서울 탈출을 감행할 수밖에 없었다. 공산 치하가 싫어 북한을 탈출한 처지라 인민군에 잡히면 즉결 처분 대상이었기 때문이다.

아무 준비도 계획도 없이 서둘러 피란 대열에 합류한 그는 부산으로 행선지를 정했으나 교통편이 여의치 않아 천안 인근의 입장(현 고속도로 휴게소)에서 수개월 머물렀다. 이후 다시 피란길을 재촉하던 중 인민군에게 붙잡혀 군대에 끌려가게 된다. 피란길에서 졸지에 가장과 생이별을 하게 되자 가족들은 망연자실했지만 다행히도 허술한 경계를 틈타 탈출해 가족들과 재상봉했다.

천신만고 끝에 부산에 도착, 동대신동 적선가옥에 거처를 마련했다. 당시 부산에는 전국 각지에서 모여든 피란민들로 북적였고 너도나도 살아남기 위해 생존에 몰두하던 시기였다. 미원은 잠시 몸담았던 정계에 환멸을 느끼며 『문화세계의 창조』 원고 집필에 몰두하고 있었다.

이러한 상황에서 미원에게 운명적인 사건이 일어났다. 재단법인 성재학원의 창립 이사장으로 신흥초급대학을 세운 이시영 부통령이 만나고 싶다는 전갈을 보내 온 것이다. 신흥초급대학은 1946년에 설립된 배영대학관과 1947년에 개교한 신흥전문학원의 합병으로 탄생한 2년제 초급대학으로 1949년 2월 문교부로부터 자본금 증자 조건으로 재단설립 인가를 받았다.

하지만 재단 총평가액이 727,000원에 불과할 정도로 재정이 빈약한데다 상업은행 융자금이 1,500만 원에 달했다. 당시 통계청 자료에 1951년 당시 쌀 80kg이 128원, 금 1g은 16원이었던 점을 미루어 보면 1,500만 원은 2022년 말 현재 가치로 300억 원에서 400억 원 사이로 추정된다. 설상가상으로 학장과 이사들이 재단 확충 등의 노력도 없이 타인 부동산을 담보로 빌린 은행 융자금 사용을 놓고 갈등과 반목을 일삼았고, 납입금 관리도 제내로 놋해 탕진할 정도였다.

이러한 상황에서 1949년 7월 18일 제1회 졸업생 205명을 배출했다. 1950년 3월 동양외국어전문학관을 흡수, 합병해 재기를 모색했으며, 1950년 5월 6일 제2회 졸업생 189명이 학사모를 썼다. 그러던 중 6·25전쟁 발발로 학사 일정도 중단되고 신흥초급대는 부산으로 이전했다. 학장은 이시영 부통령의 아들 이규창이었다.

1950년 9월 인천상륙작전으로 서울이 수복되었으나 모든 게 파괴된 상황이어서 학교를 열 수 없었다. 그리고 1951년 1·4후퇴 때 다시 부산으로 피란을 떠났다. 당시 전체 이사 중 2명은 행방불명이었고, 학장은 가장 중요한 서류인 학적부와 경리장부도 챙기지 않은 채 허둥지둥 피란 대열에 합류한 터였다.

그 해 5월 부산시 중구 중앙동 3가 8번지에 겨우 연락사무소를 만들고 부산 동광동에 있는 염광교회를 빌려 강의를 재개했으나, 학생 모집이 어려워지고 재정난이 가중되자 문교부로부터 폐교 압박을 받기에 이르렀다. 이런 상황에서 설립자인 이시영 부통령은 대학을 인수해 발전시킬 수 있는 인물을 물색하면서 30세 청년 조영식을 대안으로 떠올린 것이다.

27세에 『민주주의 자유론』을 펴낸 서울대 법학부 졸업생인데다 원내 교섭단체 공화민정회 조사국장 겸 법제사법전문위원으로 일하던 전도유망한 청년을 주목한 것이다. 이규창 학장의 증언에 따르면 부친에게 미원을 소개한 것은 신흥초급대학 최태영(1900~2005) 교수였다. 이 대학 법대 학장 겸 초대 대학원장을 맡고 있던 최태영은 미원이 서울대 법대 재학 시 은사이기도 했다.

미원은 최 교수와 백삼출 신흥초급대 교수와 함께 부산시 온천동 소재 부통령 관저로 이시영 부통령을 예방했다. 백삼출은 서울대 전임강사로 재직한 바 있고, 1947년 6월 조선하키협회 창설자 중 한 명으로 체육계에 영향력이 컸던 인물이다. 미원은 서울중 시절 체육교사를 지낸 터라 백삼출과도 상당한 친분이 있었던 것으로 짐작된다.

이 부통령은 아들 이규창 신흥초급대 학장과 조카 이규현 이사장을 배석시킨 채 재단과 대학을 백지 인수해 달라고 간곡히 당부했다. 그리고 미원에게 "젊고 의지가 굳세며 패기가 있는 조 선생이 맡아 주지 않으면 문을 닫고 폐교할 수밖에 없다"는 말도 했다고 한다. 미원이 인수 결정을 내리기까지 번민을 거듭한 이유였다. 어릴 때부터 귀가 따갑도록 사색의 중요성을 일깨워 주신 선친의 특별한 가르침이 되뇌어져서 더욱 신중히 생각해 보았다.

"늘 생각하고 또 생각한 연후에 행하라."

재정 상태도 최악이었지만 돈 문제보다 더욱 시급한 이유가 있었다. 바로 전쟁의 한가운데, 엄밀히 말하면 낙동강 전선만을 남겨둔 채 나라의 존망이 위급한 지경이었다. 게다가 천문학적인 은행 부채 변제 조건도 있어서 선뜻 수락하지 못하고 처음에는 거절했으나 이시영 부통령이 세 번이나 사람을 보내 끈질기게 설득했다.

미원은 가족과 친지, 또 친구들의 반류를 무릅쓰고 결국 용단을 내렸다. 번민을 거듭한 끝에 "학교 재정 상태나 전시 상황 등 여러 난관이 도사리고 있지만, 이 땅에 제대로 된 교육을 받은 사람들이 없는 만큼 가급적 많은 인재를 배출해 보자"고 결심한 것이다. "인재 육성이야말로 나라 발전에 도움이 된다"는 '교육입국론'에 대한 확신에서였다.

미원은 이처럼 교육입국을 통한 부강한 나라 건설의 꿈을 꾸며 폐교 직전의 학교를 인수한 것이다. 하지만 학교 상태가 생각했던 것보다 더 엉망이었음을 깨닫기까지는 오랜 시간이 걸리지 않았다. 이 학교 1회 졸업생인 배태영 전 경희대 국제캠퍼스 부총장의 증언을 들어본다.[6]

"재단의 부채 일체를 떠맡고 대학을 백지 인수했는데, 재단은 이름만의 재단이요, 학교는 건물 확보를 조건으로 한 가(假)인가 상태의 초급대학이었습니다. 그런데 학생들은 모두 4년제 대학으로만 믿고 있었습니다. 조영식 신임 학장님도 재단 인수 후 학생 모집을 하는 과정에서 비로소 초급대학 가인가만 나 있는 것을 알고 몹시 당황했다고 하시면서 최선을 다해 학생들의 소원(4년제 대학 졸업)이 성취되도록 노력하겠다고 약속하셨습니다."

미원은 1951년 3월 초 공화민정회 사무실이 있는 부산 중구 중앙동 삼우장파(三友莊派, 이승만 지지 국회의원 모임) 건물 2층에서 서류를 넘겨받았다. 두 달 뒤인 5월 18일 이사회를 열어 상업은행 부채 1,500만 원과[7] 교직원의 밀린 봉급, 기타 빚을 떠안는 조건으로 신흥초급대학을 인수했다. 미원은 김인선 국회의원과 함께 재단이사로 선임됐는데, 김인선은 대한청년단 제주도 단장을 지낸 인물이다. 마침 이날은 미원이 나이 삼십(而立)에 두 번째 역저 『문화세계의 창조』 원고를 탈고한 날이었다.

잠시 발을 들여놓았던 정계를 떠나 교육사업가로 생애 경로를 바꾸게 된 미원은 교육이야말로 자신이 가장 잘할 수 있고, 국가 발전의 초석이 되며, 자신의 비전을 온전히 실현할 수 있는 분야임을 확신했다. 미원은 1951년 7월 23일 성재학원 이사로 공식 취임했다.

4년제 대학 인가 : 이사장 취임

미원이 신흥초급대학 재단이사에 취임한 후 이 부통령의 조카 이규현은 이사장직에서 물러났다. 아들 이규창 이사는 이듬해 3월 (1952. 3. 30) 이사직을 사임했고, 이년재와 이윤영이 새 이사로 선임됐다. 성재학원 이사장은 이년재가, 신흥초급대학 학장은 이윤영이 각각 맡았다. 이년재는 해방 후 무역과 해운업으로 큰 부를 축적한 실업가로 1954년 1월 25일 초대 부산상공회의소 회장에 선출됐다. 부산 전시 수도 시절 이승만의 아들로 불릴 정도로 영향력이 있었다.

이윤영은 미원과 월남 이전부터 인연이 깊은 거물급 정치인이었다. 미원은 4년제 대학 인가를 얻은 신흥대학을 종합대학으로 승격시키려고 항구적인 교사 부지 확보가 절실해진 상황에서 이윤영과 이년재를 학장과 이사장으로 각각 임명한 것인데, 이들이 일 년 후 자리에서 물러나자 미원은 다시 이사장과 학장대리를 맡았다. 이렇게 학교 조직을 재정비한 후 신문에 학생 모집 공고를 내는 등 학사 업무에 들어갔다.

그러나 극심한 재정난 등 첩첩산중 상황이어서 헤쳐 나가기가 몹시 버겁고 힘들었다. 특히 재단의 확충과 정비, 단독 개강을 위한 계획을 세우고 은행 부채 정리와 교사 물색에 나서는 것이 급선무였다.

당시 미원의 모친 강국수 여사와 아내 오정명은 교육사업을 위해 위험을 무릅쓰고 두 차례 38선을 넘어가 친지로부터 금붙이와 자금 등을 변통해 가지고 왔다고 한다.

당장 급한 것은 학교 부지였다. 학생들은 전쟁으로 수업이 어려워지자 신흥초급대학을 비롯한 31개 공사립대학을 망라해 1950년 11월 부산에 세워진 전시연합대학에서 강의를 듣고 있었다. 1951년 2월 학장은 초대 정부 법제처장(1948. 8)으로 대한민국 헌법을 기초한 유진오(1905~1987)였다.

미원은 6월 2일 부산시 동광동 5가 3번지 부산역 맞은편 언덕에 있던 염광교회 부속 공터를 확보, 임시 교사를 지을 부지를 마련했다. 사재 1,800만 원을 들여 본부(학장실, 사무실, 숙직실)와 교사 2동(강의실 5실)을 세웠다. 그리고 전라남북도와 대전, 청주, 대구 등지를 돌아다니며 모집한 신입생 74명과 재적생 48명을 합해 등록 학생은 122명으로 늘어났다. 또 17명의 교수와 강사도 확보하고 미원도 당시 '민주주의론' 강의를 맡았다.

미원은 1951년 8월 개강에 앞서 다음과 같이 교육에 대한 소신을 밝혔다,

본 대학은 민주주의적 사고방식과 처리능력을 가진 민주적인 선량한 국민 양성을 목표로 하여 학원의 민주화, 사상의 민주화, 생활의 민주화를 교훈으로 삼고 인간교육, 정서교육, 과학교육, 민주교육을 교육방침으로 문화복지사회 건설에 공헌하려 한다.

당시 혼란한 정치적 상황과 정립되지 않은 국가교육 정신의 후진적 환경을 고려할 때 이러한 창학정신은 매우 이례적이고 선진적이었다. 특히 학원의 민주화, 사상의 민주화, 생활의 민주화를 강조한 점은 미원이 진정한 민주주의 구현을 몹시 열망했음을 보여 주는 징표였다. 교육을 통한 문화복지사회 건설 다짐은 『민주주의 자유론』과 『문화세계의 창조』 두 저서의 기저에 도도히 흐르는 미원의 교육목표이자 이념이요, 독특한 교육사상이었다.

미원은 전시연합대학 체제가 아닌 신흥대학만의 단독 개강에 이어 정식 법적 인가를 얻기 위해 학교 형태를 갖추고 재단을 확충하여 문교부에 인가신청서를 제출, 1952년 2월 3일 신흥초급대학 정식 인가를 받았다. 이어서 2년제 초급대학을 4년제 대학으로 승격시키기 위해 동분서주했다. 미원은 재단의 재정적 안정을 위해 정치활동 중 알게 된 국회의원과 친지들을 접촉하며 재정

확충에 노력을 기울였다.

그러던 중 정경수라는 노인이 찾아와서 시가로 1억5천만 원을 호가하는 정미소와 과수원을 기증할 뜻을 밝혔다. 미원의 친지 등 주변 사람들을 통해 미원의 인품을 알게 되고 교육입국 비전을 세우고 이를 위해 진력하는 모습을 존경하게 됐다는 것이었다. 여기에다 김노철이라는 사람이 기증한 충남 청라탄광을 합해 5억 원의 기본 재산을 가진 재단으로 4년제 대학 설립 요건을 갖추게 되었다.

이 같은 일화는 '하늘은 스스로 돕는 자를 돕는다'는 만고의 진리를 연상시킨다. 미원의 순수한 뜻과 열정이 주변에 알려지고 이에 감복한 사람들이 찾아와서 도움의 손길을 내민 것이다. 이처럼 독지가들의 도움으로 신흥초급대학 인수 후 10개월 만인 1952년 12월, 대망의 4년제 대학 설립 인가를 받아 신흥대학교로 승격되었다. 미원과 교직원이 함께 일궈 낸 값진 성과였다. 미원은 이어서 자신이 직접 작성한 창학정신을 만천하에 공표했다.

본 대학의 창학정신은 학칙에 명시된 바와 같이 대한민국의 교육 이념에 입각해 전문 학술에 관한 심오한 이론과 응용방법을 교수 연구함과 아울러 고매한 민주주의적 품격을 도야함으로써 문화복지사회 건설의 역군이 될 수 있는 유위(有爲)한 지도적 인재 육성을 목적으로 한다.
원래 대학의 맡은 바 소임은 국가의 최고학부로서 그 전문적인 심오한 학술에 관한 고등교육을 시행해 민주적인 지도자를 양성하는 것이다. 또 국가의 상설 학술단체로써 학문을 담당해 그 학리를 구명하고 연구하여 국가의 정치, 경제, 문화, 사회, 과학 등 제반 분야의 건전한 발전과 신장을 기하여 국가 민족과 인류사회의 복리를 증진하고 가치를 향상시켜 학술적인 공헌을 이루게 함에 있는 것이다. 따라서 본 대학교가 창학의 대정신을 밝힘에 있어서도 역시 이와 같은 사명과 임무가 얼마나 중차대한 것인가에 관해 한층 자각하고 그 정신의 구현을 위해 시종 노력함은 물론 그에 입각한 새로운 교육 분야를 개척함에 있어서 본 대학교육의 기본이념과 방침을 여기 제정하는 바이다.

이 창학정신은 오늘날 21세기를 살아가는 한국 대학뿐만 아니라 세계 어느 대학의 창학정신과 견주어도 손색없는 교육이념으로 평가받고 있다. 이 창학이념의 외침 속에는 훗날 미원이 문화복리와 인류평화를 위해 몸소 실천하고 구현한 기초가 담겨 있다. 신흥대학 현판식이 있던 이날, 마침 항도 부산에는 좀처럼 볼 수 없는 눈이 내렸다. 하늘도 축복하여 서설을 내리는 듯했다.

신흥대학 150여 명의 학생들도 운동장으로 뛰어나가 4년제 대학생이 된 기쁨을 만끽하며 환호했다. 불철주야로 동분서주하며 학교 운영에 매진하다가 병석에 눕기도 했던 미원과 교직원들은 부산역 앞 중화요릿집 복해루에 모여 그동안의 노고를 서로 위로하고 축하했다고 한다.

시련은 있어도 좌절은 없다 : 화마가 삼킨 임시 교사

호사다마(好事多魔)라고 했던가. 새로운 대학의 기틀을 다질 무렵 예기치 않은 불운이 닥쳐왔다. 4년제 대학 설립 인가를 받은 지 일 년 만인 1953년 1월 19일 동광동 임시 교사가 잿더미로 변했다. 건물은 서울에서 피란 온 봉래초등학교 천막 교실과 인접해 있어 이 학교 숙직실에서 한밤중에 일어난 불길이 바닷바람을 타고 크게 번지는 바람에 화마에 희생된 것이다. 이로 인해 3천여만 원을 들여 건설한 대학본부 건물 1동 3실과 5개 교실의 별동이 전소되었다.

당시 미원이 겪은 심적 고통은 어느 정도였을까. 전소되어 버린 건물을 바라보며 망연자실, 청천벽력과 같은 현실을 마주해야 했을 것이다. 학교 건물은 온데간데없고, 얼빠진 사람처럼 잿더미 위에 서 있는 인간 조영식의 모습만이 그 자리에 있었던 것이다. 사실 이날 화재 사건은 단순한 건물 전소에만 그치지 않았다. 미원을 비롯해 세계적인 대학 건설의 꿈을 불태우던 신흥대학 교직원들의 열망을 하루아침에 꺾어 놓은 절망적인 사건이었다.

전시 정부인데다 낙동강 전선의 전황마저 크게 불리한 상황에서 막대한 은행 부채를 안고 학교를 인수한 터라 언론이나 학부모는 물론 일반 국민들까지도 "이제 조영식과 신흥대학은 망했다"라고 수군거리는 소리가 들릴 만큼 타격이 심했다. 미원 자신도 당시 암담했던 상황을 "사방 어느 한 곳에도 뚫린 데가 보이지 않는 절망감에 사로잡힌 심정이었다"며 술회했다. 그러면서도 미원은 교직원과 학생들을 향해 다음과 같이 말했다.

"아무리 재난의 불길이 사납다고 해도 젊은 내 기개는 꺾지 못할 것입니다. 옛것이 가면 새것이 오는 것이 인간사회의 통념입니다. 여러분! 조금도 낙담하지 맙시다. 남아로서 우리의 굳은 의지가 죽지 않았음을 만천하에 보여 줍시다. 기필코 우리의 의지와 기백을 보여 주어야 합니다."

미원은 이렇게 비장한 결의를 밝히면서 학생들과 교직원들에게 "다시 뛰자"며 재출발을 독려했다. 이 대목은 "오직 인간만이 운명과 역사를 창조할 수 있는 존재다"라는 미원의 운명관과 역사관을 여실히 보여 준 것이다. 우리의 인생행로에서 우연한 사건이 일어나기도 하고, 이러한 우연한 사건이 인생의 행로를 바꾸기도 한다. 그러나 미원의 경우 평소 운명에 순응하기보다 적극적으로 극복하려는 의지가 강한 덕분에 숱한 시련 속에서도 평상심을 잃지 않고 매번 전화위복의 계기를, 즉 필연적인 결과를 얻어 냈다고 생각한다.

국제캠퍼스 부총장을 지낸 배태영 경희대 명예교수의 증언도 이같은 관측을 뒷받침해 준다. 배 교수는 미원이 잿더미 위에서 "옛것이 가면 새것이 온다"는 내용의 멋진 사자후를 토한 후 두 달 만에 동대신동 언덕 700평 부지에 부산 피란 대학들 중 가장 좋은 대학을 세운 점을 '불굴의 의지'의 결실로 설명했다. 그러면서

"총장님의 건축에 대한 천재적 안목은 (서울캠퍼스 건설에 앞서) 30세 젊은 시절에 이미 돋보이기 시작했다"고 강조했다.

'학원·사상·생활의 민주화'를 교훈으로

역사의 한 페이지를 기록한, 즉 위대한 업적을 성취한 인물들에겐 공통점이 있다. 이는 바로 이러한 우연을 필연으로 바꾸고 시련을 전화위복의 기회로 만든다는 것이다. 이렇게 혹독한 시련을 극복한 사람에게 운명의 여신은 승리의 월계관을 씌워 주는 법이라고 미원은 강조하곤 했다. 미원이 "옛것이 가면 새것이 온다"는 역사 발전의 법칙을 통찰하고 있었고, 그 발전 방향은 인간의 자유의지, 즉 '의식적 지도성'에 의해 결정된다는 생각을 굳히게 된 것도 이처럼 처절한 시련과 역경의 열매였다는 생각이 든다.

미원은 예기치 못한 불운에 굴하지 않고 부산시 동대신동 2가 8번지에 있는 경사지 700평을 다시 매입해 새 교사를 건축하기 시작했다. 이곳은 언덕에 자리 잡고 있어 멀리 부산해협과 쓰시마 섬(대마도)까지 보이는 곳이었다. 미원은 이 부지를 매입하기 위해 주인을 간곡히 설득했다. 그리고 3개월 반 만인 1953년 3월 20일, 산허리를 깎아내려 평지를 만들고 터를 닦아 기적이라 할 만큼 새 교사(校舍)를 탄생시켰다. 당시 교직원과 학생들도 새 교사 건설에 직접 참여했다. 새 교사는 강당을 겸한 큰 강의실과 보통

교실 7개, 도서관 1동, 본부 건물 1동과 400평의 운동장까지 갖췄다. 서울에서 내려온 피란 학교들 중 규모도 가장 크고, 단독 운동장과 도서관을 가진 학교는 신흥대학이 유일했다.

교문에는 학원의 민주화·사상의 민주화·생활의 민주화라는 교훈을 새겨 넣었다. 당시 준공식은 환호와 감격의 도가니였다. 그야말로 미원의 불굴의 의지와 열정이 없었다면 불가능한 일이었다. 새 교사에서 첫 학위 수여식이 1953년 3월 30일 강당에서 거행되었다. 1회 졸업생 45명이 배출된 것이다. 당시 서울중학교에서 같이 근무하던 교사들이 대거 신흥대학 교수로 합류했다.

아내 오정명 여사도 발벗고 나서다

가진 것 전부를 잃다시피 한 화재 참사에서 기적적으로 재기하는 과정에 아내 오정명 여사의 역할은 지대했다. 오 여사는 새 교사 신축에 필요한 막대한 자금을 조달하기 위해 혼수품으로 가져온 옷감과 패물은 물론 가재도구까지 팔아 도왔고, 과로로 졸도해 입원한 남편을 간호하면서도 동분서주하며 건축비를 모아 감당해 냈다.

당시 오 여사의 헌신적인 내조는 미원에게 큰 힘이 되었을 것이다. 후일 경희대 관계자들은 "경희학원이 짧은 시기에 비약적 발전을 이룩한 배경에 미원과 교직원, 학생들이 혼연일체가 되어 위기를 극복했던 당시의 경험이 자리 잡고 있다"고 말했다. 어떤 절망적 상황에도 굴하지 않는 미원의 의지와 역경을 돌파하는 리더십은 끊임없이 새것을 창조해 가는 경희정신의 원동력이 되었다고 볼 수 있다.

미원은 1953년 12월 1일 열린 신흥대학 제2회 졸업식 축사에서 '운명이란 무엇인가'라는 문제에 대해 상당히 많은 시간을 할애하여 설명했다. 그리고 아래와 같은 메시지를 학생들에게 전했다.

"오늘 이 자리에서부터 제2의 인생을 출발한다고 할 것 같으면 어떠한 고난과 역경이 내 앞에 닥쳐온다 해도 이것을 능히 극복할 수 있다는 운명의 창조자로서의 지각을 잃어서는 아니 될 것입니다. 또 그것으로써 제군들이 앞으로 나아갈 때 여러 가지 난문제를 해결하는 데 있어서 큰 도움이 될 수 있는 실력이 생기는 게 아닐까 생각됩니다."

"인간으로서 생각해서 윤리적으로 생각해서 세계인으로서 생각해서 내가 이것을 의례히 단행해야 한다는 이런 정의에 입각한 신념을 가지고 옳은 것을 위해서 옳은 것을 지탱하기 위해서 굳은 마음을 가지고 운명의 창조자가 되어 주기를 바랍니다."

미원은 끝으로 "운명의 창조자가 되자"는 구호를 두 번 외치며 졸업식 축사를 마쳤다. 이 연설문은 동광동 교사 화재를 비롯한 온갖 어려움을 극복한 자신감의 표출이었으며, 1954년 서울 환도를 앞두고 더 큰 어려움이 와도 이겨 내겠다는 의지의 다짐이었다.

가노란 말도 없이 하늘나라로 떠난 오정명 여사

경희학원의 70년 성상(星霜)을 얘기할 때, 특히 한순간도 자유롭지 못했다고 할 수 있는 재정난 극복 과정을 기술하면서 빼놓을 수 없는 인물이 있다. 바로 아내 오정명 여사다. 오 여사는 남편이 전쟁통에 대학을 인수하는 순간부터 필연적으로 따라붙었던 온갖 고난과 역경을 함께 감당했다.

무역업에 종사했던 이광규 씨는 "오 여사는 거의 매일 친지나 지인들을 만나 자금 융통을 호소하곤 했다"고 밝힌 바 있다. 이광규 씨는 서울중 교사 출신인 김병운 신흥대학 경제학과 교수가 친구 매형이어서 친구 따라 김 교수 집에 자주 놀러갔다고 한다. 그때마다 친구 누나는 "오 여사님이 너무 힘들어 하신다"며 안타까워했다는 것이다. 미원이나 오 여사는 등록금이 들어오기 전까지는 빚쟁이들의 독촉을 감내하느라 고생이 이만저만 아니었다고 한다.

이처럼 재정난에 봉착한 상황에서 오 여사는 결혼 패물을 맡기고 자금을 구하기 위해 전당포로 향했다. 전당포 주인은 진짜인지 가짜인지 알 수 없다며 받아주지 않았다고 한다. 크게 실망한 오 여사는 실의에 젖어 혜화동 비탈길을 터벅터벅 오르다 전봇대에 부딪혀 이마에 큰 상처를 입기도 했다.

이 이야기는 오 여사가 1997년 11월 미원을 비롯한 경희대 관계자들과 함께 일본 소카대학교 총장 초청으로 일본에 갔을 때, 이케다 다이사쿠 소카학회 명예회장이 "그동안 조영식 박사를 보필하기 위해 많은 노고가 있었다고 들었습니다. 그때 입은 상처가 아직도 남아 있다면서요?"라는 질문에 '이마에서 불이 번쩍 났던' 당시 상황을 말하면서 알려지게 되었다.

오 여사는 2004년 4월 17일 미원이 뇌출혈로 쓰러진 뒤 4년여동안 하루도 빠짐없이 간병에 정성을 다했다. 그러던 중 미원이 기적같이 회복되었다가 이내 또 쓰러지자 자신의 무기력함을 탓하며 심신이 지칠 대로 지쳤다고 한다. 동갑내기 남편이 수년 간 병상에 눕게 되자 거처를 병실로 옮기는 등 자신의 몸도 돌보지 않았다. 주변의 만류에도 아랑곳하지 않은 채 "남편이 누워 있는데 어찌 나만 오래 살 생각을 하겠느냐?"면서 한사코 건강 검진도 마다했다고 한다.

오 여사도 결국 과로 등이 겹쳐 병상에 눕게 된 뒤 끝내 일어나지 못했다. 2008년 5월 26일, 월명사의 '제망매가' 구절처럼 지아비에게 "가노란 말도 없이" 먼저 하늘나라로 떠난 그녀의 지극한 남편 사랑은 많은 이들에게 슬픔과 함께 무한한 감동을 안겨 주었다고 측근들은 입을 모았다.

나흘 뒤인 30일 영결식에서 홍승주 시인(전 경희여중 교장)은 추도시를 통해 고인이 극심한 재정난 등 절체절명의 상황에서 어떻게 남편을 내조하며 숱한 난관을 극복했는지에 대한 일화를 이렇게 소개했다.

월남 전야 가지고 온 혼수, 예단, 패물을

아낌없이 내다 방매, 위급한 고비고비를 넘기고

때로는 친지를 예방…

(중략)

자금을 구하러 나갔다가 좌절과 실의를 안고

터벅터벅 지쳐 돌아오는 역경의 캄캄한 밤길

혜화동 가파른 언덕을 오르다

전봇대에 부딪혀 별이 번쩍,

이마에 난 불후의 혹

70년 경희학원 역사를 말할 때 미원과 함께 무대 한쪽을 차지했던 오 여사의 '드러나지 않은 내조'에 대해 경희 구성원이라면 대부분 수긍한다. 한 교직원은 "오 여사님은 묵묵히 뒷바라지만 한 것이 아니다. 미원이 재정난 등으로 고민을 거듭하던 결정적 순간마다 얽히고설킨 실타래를 풀어 주는 역할을 해 왔다"고 회고했다.

이런 고난의 뒤안길에서 단과대학이던 신흥대학은 1955년 종합대학 설립 인가를 받은 데 이어 1960년 '경희대학교'로 이름을 바꿨다. 미원은 초대 총장에 취임하고 이사장직도 맡았다. 서울캠퍼스 시대가 시작된 것이다. 그리고 1960년대 후반에 불과 10여 년의 짧은 역사에도 불구하고 한때 '한국의 3대 대학'이라는 명문 사학으로 발돋움해 "한국 사학의 기적"이라는 평가를 받기도 했다. 1996년 3월에는 한국대학교육협의회가 120개 세부항목을 대상으로 실시한 대학종합평가에서 최우수 대학으로 선정되기도 했다.

이 대목에서 떠오르는 역사적 인물이 있다. 주(周)나라를 건국한 무왕(武王)의 할머니, 즉 문왕(文王)의 어머니로 신사임당의 역할(role) 모델이다. 『고려사』(권제88, 21장)는 상(商)나라 사람으로 임(任)씨 성의 태임(太任)에 대해 "주(周)는 태임을 들여 비(妃)로 삼아 왕업의 발흥을 이룩했다(周徵太任以爲妃而皆致王業之勃興)"고 적었다. 이 내용을 다시 음미해 보면 "경희는 오정명 양을 들여 학원장 아내로 삼아 70년 세계적인 경희학원의 발판을 마련했다"는 '경희사(慶熙史)'의 구절로 읽히는 것 같다.

'교육입국'에 뜻을 두고 오뚝이처럼 칠전팔기하며 헌신한 미원 부부의 일생은 실로 고단했던 것 같다. 이는 마하트마 간디가 일깨워 준 "역경을 견디는 힘은 물리적 역량이 아닌 불굴의 의지에서 나온다"는 경구의 참 모델로 여겨진다. 미원이 창학 초창기에 극심한 재정난에 시달리다가 황달에 걸려 몸져누운 상태에서 남긴 아래 시의 구절들도 꽤 감동적이다.

고난이여 역경이여 올라면 오라

고난이여 역경이여 올라면 오라
그 모질고 거세다는 세파의 끝 어데냐
남아가 한 번 나선 그 길 그 뜻 굽힐 손가

염라의 대왕이여 자— 어서 나서라

내 끝까지 용전하다 체력 다하면

귀신 장군 때려눕힐 기력 또 있지 않나

철한이 도전하는 사나이 길엔

전진은 있어도 후퇴는 없다

철한이 응전하는 사나이 길엔

승리는 있어도 패배는 없다.

미원의 학장 취임사와 이 시를 살펴보면 어떻게 맨주먹으로 오늘날의 경희학원을 건설했는가에 대한 의문이 인다. 오랜 시간 보좌해 온 측근들과 함께 꼽아 본 세 가지는 ▲확고한 사명감과 비전 ▲불굴의 자신감 ▲설득, 감화 능력이다.

이 학교를 세계적인 대학으로 키워 인재를 양성하고 문화세계 창조에 기여하겠다는 사명감이었다. 그리고 어떠한 역경이 다가오더라도 의지만 있으면 극복할 수 있다는 운명 창조에 대한 불굴의 자신감도 비전을 이어갈 수 있었던 자양분이었다. 아이젠하워 미국 대통령이 "운명아, 비켜라. 내가 나아간다"라고 말했듯이, 그도 의지 여하에 따라 운명을 개척해 나갈 수 있다고 믿었다.

또한 자신의 신념을 상대방에게 설명, 이해시키고 때론 감동시키기도 한 특유의 설득과 감화 능력도 빼놓을 수 없는 미원의 덕목이었다. 이를 통해 구성원들의 단합을 이끌어 내고 목표를 향해 전진해 나가는 남다른 카리스마를 지녔던 것이다.

미원은 생전에 리더십의 요체를 간단명료하게 설명한 바 있다.

그에게 리더십이란 "비전을 제시하고 앞장서서 끌고 가는 것"이었다. 이러한 리더는 자신의 가치와 비전을 상대방과 공유할 뿐 아니라 상대방을 변화시킨다. 즉 변혁적(transformational) 리더십이다. 이 세 가지 자질과 능력이 있었기에 초창기 온갖 역경을 딛고 경희학원을 설립할 수 있었던 것이다.

제2장

서울 환도와 재건

전시 수도 부산을 떠나 서울로

1953년 7월 27일 휴전협정이 체결되자 부산 피란지에 있던 학교들은 일제히 서울로 돌아오기 시작했다. 그러나 신흥대학은 돌아갈 곳이 없었고, 언감생심 학교 부지를 장만할 생각도 할 수 없는 상황이었다.

여기서 미원은 또 한 번 담대한 승부사 기질을 발휘했다. 처음부터 다시 시작해야 했던 그가 새롭게 선보인 서울캠퍼스 구상은 보통사람의 상상을 뛰어넘는 것이었다. 그의 머릿속에는 '문화세계를 창조하는 학문의 전당' 건설 계획이 자리 잡고 있었다. 이러한 비전을 세우고 바로 실행 계획 수립에 들어갔다. 시급한 과제는 이에 부합하는 학교 부지를 확보하는 것이었다.

미원은 친구 몇 사람과 2개월 넘게 서울 시내 곳곳을 답사했다. 홍익대학교가 있는 와우산을 답사하기도 했고, 삼청공원,

우이동 일대, 자하문 밖, 하월곡동 등을 돌아다녔지만 여건이 여의치 않았다. 그러던 중 현재 경희대가 있는 서울 동대문구 회기동 천장산(현 고황산) 자락을 발견했다. 미원은 여러 지역을 답사하던 중 서울대 법학부 편입시험을 볼 당시 지금의 청량사가 있는 산에 올라가 우연히 바라본 이 지역을 떠올렸던 것이다. 당시 서울대 법과대학은 청량리에 있었다.

폐광 후 버려진 채석장이 있었던 천장산 부지는 6·25동란으로 나무들이 모두 남벌되어 잡초도 자라지 않는 황폐한 땅이었다. 홍수에 패이고 흙모래와 잡석들이 흩어져 있는 황무지 같은 곳이었지만 미원이 보기엔 최고의 명당자리였다.

하늘이 숨긴(天藏) 명당, 144m 통바위 주봉

풍수지리적으로 144m 높이의 바위산인 천장산은 남향으로 주봉(主峰)으로 삼기에 적합했다. 좌청룡(左靑龍) 우백호(右白虎)로 아담하게 뻗은 산줄기와 계곡이 있고, 뒤를 막아 주는 북현무(北玄武)에다 앞의 트인 곳에 멀리 남주작(南朱雀)인 한강을 안고 있는 천혜의 지세였다.

천장산의 천장(天藏)은 '하늘이 숨겨 놓은 곳'이라는 명당으로 조선 왕실에서는 20대 국왕 경종과 그의 두 번째 왕비 선의왕후를 모신 의릉이 자리 잡고 있다. 천장산 북쪽에는 고종의 첫째 아들 완화군의 묘가 있었다.

당시 천장산 일대는 농림부 임업시험장 소유였고 대한제국 구황실의 임야로 학교 부지로 구입할 수 없는 땅이었다. 그러나 미원은 관계자들을 설득해 부지 25만 평을 확보했다. 결국 하늘이 숨겨 놓은 명당 터가 미원에게 돌아간 셈이다. 천장산은 후일 고황산(高凰山)으로 이름이 바뀌었다. 산 모양이 마치 봉황이 날개를 펴고 날아가는 형상이라 하여 개명했다고 한다.

미원은 가까스로 건축 부지를 확보한 후 매일 고황산에 올라 캠퍼스 마스터플랜을 구상하기 시작했다. 그의 머릿속에는 본관 석조전을 비롯해 12m 높이의 아치형 정문인 등용문, 교시탑, 중앙도서관, 노천극장, 크라운관, 평화의전당 등 현재 서울캠퍼스를 구성하는 주요 건물과 조경, 조림 계획이 포함되어 있었다.

공학 공부를 한 적이 없는데도 그는 각종 건축 관련 서적을 독파하며 혼자 힘으로 설계도를 그렸다. 미원이 머릿속에 그린 학교는 일반 대학 캠퍼스가 아니라 100년 교육 대계를 바라보며 '문화세계 창조'의 이상을 구현하기 위한 참교육의 전당이었다. 당시 상황을 조정원 총재는 이렇게 술회했다.

"지금의 봉수대가 있는 자리에 소박한 본관이 있었습니다. 이 본관에서 경희대의 조감도가 만들어졌고, 조감도는 아버님이 직접 그리신 겁니다. 이 거대하고 담대한 계획을 실행하려면 먼저 땅을 파고 다지는 토목공사가 필요했는데, 아버님이 미 8군과 교분을 쌓아 미군 공병대가 토목공사에 도움을 주기도 했습니다. 당시 독일 대사와도 교분을 쌓아 물심 양면의 후원과 지원을 받기도 했습니다.

잘 알려지지 않은 것이지만 아버님은 학교 운영을 위해 많은 노력을 기울이셨던 것으로 기억합니다. 안국동 로터리에서 목재소를 경영하기도 했고, 위치는 어딘지 알 수 없으나 염전도 운영하고 태능 근처의 담배 필터 공장에다, 증권회사까지 운영하신 걸로 알고 있습니다.

어느 날 체육관에서 행사를 마치고 본관 계단을 오르시면서 아버님이 제게 물으셨습니다. 내가 분수대를 왜 팠는지 아느냐고 반문하시고 빙긋이 웃으시며, 본관 석조전을 아래에서 올려다보면 더욱 웅장하게 보이기 위해 팠다고 말씀하셨던 기억이 생생합니다."

미원은 먼저 25만 평의 허허벌판에 오늘날 서울캠퍼스 본관인 석조전을 건축했다. 1953년 11월 30일 기공식 후 12월 20일 바위산인 천장산 발파 공사로 착공된 본관은 고대 그리스 신전을 연상케 하는 높이 18.2m, 연면적 3,800평 규모의 대규모 석조건물이다. 본관 중앙 부분은 발파 과정에서 나온 화강암으로 만들었는데 당시 이와 같은 규모의 건물을 우리나라 사람 힘만으로 지은 적이 없었다.

14도(道) 인재 육성 포부 담긴 14개 기둥

미원은 이 본관이 대학을 상징하고 그가 구상하는 문화세계를 상징하는 건물이어야 한다는 점을 염두에 두고 14개의 코린트 양식 기둥을 배치했다. 우리나라 행정구역의 상징이자 전국(남북한) 14개 도에서 장차 우리나라를 이끌어 갈 인재를 뽑아 육성하겠다는 의지의 표현이었다. 건물 상단의 박공벽 부조상에는 교시 '문화세계의 창조'가 상징적으로 새겨져 있다. 우측은 물질문명, 좌측은 정신문명을 상징적으로 표현해 문화세계가 물질문명과 정신문명이 조화롭게 통합되는 종합문명임을 암시하였다.

본관 공사 과정에는 수많은 난관이 도사리고 있었다. 재정 문제가 가장 컸다. 그의 수중에는 단돈 8만 환뿐이었다. 본관 석조전 건축에 필요한 돈은 3억5천만 환이었다.[8] 그야말로 무에서 유를 창조하는 무모한 역사(役事)가 아닐 수 없었다.

우선 시중은행에서 대출을 받고 사채를 빌려 감당했으나 재정난으로 공사가 난관에 부딪칠 것은 불을 보듯 뻔한 것이었다. 인부들에게 노임을 제때 주지 못해 공사가 중단되기도 하고, 채권자들이 몰려와 난동을 부리기도 했다.

결국 살고 있던 혜화동 집을 급히 처분해 부채 일부를 갚고 나니 살 곳이 없어졌다. 식구들은 북한에서부터 알고 지내던 지인의 집을 빌려 살게 되었다. 채권자들은 이곳까지 찾아와 소란을 피웠다. 미원은 다시 친분이 있는 은행장을 찾아가 끈질기게 설득한 끝에 주택자금을 융자받아 명륜동에 낡은 한옥을 가까스로 마련했다.

공사를 계속하려면 당장 채권자들을 설득해야만 했다. 그는 채권자들을 집으로 불러모아 원금의 5~6% 이자를 약속하는 어음을 나누어 주고 안심시킨 끝에 공사를 재개할 수 있었다.

본관은 1956년 7월 30일 1차 완공했으나, 양 날개 부분은 자금 문제로 마무리 짓지 못하다가 1973년 6월에 착공해 1975년 2월 2차로 완공했다. 이 건물 중앙부는 2018년 12월 31일부로 국가 등록문화재 제741호로 지정되었다. 이처럼 오늘날 경희대 서울 캠퍼스에 자리 잡고 있는 웅장한 본관 건물에는 미원의 피와 눈물과 땀이 고스란히 배어 있다.

교시탑과 등용(登龍) 교문을 세우다

본관 건물 공사와 함께 교시탑(校是塔)과 교문인 등용문(登龍門)도 세워졌다. 1955년 2월 28일 종합대학 승격을 기념해 세운 등용문은 1955년 5월 10일 웅장하고 아름다운 자태를 드러냈다. 교문에 새겨진 '등용'이라는 말은 "뜻을 펴서 크게 영달한다"는 뜻이다.[9] 이 문을 드나드는 학생들이 뜻을 세우고 세상에 나아가 뜻을 펼치라는 의미였다.

교시탑은 등용문에서 100m 정도 올라가 고황산 주봉을 바라보는 곳에 배치했다. 이 탑에는 유엔헌장을 상징하는 대학 배지와 '문화세계의 창조'를 새겨 넣었다. '문화세계의 창조'가 신흥대학의 교시로 만천하에 선포된 것이다.

1955년 7월 24일 완공될 당시 사람들은 이 교시탑이 무엇을 의미하는지 정확히 알지 못했을 것이다. 이는 향후 미원이 전 생애를 통해 펼쳐나갈 비전의 서막이었다. 캠퍼스 공사 진행 중에는 임시로 교사와 사무소, 도서관 건물을 마련하는 등 학생들이 불편하지 않도록 배려하는 것도 잊지 않았다.

1954년 2월 9일 신흥대학은 문교부로부터 대학원 인가를 받고 4월 20일 학과 증설로 학생 수는 1,040명에 달했다. 미원은 1954년 5월 20일 신흥대학교 제4대 학장에 취임했다.

그는 이 자리에서 현재 건설 중인 대학은 동양과 세계 굴지의 대학이 될 것이라는 원대한 비전을 피력했다. 이러한 대학을 만들기 위해 교직원과 학생이 혼연일체가 되어야 한다는 것을 역설하면서 예의 운명론의 불을 다시 지폈다. "운명은 스스로 결정되고 개척되는 것이어서 불가능이 없다"고 단언한 것이다.

장제스와의 만남 : 국제화의 거보(巨步)를 내딛다

미원은 캠퍼스 조성 공사가 숨가쁘게 진행 중인 상황에서도 세계적인 대학 건설을 위해 선진국 교육제도 시찰에 나섰다. 1958년부터 네 차례 해외 순방을 했는데, 80여 개국을 돌아보며 주요 선진국과 후진국들의 사회상을 면밀히 관찰했다.

먼저 1958년 8월 26일 장치윈(張其昀)[10] 중화민국 교육부장(장관)의 초청으로 대만을 방문했다. 이곳에 머무는 동안 장제스(蔣介石, 1887~1975) 총통을 만나 국민당 정부가 한국 임시정부와 광복군을 지원해 준 덕분에 독립하게 되었다며 감사 인사를 전했다. 그리고 카이로회담(1943. 10. 22)에서 일본의 무조건 항복과 한국의 자유독립 필요성을 강력히 주장한 데 대해 사의를 표하며 그런 제안을 하게 된 이유를 물었다.

이에 대해 장 총통은 국민당 강령 서문에 "한국의 독립 없이 아시아의 안정이나 세계 평화는 없다고 기록되어 있다"면서 신탁통치가 결정될 당시 주 유엔대사에게 한국의 독립을 돕도록 지시했다는 말도 덧붙였다. 이때 장 총통은 미원에게 철제 조각 천마(天馬) 1점을, 부인 쑹메이링(宋美齡, 1897~2003)은 친필 난초화집을 선물하였다.

이런 인연으로 장제스의 뒤를 이은 아들 장징궈(蔣經國) 총통은 1970년 경희대에서 명예법학박사학위를 받았다. 장제스, 장징궈, 장치원 등과의 친분으로 미원은 대만의 수많은 석학, 교육계 인사들과 교류하게 되었고, 대만 조(趙)씨 종친회에서도 큰 환영을 받았다. 미원은 1959년 대만 조씨 종친회 명예회장에 위촉됐다.

미원은 1958년 12월 이후 미국과 유럽, 아시아 등 20여 개국의 여러 대학을 순방하며 세계 대학의 교육제도를 시찰했다. 이러한 결실로 1960년 10월 9일 미국 마이애미대학과 자매결연을 맺은 데 이어 국립대만사범대학, 중국문화대학, 미국 페얼리디킨슨대학과 각각 자매결연을 했다. 1959년에는 마이애미대학에서 명예법학박사, 1964년 페얼리디킨슨대학에서 명예문학박사학위를 받았고, 1970년 중국문화대학의 명예철학박사가 됐다.

미국과 대만 대학에서의 명예박사학위는 단지 시작에 불과했다. 전 세계 대학에서 총 34개 명예박사학위를 받았다. 미원의 국제화 마인드에 발맞춰 경희대도 세계 굴지의 대학들과 교류

협정을 맺고 국제적으로 도약하는 발판을 마련할 수 있었다. 특히 1965년 미원이 페얼리디킨슨대학의 피터 삼마르티노 총장과 함께 세계대학총장회(IAUP)를 창립하는 데 큰 도움이 됐다.

미원이 세계대학총장회 초대 회장에 이어 세 번 연임을 하게 된 것은 오토피아 사상과 인류사회 재건의 필요성에 대한 인식, 전쟁 없는 평화에 대한 굳은 신념을 세계적으로 확산시킬 수 있었던 결정적인 원동력이 되었다고 볼 수 있다.

새마을운동의 효시가 된 잘살기운동

1959년에 접어들면서 미원은 학생들 중심의 잘살기운동을 본격 전개해 나갔다. 전란으로 피폐해진 국토와 가난에 찌들린 농촌을 돕기 위한 사회운동의 일환이었다. 학생들은 미원의 교육이념에 호응해 국토녹화와 녹색혁명운동, 사회봉사활동에 적극 참여하기 시작했다. 방학이 되면 학생들은 농촌으로 내려가 농촌계몽운동을 벌이기도 했다. 당시 「신흥대학보」는 학생들의 헌신적 활동을 집중적으로 소개했다.

미원의 잘살기운동 추진 배경은 무엇일까? 해답은 그가 1965년에 출간한 『우리도 잘살 수 있다』는 책에서 찾을 수 있다. 앞에서 말했듯이 미원은 1958년을 기점으로 네 차례 세계 주요 지역을 돌아보았다. 반만 년 역사를 가진 조선 왕조 백성들과 대한민국 국민들이 늘 기근에 시달릴 정도로 못사는 이유가 무엇인지 궁금했던 터였다. 그는 미국과 일본, 대만, 홍콩 등 외국 방문을 통해 그 해법을 찾았다.

제1차 순방은 주로 선진국을 돌아보며 그들이 어떻게 잘살게 되었는지를 관찰하기 위한 것이었다. 제2차 순방은 주로 후진국을 돌아보며 그들이 왜 못살게 되었는가를 관찰했다. 제3차 순방은 우리는 어떻게 하면 잘살 수 있을까 해답을 얻기 위한 것이었다. 제4차 순방은 제3차 순방에서 발견한 것을 재확인하려는 것이었다.

세계 86개국을 순방한 그는 선진국과 후진국들의 정부 정책과 국민의 생활태도, 어려운 난국을 돌파하는 능력 등을 유심히 살핀 내용을 토대로 펴낸 책에서 우리가 못사는 이유와 잘살기 위해 무엇을 해야 하는지를 소상히 밝히며 다음과 같이 결론을 내렸다.

"우리가 못사는 중대한 이유는, 앞서 말한 바와 같은 여러 가지 이유가 있겠지만, 그 중에서도 결정적인 이유는 우리가 '못산다고 생각하는 바로 그 마음속에 있다'는 것을 명심해야 하겠습니다. 우리가 잘살기 위해서는 우리 마음속에서 먼저 못산다는 패배의식 그 자체부터 없애 버려야 합니다.

아무리 생각해 보아도 백불 미만의 (1인당) 국민소득이라면 확실히 세계에서도 가난하게 사는 국민의 하나임에는 틀림이 없습니다. 그러나 우리나라 지성인들은 앞장서서 현하의 위기의식을 전환시켜야 합니다. 마치 토인비 교수가 '인간은 역경에 굴하지 않고 용감하게 응전할 때만이 새로운 역사를 창조할 수 있다'고 한 것처럼 우리 앞에 놓여 있는 국난을 우리의 예지로써 물리칠 수 있을 때 우리는 이 나라의 새 역사를 창조할 수 있을 것입니다."

미원은 이 책 말미에 경희가족이 앞장설 테니 동포들이 잘살기운동에 적극 나서 달라고 호소했다. 이 책은 1965년까지 15쇄를 찍을 만큼 큰 반향을 불러일으켰으며, 영문판과 중문판으로 번역되어 전 세계에 보급됐다. 경희대는 1966년 개교기념일을 맞아 '잘살기운동 헌장'을 제정 공포하고, 미원은 잘살기운동 노래를 제작해 보급하는 등 이 운동에 적극적으로 앞장섰다. 미원이 제창한 잘살기운동은 정신혁명운동이자 생활혁명운동이었다.

후일 박정희 대통령도 이 책을 세 번이나 읽고 장문의 친서를 보내올 정도로 국민적 감동을 불러일으켰다. 미원은 박 대통령 초청으로 청와대를 방문해 장시간 면담하고 범정부 차원에서 잘살기운동을 펼치도록 권유했다. 새마을운동의 효시가 된 셈이었다.

"우리도 잘살 수 있다"

6·25전쟁 이전부터 보릿고개로 상징되는 궁핍한 삶을 이어 온 우리나라 국민을 움직인 한마디는 "우리도 잘살 수 있다"라는 명제였다. 황병곤 경희대 명예교수는 미원의 세계 여행이 "국민의 의식을 개혁하고 경제가 성장할 수 있는 원동력을 만들었다"고

설명했다.

8·15해방을 맞은 한국은 농업국가임에도 생산물 수출은커녕 자급자족 능력도 갖추지 못해 너도나도 굶주림을 면치 못하고 있었다. 이런 상황에서 3년간 6·25로 전 국토가 사실상 폐허로 변해 작황이 크게 악화되었다. 평년작을 예상해도 매년 식량 500만 석을 외국에서 도입해야 살아갈 수 있었다.

재미 과학자 김기형 박사는 1966년 박정희 대통령의 요청으로 귀국한 직후 한 달 간 전국 농촌을 돌아보고 낸 보고서에서 "농촌의 (가구당) 평균 농지가 0.8ha로 단위면적이 너무 작아 경제성을 유지할 수 없다"고 평가했다. 김 박사는 미국 농가의 평균 농지가 500ha인 점을 밝히며 한국이 속히 탈농(脫農)을 해 공업화를 해야 한다"고 건의했다.[11]

당시 농촌 인구의 상당수가 배를 주리는 고통에 시달리면서도 농지의 낮은 생산성에다 농한기 인력 낭비라는 문제점에 직면해 있던 때가 미원이 주도한 계몽운동과 잘살기운동의 시대적 상황적 배경이었다.

다양한 독서와 일본 유학 경험 등으로 선각자적 안목을 갖고 있던 미원은 보릿고개의 실정이 비단 농촌에만 국한된 것이 아니라는 점에 주목했다. 전 국토의 66%가 산악지대인 산림국가임에도 매년 석탄 18만과 원목 49만t을 수입해야 하는 점이나 5천 년 역사의 나라임에도 세계 최빈국 수준에 머물러 있는 이유와 근본적인 원인이 무엇인지 궁리해 본 뒤 나름대로 해법을 생각해 낸 것이다.

미원은 6·25의 폐허 속에서 청년기를 보냈다. 그러면서도 절대 빈곤 속에 꿈을 잊고 살아가던 농민이나 도시 빈민들을 대상으로 "우리도 잘살 수 있다"고 힘을 북돋우며 문맹퇴치 등 계몽운동을 벌였던 것이다. 잃었던 희망을 되찾고 우리도 할 수 있다는 자신감을 심어 주고 싶었다.

미원은 박정희 대통령이 '근대화 방안'을 물어보자 이렇게 대답했다고 한다.

"하나도 국민이 잘사는 것이요, 둘도 국민이 잘사는 것이요, 셋도 국민이 잘사는 것입니다."

황병곤 경희대 명예교수는 새마을운동이 이렇게 시작된 것이라고 덧붙였다. 1950년대 후반 시작된 잘살기운동은 1970년대에 접어들면서 새마을운동과 양 날개 형태의 범국민적 운동으로 전개되기에 이르렀다. 박 대통령은 실제로 1972년 4월 26일 춘천에서 열린 새마을운동 촉진대회 치사를 통해 "새마을운동은 쉽게 말하자면 잘살기운동이다"라고 언급했다. 새마을운동이 잘살기운동에서 시작되었음을 확인해 준 것이다.

경희 시대의 개막

1960년 3월 1일 미원은 신흥대학교 교명을 경희대학교로 바꾸었다. 이것은 미원에 의한 새 시대가 열렸음을 알리는 신호탄이었다. 1960년에 이르러 경희학원이 한 캠퍼스 안에 유치원에서부터 대학원 과정까지 일관성 있는 교육을 시킬 수 있는 종합학원체계를 갖추기 시작한 것이다. 1960년 4월 경희중고등학교 개교에 이어 1963년 경희여자중고등학교로 분리되었고, 1961년에는 경희초등학교와 유치원이 설립되었다. 이에 발맞춰 미원은 새로운 도약을 염두에 두고 학교 이름을 바꾸기로 결심하게 된 것이다.

본디 '신흥(新興)'이라는 교명은 미원이 선택한 것이 아니었다. 신흥초급대학을 인수하면서 선택의 여지 없이 불리던 이름이다. '새롭게 흥한다'는 뜻을 가진 '신흥'은 제2단계 도약을 모색하던 상황에서 적합한 이름이 아니라는 판단 아래 새 이름을 짓기 위해 학생들에게 현상 모집도 했다. 이런 과정을 거쳐 결정된 이름이 '경사롭고 밝다'는 뜻의 경희(慶熙)였다.

미원이 '경희'라는 이름을 어디서 착안했는가에 대해 여러 가지 설이 있다. 이 중 가장 유력한 것은 '경희궁(慶熙宮)' 기원설이다. 경희궁은 1617년 광해군의 명으로 착공하여 1623년에 완공되었다. 그러나 흥선대원군 시절 경복궁 중건으로 자재를 확보하기 위해 경희궁 전각 대부분이 헐렸다. 일제는 경희궁터에 경성중학교를 세웠고 해방 후 서울중고등학교가 되었다.

미원이 이 학교에서 5년간 근무할 때 교지 이름이 '경희'였다.

미원은 신흥초급대학을 인수하고 교지에 '경희 학우들에 일언(一言)'이라는 제목의 글을 실은 적도 있다. 이렇듯이 경희라는 이름은 이때부터 미원과 인연이 있었던 것 같다.

미원은 교명 변경으로 새로운 발전을 모색하고 있었으나 정국은 태풍의 격랑 속으로 빠져들고 있었다. 1960년 3·15 총선거에서 집권 자유당이 대통령 승계권을 가진 부통령에 이기붕을 당선시키려고 대규모 부정선거를 자행했다. 이렇게 되자 대구와 마산에서 부정선거에 항의하는 대규모 시위가 발생하고, 시위 진압 도중 경찰의 발포로 사상자가 발생하기도 했다.

서울에서는 4월 18일 고려대 학생 시위에 이어 19일 대규모 시위가 전국적으로 확산되고, 교수들도 이에 동참하면서 4·19학생의거(4·19혁명으로 개칭)가 발생한 것이다. 급기야 4월 26일, 이승만 대통령이 하야 성명을 발표하면서 자유당 정권도 무너졌다. 이어 8월 8일 제2공화국이 출범하고 나흘 뒤인 12일, 윤보선(1897~1990)이 민주당 후보로 입후보해 제4대 대통령으로 선출되었다.

미원은 4·19 발생 직후 정부 승인을 얻어 한국 대학생 대표들로 구성된 동남아 친선사절단을 인솔해 일본, 필리핀, 홍콩, 베트남 등을 시찰했다. 그는 또 대학의 지명도를 높이고 우수한 학생들을 유치하려고 전국 남녀 고등학생을 대상으로 학력경시대회를 실시했다. 우수 학생에게는 전액 장학금을 주어 특별 장학생으로 입학시켰다. 대표적인 인물이 고 박윤식(1940~2022) 전 조지워싱턴대학 교수다. 그는 경희대 법대를 졸업하고 당시 자매학교

였던 뉴저지 주 페얼리디킨슨대학을 거쳐 하버드대학에서 경영학 박사학위를 받았다. 박윤식은 세계은행 선임연구원도 지내는 등 국제금융학 발전에 큰 족적을 남겼다. 그는 당시 미원에 대해 이렇게 회고했다.

"내가 본 조영식 총장은 항상 모든 일에 자상하시고 우리 젊은 대학생들에게 언제나 부드러운 미소와 희망을 일깨우는 말씀을 아끼지 않으셔서 경희의 젊은이들에게 인기가 높았다. 사실 다른 교수들에게는 미안한 생각이지만 경희의 4년간을 회상해 볼 때 수없이 들었던 전문 분야 강의들은 별로 기억나지 않고 조 총장의 탁월하신 인격과 (마음속을) 울리는 훈화(말씀)들 속에서 자라난 나의 대학시절이 제일 인상 깊었다."

미원은 당시 어지러운 사회 분위기 속에서도 흔들림 없이 학교 발전에 몰두하고 있었다. 그러나 민주당 정권 출범 후 정치적·사회적 혼란은 계속되어 급기야 다음 해에 군사정변이 발발했다. 미원에게는 또 한 번의 시련을 예고하는 것이었다.

'잘살기운동'으로 시작된 박정희 대통령과의 인연

미원과 박정희 대통령의 첫 인연의 끈은 잘살기운동이었다. 박 대통령은 미원의 비전과 원대한 뜻을 이해하고 자신의 근대화 구상에 접목시키려고 적극 협력한 것으로 보인다. 이처럼 양자간 상생관계를 이어갔지만, 박 대통령의 측근들은 미원에게 우호적이지 않았던 것 같다.

1961년 5월 16일 군사정변으로 정권을 장악한 박정희 육군소장은 사회 혼란을 막고, 반공을 국시로 삼으며, 경제를 되살린다는 명분으로 강력한 규제와 통제정책을 실시했다. 특히 대학사회가 사회 혼란의 근원지라는 부정적 인식을 갖고 있었기 때문인지 대학 통제 의지가 강했다. 1961년 9월 국가재건최고회의가 발표한 '교육에 관한 임시특례법'은 이런 관측을 뒷받침해 준다.

'대학입학자격 국가고시제'와 '학사자격고시제' 같은 제도를 통해 대학 학생 선발권을 제한한 것이라든지, 전 대학생 교복 착용 의무화 등 획일적인 교육정책이라는 비판도 제기됐다. 군부의 교육정책에 대한 반대 여론이 들끓기 시작하고 대학가에 긴장감이 높아지던 1961년 5월 '5월동지회' 소속의 3인이 미원을 찾아왔다. 그들은 후일 중앙정보부장이 된 신직수와 내무부장관이 된 오치성, 또 원호처장에 임명된 김동원이었다. 5월동지회는 5·16에 참여한 군장교들과 일부 민간인들이 1963년 5월에 조직한 정치 결사체였다.

5월동지회 창립을 준비하던 이들은 당시 사립대학 총장으로 명망이 높았던 미원을 이 조직의 회장으로 추대하기 위해 찾아온 것이었다. 미원은 5·16에 참여한 바도 없거니와 정치에 뜻이 없다는 입장을 분명히 밝혔다. 이들은 집요하게 설득했으나 미원의 마음을 돌리지 못했다. 얼마 뒤 '교육에 관한 임시특례법'에 따라

총장 승인을 취소하겠다고 통고해 왔다. 미원을 압박하기 위한 수단이었다.

미원은 자택에서 긴급이사회를 열어 폐교 결의를 한 후 문희석(1922~1977) 문교부장관에게 강력히 항의했다. 그러나 그는 납득할 만한 해명도 없이 총장 승인을 취소했다. 문 장관은 1947년 서울대를 졸업하고 1951년 육군종합학교에 진학해 장교로 해병대 작전국장을 역임한 인물로 국방대학원 교수로 있던 중 제10대 문교부장관에 임명되었다. 그는 수일 후 미원의 명륜동 자택을 찾아와 "군사정부의 정통성 확립을 위한 조치이니 잠시 총장에서 물러나면 곧 복귀될 것이다. 학원장 직함으로 학교를 운영하면 되지 않는가"라며 사과와 위로의 말을 했다고 한다.

결국 미원은 1961년 6월 26일 경희학원 학원장을 맡게 되었고, 7월 28일 고병국이 경희대 제2대 총장에 취임했다. 고병국은 평북 의주 출신으로 1946년 8월 서울대 법대 초대 학장을 역임했는데, 미원은 서울대 법학부 재학 중 그와 사제지간의 인연을 맺은 바 있다.

제3장

경희학원 우뚝 서다

미원이 재정 문제 등 여러 난관 속에서도 백절불굴의 정신으로 웅대하고 입체적인 서울캠퍼스 건설에 진력했음은 앞에서 밝힌 바 있다. 미원이 캠퍼스 부지를 물색하던 당시 상황을 기록한 자료를 읽어 보면 마치 삼봉(三峯) 정도전이 조선 개국 초기 한양을 경복궁 터로 정하던 모습을 보는 것 같았다.

미원이 오정명 여사와 함께 삼봉리(三峯里) 묘역에 안식 중인 것을 떠올리며 가져본 단상이다. 어찌 우연으로만 볼 수 있을까? 1960년 3월 1일 교명을 경희대학교로 개명하였고, 천장산 이름은 고황산으로 바뀌었다. 산세가 봉황이 날개를 펴고 창공을 휠 휠 나는 모습을 닮은 때문이었다.

경희대가 1969년에 펴낸 『경희 20년사』에는 미원이 캠퍼스 건설을 위해 구슬땀을 흘린 기록들이 적지 않다.

고황산(천장산) 밑에 교지를 정하고 농림부에 대부 신청을 낸 후 매일 뒷산 청운대에 올라 앞으로 이 골짜기에 펼쳐질 대학원 건설을 구상하기 시작하였다. (중략) 중국 동정호(洞庭湖)[12]의 경치가 위치에 따라 경관을 달리하는 것처럼 지형을 바꾸어 조화시키기만 하면 능히 입체적인 아름다운 캠퍼스를 만들 수 있으리라는 확신을 얻었다. 여기에 본관을 짓고 여기에 도서관을 짓고 그 사이에 길과 숲을 만들고 로터리를 만들고 저편에 운동장을 만들고 하며 자기의 구상을 설계에 담았다.

그는 약 한 달 가까이 이 거칠고 넓은 무(無)의 대지 위에 건설의 꿈을 그렸다. 우선 동양 제일의 아름다운 대학 캠퍼스를 결정하는데 그 심장부인 본관을 적어도 천 년 앞을 내다보는 건물이라야 하겠다고 마음먹었다. 본관은 대학의 상징이다. 학원 건설의 이미지를 장엄하게 구상하다 보니 본관은 그리스 코린트 양식의 신전식으로 웅대한 순 석조건물이라야 하겠다는 결론을 얻었다. 그는 원대한 캠퍼스를 건설하려면 스스로가 반설계자 기술자가 되어야 한다고 생각하고 이때부터 건축에 관한 도서와 참고자료를 뒤지기 시작하였다.

이렇게 미원은 대역사 창조를 위한 조감도를 염두에 두고 계획대로 실행해 나갔다. 스스로 건축기술자가 되어 경희 캠퍼스를 마음속에 그려 가면서, 심지어 장소에 따라 다른 수종과 꽃나무 이름까지도 기록된 대건설 마스터플랜을 완성했다. 본관의 대역사와 아울러 함께 학생들의 정서교육을 위해 대학 캠퍼스 전체를 공원화하기로 했다.

미원은 석조 본관 설계도를 그린 뒤 부산으로 내려가 교직원 회의를 소집했다. 교직원들은 처음 보는 웅장한 건물을 학장이 직접 설계했다는 데 놀라워하면서도 무슨 힘으로 이 엄청난 건물을 지을 것인지 어안이 벙벙할 뿐이었다. 그 엄청난 계획을 실행하기에는 수많은 난관이 가로막고 있었다.

박건채 경리과장에게 자금 사정을 물어보니 "8만 환밖에 없다"는 답변이 돌아왔지만, 미원은 물러서지 않았다. "위인과 바보가 하는 일은 흡사합니다. 25만 평의 광활한 대지 위에 (아테네에 있는) 그리스 신전 건축 양식을 모방한 대석조전 본관 3,800평을 짓겠다고 하니 믿어지지 않겠지요. 더구나 전란으로 국력이 쇠진한 정부도 청사 수리를 못한 채 서울로 환도하게 된 판국에 우리 처지로써 불가능한 일 같을 겁니다. 하지만 나는 결단코 이 일을 해내고야 말겠습니다"라고 선언했다.

미원이 당시 3억5천만 환이 들어간 대역사에 도전한 것은 무에서 유를 창조한 경희의 의지 그 자체였다. 미원은 이에 그치지 않고 건물 위치와 모양, 크기, 그것을 잇는 도로 모양과 경사, 넓이, 그 옆에 놓는 자연석의 크기와 모양, 축석, 여러 종류의 꽃나무 배치, 황폐한 골짜기를 메우고 파내어 산과 계곡과 호수를 만드는 입체적 조경, 교훈을 주는 조형작품 건립에 이르기까지 경희 캠퍼스를 가꿔 나갔다.

미원의 캠퍼스 공원화에 대한 열정과 집념은 소나무, 벚나무 등 나무 한 그루 한 그루가 어디에 서 있는지 그 위치까지 알 정도였고, 온실에 보관되어 있는 초목까지 기억하고 있었다. 지금도 온실 바로 앞에 노송이 몇 그루 우뚝 서 있는데, 그 중 한 그루가 홍수로 흙이 패어 넘어져 있는 것을 보고 교직원들이 밧줄로 일으켜 세웠다가 혼쭐이 났다고 한다.

지금도 본관 좌우에 수려한 자태를 뽐내는 소나무가 있다. 미원은 본관 건축 때 이 소나무에 밧줄을 걸어 석재를 운반하는 것을 보고도 노발대발했다고 한다. '문화세계의 창조' 글귀가 아로새겨진 교시탑 주변을 비롯해 교내 곳곳에 목련화를 심어 대학의 상징으로 삼는 등 캠퍼스 전체를 돌아보면 미원의 수택(手澤)으로 꾸며졌다고 해도 과언이 아니다.

경희 캠퍼스 조성 : 국가인류사회 재건의 견인차

학원(學園)의 경관을 아름답고 거대하게 조성하고자 한 발상은 필부의 생각을 크게 뛰어넘는 미원의 교육철학에서 발원한 것 같다. 캠퍼스 환경은 교육에 절대적으로 작용하며 인간교육, 정서교육 측면에서는 더욱 그러하다는 게 그의 생각이었다. 선각자이자 대사상가로서의 면모이자 위인됨을 보여 주는 한 단면으로도 볼 수 있다. 미원 사상 연구가들은 이를 "의식적 지도성에 입각한 상관상제설에 바탕을 둔 주의생성론을 주창하는 그의 철학이 표출된 것"으로 설명했다.

미원은 평소 교육이 학술만을 연마하는 게 아니라 전인적 인간을 만드는 데 있다고 확신했다. 그가 "자연을 사랑하고 자연에서 배우자"라는 모토를 내세운 것도 자연에서 인간을 발견하고 인간 안에서 자연의 섭리를 체득해 문화를 창조해야 한다고 믿고 그 일을 실현하려고 매진해 온 까닭이다.

제1차 학원 건설 5개년 계획을 수립한 뒤 1953년 11월 24일 역사적인 본관 기공식을 거행했다. 1954년 1월 16일 임시 사무실과 3동 12교실의 가교사 450평을 지었고, 대학원 건물과 임시 도서관, 운동장 등이 3월 20일 완성되자 3월 24일 피란지 부산에 있던 대학도 서울로 복귀했다.

이러한 공사 비용은 대부분 빚으로 충당했다. 요즘 유행어가 된 '가성비' 관점으로나 '가족 우선'적 시각으로는 도저히 생각할 수 없는 대역사의 건축사업이었다. 또한 대학 캠퍼스 건설에 있어서 캠퍼스 전체를 통괄하는 마스터플랜을 가지고 캠퍼스를 조성한 것은 우리나라 대학 건설 사상 초유의 일이었다.

경희의 탑 : 난관 돌파의 상징 '8선녀 경희인상'

1979년 개교 30주년을 기념해 만든 두 개의 탑신으로 이루어진 이 탑은 경희가 추진해 온 사회운동 정신을 기리고 실천을 각오한다는 의미로 세워졌다. '밝은사회탑', '잘살기탑', '마징가탑'이라는 여러 별칭은 이 탑의 조성 배경을 짐작하게 해 준다.

경희는 창학 초기인 1950년대 중반부터 농촌계몽운동, 문맹퇴치운동, 잘살기운동 등 다양한 사회운동을 선도해 왔다. 1970년대에는 지구 차원으로 시야를 확장해 물질문명에 병든 인류사회를 재건하기 위한 글로벌 캠페인을 전개했다.

경희가 주도하고 국제사회가 참여한 '밝은사회운동'이 그것이다. 이는 미원이 1975년에 펴낸 저서『인류사회의 재건』에 사상적 뿌리를 두고 있다. '경희의 탑'과 '웃는 사자상' 외에도 1969년 개교 20주년을 맞아 '경희인상'을, 1989년 개교 40주년에는 경희사자상을 세웠다. 10년 후(개교 50주년)에도 경희정신을 담은 상징물이 세워졌다.

미술대학과 경희여중고 갈림길에 서 있는 '경희인상'은 끝없이 전진하고 비약하는 경희인의 모습을 나타낸다. 무지개 모양의 탑 위에 승천하는 8명의 선녀 군상을 조각한 경희인상은 길이 6.6m, 높이 3.3m의 반월형 동상으로, 어려움을 극복하고 이뤄낸 경이로운 경희의 역사를 상징적으로 보여 준다.[13]

이는 경희가 줄곧 '더 나은 인간', '더 나은 세계'를 꿈꾸며 평화로운 지구사회, 풍요로운 미래문명을 창달한다는 건학이념과 통한다. 경희는 이러한 창학정신을 창조적으로 계승·발전시키면서 70년 '경이로운 경희' 역사의 페이지들을 기록해 왔다.

창학정신 담은 교시탑 : 문화세계의 창조

경희대 서울캠퍼스 정문인 등용문을 지나 본관 쪽으로 오르다 보면 20m 높이의 하얀 돌탑이 방문객을 맞는다. 우뚝 솟은 탑

맨 위에 있는 학교 상징물인 교표의 웅혼함은 힘찬 비상을 앞둔 독수리의 기상이다. 탑신에 아로새겨진 교시 '문화세계의 창조'는 구원한 이상을 좇아 초원을 내달리는 백수 제왕의 사자후 같아서 한가로이 거니는 이들의 가슴도 뛰게 한다.

미원이 2개월 동안 설계한 이 탑은 화합을 뜻하는 백색 원주와 각각의 상극을 의미하는 각주가 조화를 이뤄 웅장하다. 교시탑은 미원이 본교 교사 신축 과정에서 건조물마다 표현하려 했던 경희 정신과 창학이념을 가장 잘 나타내 주는 조형물 중 하나다.

법학도 시절 1948년에 펴낸 『민주주의 자유론』에는 정치적 후진 단계인 한국이 민주주의에 입각해 정치 발전을 이룩하길 바라는 염원이 담겨 있었다. 그 후 3년 만에 1951년 피란지 부산에서 펴낸 『문화세계의 창조』는 격동의 세월 속에 좀 더 근원적인 주제에 대한 성찰과 모색을 통해 문화세계를 만들어 보려는 구상이 담긴 책으로 기념비적인 저서로 평가받았다.

도처에서 포성과 총성이 난무하던 전쟁의 소용돌이 속에서 보리죽과 풀뿌리로 하루하루 연명해 가던 상황에서 제목부터가 범상치 않다. 미원 연구가들은 이 책이 미원의 사유 체계의 경지가 한층 확장되고 더욱 깊어졌음을 보여 준 것이라고 평했다.

미원은 학도병으로 강제 징집돼 태평양전쟁을 겪었고, 6·25로 동족상잔의 참혹한 대결을 몸소 겪으면서 인간의 존엄성과 자유, 평화의 소중함을 깊이 깨달았다. 이를 통해 약육강식의 자연사관이 아닌 문화사관이 필요하다는 생각을 하게 되었다. 그는 전시 중에 부산에서 대학을 운영하는 경영자로서 대학의 기능과 역할에 주목했다. 특히 인간성이 말살되는 전쟁 속에서 대학의 진정한 목표가 무엇이어야 하는가에 대해 성찰을 하게 된 것이다.

인간은 경제활동을 하는 경제적 존재이자 선거 등으로 정부 구성에도 참여하는 정치적 존재이기도 하다. 여기에 배우고 익히며 문화적 존재를 더함으로써 각종 활동과 창조적 생활을 하게 된다. 미원은 상인이 무작정 돈을 버는 것은 경제적 활동일 뿐이지만 배운 사람이 옳게 벌어 뜻있게 쓰는 것은 문화적 차원이라고 보았다.

미원은 문화세계야말로 인간과 사회가 추구하는 이상이자 문화와 교육의 큰 근본이라고 강조하면서 "정치가 성공하고 경제가 성장하면 필연적으로 문화에 힘을 기울이기 마련이며, 정치 경제가 문화와 일체를 이루게 되어 문화복리를 추구하는 문화세계의 창조야말로 모두가 원하는 종국적인 목표"라고 보고 이를 경희대 창학이념으로 삼은 것이다.

경희대가 70년대에 이미 민족을 주도하는 대학이 되고 세계로 웅비해 인류사회의 진로를 밝히는 경이로운 대학으로 평가받게 된 것은 미원이 교직원들과 학생들에게 무한한 가능성을 줄기차게 제시하는 등 투철한 정신적 지도의 산물이었다는 게 학교 관계자들의 공통된 인식이다. 창학 과정에서 경희가 내건 문화세계의 창조 과업은 인류의 역사발전 과정을 통해 보는 것같이 대학의 자세로서 아주 적절한 목표 설정이었다고 볼 수 있다.

미원은 인류사회가 통합해 공존공영을 이루는 것을 문화세계이자 문화적 복리주의로 설명했는데, 이를 성취하는 최종적 단계가 바로 문화세계의 창조인 것이다. '문화세계'는 인간을 포함한 모든 존재가 평화롭게 상생하는 등 인류 전체가 배타성을 넘어 공존공영하는 지구공동사회를 가리키기도 한다.

미원은 문화세계가 인간의 존엄과 행복, 평화를 제1원리로 인간의 의지적 노력에 의해 창조된다고 확신해 왔다. 그가 제창한 지구공동사회는 인간과 함께 우주 자연의 존재가 상생하는 장이기도 하다. 문화세계는 "정신적으로 아름답고, 물질적으로 풍요로우며, 인간적으로도 보람 있는 사회"로, 인간이 정신과 물질의 조화를 통해 행복하고 가치 있는 삶을 향유하는 사회인 것이다. 따라서 문화세계는 인간이 타인을 존중하는 가운데 자아를 실현하고 후손을 위한 바람직한 사회와 문화를 창조함으로써 지속적으로 풍성해진다.

'자연규범'을 '문화규범'으로

이런 노력을 통해 인간은 상호 대립을 넘어 균형과 조화를 이뤄 나갈 수 있는 만큼, 인간적인 조화에다 선의의 과학기술이 보태진다면 진정한 문화복리가 구현된 세계로 볼 수 있는 것이다.

문화세계에 집약된 미원의 사상은 전승화 이론에 의한 유기적 세계관이 그 바탕이다. 이 이론은 우주의 모든 개별적 존재는 각각 독립된 실체이자 시간과 공간의 제약 속에서 서로 영향을 주고받으며 역동적으로 상생하고 발전해 나가는 관계적인 '상관자'

를 기본 개념으로 설명한다.

미원은 인간이 동물처럼 본능과 충동에 의존하는 존재가 아니고 신과 같이 완전한 이성을 지닌 존재도 아니라고 본다. 그러면서도 인간은 육체와 정신을 모두 갖고 있는 존재로 본능과 이성을 통제하며 정신과 육체의 조화를 이룰 수 있는 인격체로서 선한 의지(Goodwill)를 갖고 있다고 보았다.

『문화세계의 창조』는 인간의 선한 의지와 보편 의지를 옹호하는 책이다. 이런 관점에서 향후 더 나은 인류의 미래를 위해서는 보편의지에 입각한 '문화규범'을 정립해야 한다는 것이다. 미원은 국내외 강연을 통해 "정신과 물질이 조화를 이루며 보편적 민주주의가 실현되는 평화공동체를 건설하자"고 주창해 왔다.

1998년 2월 23일 김대중 대통령은 경희대 서울캠퍼스 크라운관에서 열린 명예경제학박사학위 수여식에서 미원을 향해 다음과 같은 연설을 남겼다.

"제가 6·25 때 부산에 있을 때 1951년 신흥대학 학장을 하시는 분이 『문화세계의 창조』라는 책을 출간했습니다. 모두 전쟁의 와중에서 생사의 갈림길에 서 있던 때라 '문화' 같은 것은 사치로 생각하던 때인데 조영식 선생은 그 책을 썼습니다. 본인 앞에서 이런 이야기를 해서 참으로 미안합니다만, 그때는 부끄럽게도 '젊은 객기에 한 번 본때를 보여 준다고 썼겠지'라고 생각했습니다. 그런데 세상이 바뀌어 '과연 우리나라에도 그런 선견지명을 가지신 분이 있었구나'라고 감탄해 마지않았습니다. 20세기가 경제와 국방력의 세계였다면 21세기는 문화의 세계입니다.

저는 이처럼 훌륭한 분을 모시고 30여 년을 살아왔습니다. 과거에 조영식 박사님, 김점곤 교수와 어울려 술집에도 자주 다녔습니다. 그런데 솔직히 너무 얌전하셔서 별 재미가 없었던 것이 사실입니다. 항상 다소곳이 다른 사람 말을 경청하곤 했습니다. 그래서 제가 조 박사님과 자리를 같이 할 때는 학습하러 간다고 생각했습니다. 인생에 있어서 가장 자랑스러운 것 중 하나가 바로 좋은 친구를 두는 것입니다. 제게 이처럼 훌륭한 친구가 있다는 것을 진심으로 자랑스럽고 감사하게 생각합니다.”

뜻하지 않은 시련 : 필화사건

1955년 2월 28일, 신흥대학이 마침내 종합대학교의 꿈을 이룬 날이다. 이는 강대성 씨가 경기도 광주군 퇴촌면의 임야 22만 평을 기부해 재단이 크게 확충됨에 따라 가능했다.

1955년 6월 미원은 이익흥과 조경구를 재단이사로 영입했다. 이익흥은 경기도지사, 국회의원, 내무부장관을 역임했으며, 1954년 5월 20일 경기도지사 자격으로 미원의 4대 학장 취임식에 참석한 바 있다. 조경구는 3대 국회에서 부의장을 역임한 2,3대 재선 의원으로 훗날 국민학원 이사장을 지냈다.

이런 가운데 1955년 8월 학교법인 명칭이 성재학원에서 고황재단으로 바뀌었다. 미원은 5개월 전 신흥대학교 초대 총장 취임연설에서 "나의 이 대학에 대한 책임은 오직 훌륭한 대학을 건설하는 일이다. 우리나라뿐만 아니라 세계에서도 우수한 대학이 될 때까지 만난을 무릅쓰고 젊음의 정열을 쏟는 일이다"라며 비장한 각오를 피력했다.

30대 젊은 총장이 전쟁의 폐허 위에 당시는 상상도 할 수 없었던 규모의 본관 석조전 공사를 진행하면서 주목을 끌었는데, 학교 운영도 궤도에 오르고 종합대학교로 승격되자 이를 시기 질시하고 흙탕물을 뿌려 보려는 음모도 없지 않았다.

'조영식 필화사건'도 이 같은 속세의 필연적인 이치로도 볼 수 있다. 재단이사이고 미원의 가까운 친구인 김모 씨가 『문화세계의 창조』 내용 일부를 문제 삼아 보안법 위반으로 고발한 것이다. 대학총장 신분인 미원은 1955년 7월 31일 전격 구속됐는데, 그가 문제 삼은 내용은 아래와 같다.

레닌은 카우츠키의 민주주의를 비판하는 가운데서 '민주주의는 변증법적 발전과정에서 이렇게 발전한다. 즉 전제정치로부터 부르주아 민주주의에로, 부르주아 민주주의에서 프롤레타리아 민주주의에로'라고 말하였는데, 현재 프롤레타리아 민주주의까지는 도달하였다고 볼 것이라면 아무것도 없는 민주주의라고 하는 그 미도(未到)의 민주주의 사회는 과연 어떠한 것을 의미한 것일까. 즉 그 민주주의 사회라는 것은 민주주의의 완성된 형식의 사회를 의미하는 것으로 추정되며 그야말로 진정한 민주주의요 (중략) 우리가 맞이할 다음 세계라는 것은 레닌의 말과 같이 아무것도 없는

민주주의 사회, 즉 완성된 고도의 국가사회라는 것이 자명해지게
되는 것이다.

언뜻 보면 레닌의 사상을 옹호하는 것처럼 보인다. 하지만 이
부분은 미원이 『문화세계의 창조』에서 '보편적 민주주의' 개념을
도출하기 위한 것에 불과하다. 앞에서 언급한 바와 같이 보편적
민주주의는 자유라는 가치와 평등이라는 가치가 공존공영하는
새로운 형태의 민주주의를 의미한다. 이것이 곧 문화적 복리주의
의 정치 이념적 기초가 되는 것이다.

현직 대학총장이 구속되자 사회적으로도 큰 파문이 일었다. 언
론은 이 사건을 대서특필하며 미원의 과거 행적을 추적하기도 했
다. 미원과 부산 피난 시절 인연을 맺은 유진오 당시 고려대학교
총장은 "5년 전에 발간된 저서를 지금에 와서 문제 삼아 형사사
건으로 다루려고 하는 것은 상식에 어긋나는 일이다. 이렇게 되
면 학자들이 겁이 나서 저서를 낼 수 없을 뿐더러 학문 연구는
불가능하다. 저자는 현직 대학총장이다. 만약 불온한 점이 있다
면 판매 중지 처분을 하고 재판을 거쳐 사법적 판결 후에도 조치
할 수 있는데 먼저 구속한 것은 부당하다"고 했다.

조경구 국회부의장도 "진정한 교육자의 저서 중 한 구절을 과
장되게 해석해 죄를 뒤집어씌운 것은 개인의 명예훼손에 그치지
않고 그를 매장하려 한 것이니 매우 부당하다. 검찰은 조 총장
의 결백이 밝혀지면 모략자들을 무고죄로 입건해야 한다"고 옹
호했다.

이 사건은 이승만 대통령에게까지 보고되었고 국무회의에서도 세 차례나 논의되었다. 당시 이선근 문교부장관과 이호 법무부장관 등은 미원의 무고함을 잘 알고 있었다. 이선근 장관은 대한청년단 시절부터 미원을 잘 알고 있었고, 캠퍼스 공사가 한창 진행될 때 공사현장을 방문하기도 한 인물이다. 미원은 결국 구속 적부심사를 거쳐 6일 만에 풀려났다.

석방 조치 후 미원의 저서는 우리나라 최고 학술기관인 대한민국학술원에 의해 검증을 받았다. 1954년 7월 17일, 각계 최고의 석학 50명을 위원으로 구성하여 막 개원한 학술원은 오랜 시간 검증 끝에 미원의 저서 『문화세계의 창조』가 용공사상이 없고 진정한 민주주의를 추구한 양서라는 판결을 내렸다.

이리하여 필화사건은 김모 이사가 재단을 탈취하기 위한 모략이었음이 밝혀지고, 1957년 6월 13일 무혐의 불기소 처분으로 종결되었다.

대학 인가 취소 위기 모면 : 홍승만 변호사의 기지

대학 운영 과정에서 법창(法窓)에 드리워진 그림자는 이게 끝이 아니었다. 또 한 번의 시련이 닥쳐왔다. 1980년대 중반 미원이 수심에 찬 모습으로 종로구 관철동 소재 홍승만 변호사 사무실로 급히 들어왔다. 미원은 와세다대학 법문학부 출신인 홍 변호사와 일본 유학 선후배 사이로 친하게 지내던 터였다.

홍승만 변호사가 자초지종을 들어보니, 미원이 피란지에서 신흥초급대학을 인수할 때 소유주였던 이규창 씨로부터 대학 관련 재원과 자금을 인도받아 재단에 교육기금을 출연했어야 했는데 경험 부족 등으로 제대로 처리하지 못한 것이었다. 게다가 전란을 겪고 있던 데다 신흥초급대학의 부채가 자산보다 많아 그럴 필요성을 느끼지 못했던 것이다.

그런데 문교부 입장은 달랐다. 신흥초급대학이 대학 인가 조건으로 내건 재단에 대한 기금 출연 의무를 다하지 못한 만큼 대학 인가가 취소될 수 있다고 경고했다. 각종 난관을 돌파해 온 미원이었지만 마른하늘에 날벼락 같은 통보에 얼마나 놀랐을지 생각해 보면 필자의 모골도 송연해진다.

미원은 1960년 경희대로 이름을 바꾼 뒤에도 회기동 캠퍼스 정상화를 위해 주력하고 국내외 행사 참석 등으로 분주하게 움직이다 보니 대학교 인수 마무리 작업에 소홀할 수밖에 없었다고 털어놓았다. 인수인계 절차를 제대로 마무리 짓지 못했고 이 문제의 중요성을 간과한 책임이 크다고 볼 수 있다. 하지만 정작 큰 문제는 신흥초급대학 소유주가 문교부에 약속한 재단 출연금 관련 내용을 인수자인 미원에게 충분히 알리지 않았고, 문교부 인가를 받으려고 출연한 학교 자산도 양도해 주지 않은 것이었다.

미원은 10여 년 후 문교부로부터 학교 인가 취소 위기에 놓여 있으니 속히 재단에 약속한 기금을 출연하라는 통보를 받고 정신이 번쩍 들었다는 것이다. 그리고 홍 변호사에게 재단 출연금을 마련할 여건이 안 되니 법정 싸움을 해서라도 전임 경영자로부터 받아내야 한다며 도와달라고 호소했다. 홍승만 변호사는 국민대 이사장을 지낸 덕분에 대학 경영에 일가견이 있었다. 게다가 평소 문교부 관리들과 자주 만나 학교 정상화 방안 등을 논의한 일이 있었던 터였다.

홍 변호사는 각 대학이 문교부의 대학 인가 조건으로 보유하고 있는 동산과 부동산 등이 있다는 점에 착안해 문교부에 연락해 이를 파악해 달라고 요청한 뒤 미원에게도 이렇게 조언했다고 한다. 미원은 학교 재산을 파악해 본 뒤에야 학교 재산 목록에 충주시 소재 임야 2만여 평이 있음을 알게 됐다. 이후 해당 자산을 문교부에 보고했고, 인가 취소 위기를 넘길 수 있었다.[14]

미원은 『문화세계의 창조』를 펴낸 뒤 친구의 배신으로 필화사건에 휘말렸고 검찰의 무혐의 불기소 처분으로 사건은 매듭지어졌지만 이로 인한 충격으로 큰 고통을 겪었다고 술회한 적이 있다. 이 사실을 공개적으로 거론하지는 않았지만 개교 10주년 기념사를 보면 그 심정의 일단을 느낄 수 있다.

"우리가 걸어온 10년은 유구한 인류 역사에 비해 길다고는 말할 수 없습니다. 그러나 내가 걸어온 10년이라는 세월은 결코 짧은 것이 아니었고 도리어 20년, 30년, 아니 50년에 해당되는 긴 세월같이 느껴집니다. 그 까닭은 지난 10년의 발자취가 결코 평탄한 순로가 아니었고 다사다난했음을 의미하지만, 아니 평탄하였다기보다는 첩첩한 험한 준령이 우리 앞을 가로막아 오늘에 이르는

데까지 갖은 고초와 싸워 가며 역경을 뚫고 넘어야 했기 때문입니다. 오늘의 신흥을 건설하기 위해 많은 파란곡절과 산전수전을 겪었고 전진에 또 전진을 거듭해야 했기에 일각여삼추(一刻如三秋)라는 말과 같이 우리의 10년이 길게 느껴지는 것입니다."

경희정신, 경희가족운동

1963년에 이르러 유치원, 경희중, 경희여중, 경희고, 경희여고, 경희초급대, 경희대, 경희대 대학원의 일관교육체계를 정립했다. 미원은 교육행정가로서 견지해 온 철학 '일관교육체계'를 갖추기 위해 3개 대학원 66개 학과와 14개 단과대학 56개 학과 외에 유치원에서 전문대학에 이르는 각급의 병설 학교 8개교를 한울타리 안에 배치했다. 한국 유일의 종합학원체계가 완비된 것이다.

미원은 5개월간 네 차례에 걸쳐 56개국을 다녀온 후 1963년 3월 30일 교시탑과 본관 사이의 숲속 빈터에 마련된 이른바 임간(林間)교실에서 전 교직원이 참석한 가운데 경희정신 고양과 경희가족운동을 제창했다. 정문에서 교시탑을 지나 온실과 생활과학대학 쪽으로 올라가면 왼쪽에 보이는 '임간교실'은 전교생이 한자리에 모일 수 있는 토론의 광장이자 정서교육장으로 조성한 곳이다.

학생들이 자연 속에서 사색과 사유를 하며 수련센터로 활용해 온 이곳은 교직원들이 개교 10주년을 앞두고 자발적으로 성금을 모아

1959년 11월 19일 완공했다는 점에 한층 의의가 깊다. 1963년 5월 18일 미원은 개교 14주년 기념사를 통해 경희가족운동 캠페인을 시작했다.

"나는 이제 경희의 전 구성원에게 보다 나은 대학건설운동과 경희가족운동을 부탁합니다. 보다 나은 학원건설운동을 위해서는 동고동락하는, 아니 동생동사(同生同死)하는 가족정신이 앞서야 하겠습니다. 경희가족의 뜻은 1차적으로 경희의 모든 교직원과 학생들 그리고 졸업생들을 가리켜 하는 말이지만 광의, 2차적 의미는 학부모, 형제들까지도 포함해서 말해야 하는 것입니다.
가족정신은 피차간 사랑하고 존경하고 협력하는 것이 어떤 대가를 바라고 주고받는 것이 아니라 그것을 초월하여 봉사와 희생정신에 입각한 관용과 애타의 정신에서 시작하는 것입니다. 우리의 진정한 단결과 발전은 동양 교육의 미덕인 가족정신을 살려나감으로써 우리 사회의 분열과 파쟁을 막을 수 있고 우리의 협동과 애국의 정신으로 보다 더 큰 우리의 행복과 발전을 가져올 수 있는 것입니다.
경희가족의 결연은 오늘부터 경희학원에서 시작되지만 이 가족운동은 전국 방방곡곡에 애국애족운동으로 번져 파쟁 없는 겨레요, 싸우지 않는 국민이 되어 우리도 남의 나라처럼 아기자기하게 협조하며 다정하게 살아가는 국민이 되어 이 나라 번영의 원동력이 되어 줄 것을 충심으로 기대해 마지않습니다."

경희의 교육철학은 창학정신 천명과 경희정신, 경희가족정신으로 그 맥을 이어왔다. 경희정신은 교시, 교훈, 교기, 교가 등 '4교(四校)'에 고스란히 담겨 있다. 미원은 1951년 8월 20일 피란지 부산의 임시 교사에서 '단독 개강'에 나서며 행한 연설에서 "우리 대학은 민주주의적 사고방식과 처리능력을 갖춘 민주적이고 선량한 국민을 육성하겠다"고 교육목표를 제시했다.

이를 통해 학원의 민주화, 사상의 민주화, 생활의 민주화라는 교훈을 실천하면서 인간 정서와 과학, 민주 방면의 교육을 실시하는 교육방침을 세우고 문화복지사회 건설에 공헌한다는 창학이념과 그 정신을 대내외에 천명했다.

문화세계의 창조는 경희를 비롯해 경희학원 학교들이 전반적으로 강조해 온 창학정신과도 관계가 깊다. 문화세계에 대해 미원은 "사람이 사람답게 사는 세계"라고 설명한다. 그는 링컨 대통령의 게티스버그 연설을 본떠 '사람의, 사람에 의한, 사람을 위한' 세상에서 문화세계의 창조는 생명과 우주, 역사, 문명의 격동 속에서 인간적인 삶을 위해 무엇을 어떻게 준비할 것인가 사유하고 실천하는 행위라고 부연했다. 즉 더 나은 인간, 더 나은 세계를 꿈꾸며 평화로운 지구사회와 풍요로운 미래 문명을 창달하는 것이 경희의 창학정신이라고 설명했다.

인류의 '구원한 이상'을 가르치다

'학문의 전당', '상아탑' 등으로 일컬어지는 대학은 시대정신을 반영하고 미래 비전을 제시한다는 말이 있다. 경희대는 설립 초기에 교육목표 설정을 놓고 고민하다가 '인류의 구원한 이상'에 주목해 이 같은 학풍과 전통을 이어왔고 학술의 권위를 세우고 창조적인 학문세계를 이뤘다. 학술과 실천의 결합으로 평화로운 인류사회에 기여하는 대학을 추구하며 더 나은 인간, 더 나은 세계를 위한 공적 실천의 장으로써 대학의 '지구적 존엄'을 구현해온 것이다.

학문과 평화의 전통 계승을 표방해 온 경희대가 21세기를 이끌어 갈 '대학다운 미래 대학' 건설의 핵심가치로 제시한 학문의 권위 재건, 소통의 학문세계, 화합과 창조의 미래사회 등의 비전도 미원의 선진교육관에 뿌리를 두고 있다. 경희대는 후마니타스칼리지와 '나눔과 헌신'의 지구적 실천 모델인 지구사회봉사단(GCS) 활동 등에 역점을 두어 왔다. 이처럼 세계적인 미래 대학을 꿈꾸며 힘찬 발걸음을 내딛는 등 역동적인 여정을 이어온 것도 미원의 교육자적 이상에서 비롯됐다고 볼 수 있다.

> "인류의 살 길 위해 구원(久遠)한 뜻 세우고 생성하는 역사의 새 진리를 창조하여…."

이것은 설립 당시부터 '세계 속의 학문의 전당'을 표방해 온 경희대

교가 2절의 가사다. 1절 역시 "신세계 역군들이 학술의 전당에서 추구해야 할 길은 아주 넓고 원대하며 상징적인 의미로" 상아탑의 걸어가야 할 길을 제시하고 있다. '문화의 사도(使徒)'[15]와 '복지사회 건설은 우리의 사명' 등의 구절은 요즈음에는 익숙한 주제인데다 당위적인 명제이기도 하다.

하지만 국민 대다수가 궁핍한 생활을 하던 시절에 문화 창달과 인류의 이상, 상아탑의 사명 등의 발상을 한 것이 미원이 범상치 않은 면모를 보여 준다. 이런 구상에 대해 적잖은 사람들이 깊은 생각을 해 보지 않은 채 '몽상가'적 사고로 치부하거나 비아냥거렸다는 말도 이해하지 못할 바는 아니다.

프랑스 시인 랭보는 몽상가이자 견자(見者), 투시자(voyant)로 불렸다. '견자'는 랭보가 추구한 시인의 궁극적 모습으로, 우리 눈에 보이지 않는 것까지 볼 수 있는 사람이다. 랭보의 말을 빌리면 견자의 역할은 "제 시대를 통찰할 수 있고 미래로부터 온 메시지를 사람들에게 전해야 한다"고 했다. 미원이야말로 인류사회 위기를 통찰하고 예언자적 소명으로 대안까지 제시한 만큼 한국판 '견자 시인'으로 불러도 과언이 아닐 것이다.

"우리나라에 많은 대학이 있으나 인류의 구원(久遠)한 이상을 교시로 뚜렷이 내세우고 교육하는 대학이 어디에 있는가?"

이선근 당시 문교부장관이 경희대의 독특한 교육정책과 창학 정신, 미원의 교육철학을 긍정적으로 평가하면서 강조한 말이다.

1964년 미원은 미래 학생들을 위해 친필 편지를 쓰고 카오스와 코스모스[16]의 창조적 사고체계를 갖추도록 권면했다.[17] 이 편지와 설문 내용은 2020년 10월 미원의 유품을 정리하던 중 본관 학원장실 금고에서 발견되었다.

시대적 카오스 헤치고 코스모스 창조하라

1964년 10월 미원은 경희대 개교 15주년을 맞아 편지를 쓰면서 5개 단과대 재학생(1천 명 추정)을 대상으로 실시한 미래사회에 대한 설문과 응답자들의 답변을 함께 첨부했다. 미원은 이 편지에서 "시대적 카오스를 헤치고 새로운 코스모스를 창조하려는 경희맨의 창의적 노력과 진취적 기상을 기대한다"며 "우리 겨레와 인류사회에 크게 공헌할 수 있는 대학이 되도록 키워 달라"고 당부했다.

대학생 1천 명을 대상으로 1964년(당시 1인당 국민소득 120달러)을 기준으로 35년 뒤인 1999년과 85년 뒤인 2049년의 국민소득을 예측해 보라는 설문조사도 실시했다. 그 결과 1999년 우리나라 1인당 국민소득은 500달러에도 못 미칠 것으로 내다봤다. 300달러가 28%로 가장 많았고, 200달러(25%), 100달러(25%) 순이었다. 1964년도 1인당 국민소득(한국은행 자료, GNI)은 120달러였고, 실제 1999년 1인당 소득은 9,438달러였다. 학생들은 2049년도 500달러(29%), 400달러(25%), 300달러(25%)로 예측했다. 이러한 예측은 당시 한국이 당면한 정치·경제·사회·문화 등 전방위적인 후진성에서 볼 때 놀라울 일은 아니라고 할 수도 있다.

아울러 당시 쿠바 미사일 사태(1963년) 등으로 미·소 간의 냉전이 절정에 달한 상황에서 높은 가능성이 대두됐던 "3차 세계대전은 발발할 것인지, 또 우리의 숙원인 남북통일은 이루어질지, 또 경희는 얼마나 성장할 것인지 궁금하다"며 "20세기 말과 21세기 초의 시공간을 마음껏 달려 새로운 의미를 발견해 보자"고 설문 취지를 설명했다.

그러자 학생 4명 중 1명은 "20세기 내에 3차 세계대전이 일어날 것"(27%)으로 내다봤다. 전쟁의 원인으로는 인구 폭발과 식량난(41%), 사상적 대립과 지배욕(17%), 제3의 핵무기 보유국 출현(14%) 등을 꼽았다. 또 학생 65%는 "20세기 안에 통일이 가능하다"고 응답했다. 방식은 유엔 중재(28%), 남북협상(22%), 전쟁(21%) 등의 순이었다.

2051년 개교 100주년 기념식 메시지

미원은 개교 15주년(1964. 10. 2)을 맞아 개최한 제9회 학원제 기념식장에서 대망의 100주년이 되는 2051년 기념식장에 보내는 메시지를 발표했다.

미원이 창학 과정의 어려움을 극복해 가면서 15년간 분투해 온 역경의 시절을 담담히 기록한 것이다. 경희정신을 간직하기 위해 교직원 모두 일심동체로 헌신하고 희생했던 순간들이 활동사진처럼 눈앞에 펼쳐지고, 이내 연설문의 행간을 타고 폐부 속으로 전해져 오는 것 같다. 미원의 격려사 일부를 소개한다.

친애하는 경희 후배 여러분.

나는 경희학원 설립자로서 오늘 개교 제15주년 기념 제9회 학원제 기념식상에서 경희학원을 가장 아끼고 사랑하는 1만5,000명의 경희가족과 더불어 본교 노천극장에서 이러한 '메시지'를 개교 100주년을 맞을 그 당시의 재단이사회 임원과 대학총장, 각급 학교장 그리고 온 교직원과 재학생 및 졸업생에게 보내게 된 것을 더없는 기쁨으로 생각합니다.

이러한 발의의 취지는,

첫째, 경희학원을 설립한 사람으로서 창학정신과 교육방침을 여러분에게 바로 전달하려는 뜻에서입니다.

둘째, 시대가 다르기 때문에 정신적으로 소원해지기 쉬운 우리의 상호관계가 더욱 가까워질 수 있게 하길 바라는 마음에서입니다.

셋째, 내가 뜻한 바 '세계적인 대학 건설'이라는 큰 목표가 현명한 여러분에 의해서도 계속 추진됨으로써 학술 발전을 통한 인류의 문화 향상과 복리증진, 나아가서는 세계 평화 건설에 기여할 수 있도록 노력하여 달라는 뜻에서입니다.

넷째, 현금 사회의 제반 문제점을 모아 여러분에게 알릴 뿐만 아니라 또 이 시대에 살고 있던 사람들의 미래사회에 대한 관측을 종합하여 알려 줌으로써 과거뿐만 아니라 미래에 대한 여러분의 연구에도 참고가 되길 바라는 마음에서 비롯한 것입니다. (중략)

우리 경희의 오늘은 이 속에서 잉태되었고 이 속에서 창조되었다고 하겠습니다. 경희의 역사야말로 고난 위에서 이루어진 하나의 이적이 아닐 수 없습니다. 세간에서는 우리 경희대학이 불과 십수 년 동안에 조그마한 초급대학에서 대종합대학이 되고, 또 유치원에서부터 초등학교, 남자중고등학교, 여자중고등학교와 초급대학에 이르기까지 부속 교육기관을 건립하여 한국에서 제일 큰 규모의 종합학원이 되었다고 하여 무에서 유를 창조한 '경이대학'이라고 합니다. (중략)

친애하는 나의 후배 여러분.
숭고한 인류의 사명을 되새겨 봅시다. 우리가 할 일이 무엇이고 또 무엇을 행해야 하는가를. 민족적 인류적 대임을 자각하고 우리의 심혈을 경주하여 키워 온 이 학원을 여러분들도 아끼고 사랑해 주시기 바랍니다. 그리하여 우리 겨레와 나아가서는 인류사회에 크게 공헌할 수 있는 학원이 되도록 키워 주셔야 할 것입니다. 이 글을 여러분에게 보낼 때 생존해 있던 나를 포함하여 교수와 직원 그리고 재학생들 중에서도 여러분이 100주년 기념식을 거행하는 그때에는 이미 유명을 달리하여 이 자리에 없게 될 사람이 대부분이라고 믿습니다. 그러나 비록 유명을 달리하여도 우리 마음은 여러분과 항상 같이 있을 것이며, 또 여러분을 저세상에서나마 힘껏 돕고 축복하면서 이 학원을 길이 여러분과 같이 지킬 작정이오니 부디 경희정신으로 감투하여 주시기 바랍니다.

비록 지금 우리가 여러분이 우리의 뒤를 이어 앞으로 이뤄 놓을 업적을 육안으로 직접 볼 수 없으나, 우리 능력에 못지않은 여러분일 수 있기에 경희의 웅장한 미래상을 지금 우리의 심안을 가득히 채워 주고 있는 감을 느끼게 합니다.

끝으로 우리 경희학원의 무궁무진한 발전과 후배 여러분의 행복과 건투를 경건한 마음으로 빌며 여기에 서명하여, 나는 이 글을 개교 100주년을 맞는 여러분에게 전달하는 바입니다.

서기 1964년 10월 2일

트라이앵글 캠퍼스

미원이 평소 주창해 온 문화세계 창조의 꿈이 가시적으로 구현된 대표적인 곳은 서울과 수원, 광릉에 트라이앵글 형태로 조성한 경희대 캠퍼스군이다. 1979년 개교 30주년을 앞두고 고황산 대자연 속 25만 평 캠퍼스에 30여 개의 크고 작은 건물들이 들어섰다. 마치 그리스와 로마 건축물과 기념비들을 마주하고 있는 모습이다.

하지만 이러한 하드웨어적인 양적 확장 못지않게 주목되는 것은 한 터전 안에서 학업과 관련된 교육 일체를 받을 수 있는 일관교육체계를 마련한 소프트웨어적인 질적 확대였다.

미원은 평소 모든 교육이 일관되게 이루어져야 한다고 강조했다. 교육행정가로서 이 같은 신념을 현실로 옮김으로써 세계에서도 유례를 찾기 어려운 일관교육체계를 구축했던 것이다. 이와 같은 신념을 갖게 된 것은 "교육과 사회생활을 일관성 있게 결부시켜야 한다"고 주장한 플라톤 사상의 영향이 컸을 것 같다. 또한 공자가 강조한 "하나로 꿰뚫는다(一以貫之)"[18]는 가르침도 염두에 두었을 수도 있겠다.

미원은 매월 1회 본관 분수대 광장에서 민주시민 특강을 열었다. 전 교직원과 전교생이 한 곳에 모여 지성인으로서 갖추어야 할 자세와 시대적 소명을 일깨우는 장이었다. 또한 대학 최초로 여론함을 설치하여 전 경희인이 스스럼없이 소통하고 민주적인 학사 운영에 참여할 수 있는 기회를 부여했다.

1962년부터는 매년 학원제를 개최해 경희가족을 하나로 묶는 계기를 마련했다. 유치원부터 대학에 이르기까지 전 구성원이 참여하는 다채로운 행사를 벌였는데, 대학 주변의 주민들에게도 볼거리를 제공하여 큰 호응을 얻었다. 학원제 기념식장에서 펼쳐진 카드섹션도 매우 훌륭하다는 평가를 받기도 했다.

또한 1955년부터 학생들의 창의력과 독창력을 고무시키고 나아가 국가발전에 기여할 수 있는 영재를 키우기 위해 문화상 제도를 도입했다. 이 문화상 제도는 국내 대학으로는 초유의 일로 문예·학술·문화·체육 등에 탁월한 실력을 지닌 학생을 선발해 장학금을 지급하고 격려하는 제도였다. 그리고 1965년 한국 대학 사상 최초로 '대학장' 제도를 신설했다. 이 제도는 정치·경제·문화·사회·과학 등의 학문 분야에서 인류문화 향상과 사회복지 증진, 세계평화에 크게 기여한 인사들에게 주는 상이었다.

또한 경희공동체가 하나가 될 수 있는 대강당을 구상했다. 초청 강연이나 학술회의 참석으로 세계 각지를 여행할 때마다 경희캠퍼스에 세워질 건물을 생각하며 참고가 될 만한 건축물들을 카메라에 담았다. 특히 미국 인디애나대학 강당을 비롯해 여러 대학의 강당 자료를 수집하였고, 유럽의 오래된 성당 건축물도 자료 속에 포함되었다. 장남인 조정원 세계태권도연맹 총재는 미원이 평화의전당을 구상할 당시 상황을 이렇게 들려주었다.

"1976년 벨기에 루벤대학에서 유학할 때 아버님을 모시고 수도 브뤼셀에 있는 성 미셸 성당을 둘러봤습니다. 아버님은 매우 꼼꼼히 성당 모습을 카메라에 담으셨지요. 귀국하신 후 전화를 주셨는데, 주말에 가서 그 성당의 크기를 재어 오라고 하시더군요. 아버님 말씀대로 성당의 길이와 폭 등을 재어 알려 드렸지요. 아마도 성 미셸 성당을 견학하신 그날 이 성당을 평화의전당 모델로 삼겠다고 결심하신 것 같아요."

평화의전당은 건축 과정에서도 여러 어려움이 있었다. 건축 허가를 받을 때도 우여곡절 끝에 1999년 10월 개교 50주년을 기념해 개관했다. 당시 국내 최대 객석을 자랑하던 세종문화회관을 능가하는 4,500석을 갖춘 석조건물이 탄생한 것이다.

1978년 6월 국내는 물론이고 동양에서도 최초인 자연사박물관이 문을 열었다. 미원의 오랜 숙원 사업이 또 하나 완성된 것이다. 미원은 늘 하버드대학의 비교동물박물관, 캘리포니아주립대학의 금수박물관을 능가하는 자연생태박물관을 꿈꿨다. 지금도 자연사박물관은 많은 유치원, 초등학교, 중고등학교 학생들의 견학 예약이 밀릴 정도로 인기가 높다. 어린 학생들에게 미래 과학의 꿈과 희망을 선물해 준 미원의 선견지명이 돋보이는 대목이다.

미원은 유치원에서부터 사회에 진출하기까지 일관되게 교육시키겠다고 마음먹은 오랜 꿈을 세계적인 경희학원을 통해 실현한 것이다. 50만 평에 달하는 용인 국제캠퍼스와 광릉수목원 자락에 둥지를 튼 평화복지대학원 캠퍼스의 웅장함도 이에 뒤지지 않는다. 규모뿐만 아니라 건물 하나하나 세계적 건축물로도 손색이 없는 조형미까지 갖추고 있어 매우 감동적이다. 더군다나 캠퍼스 조성 대역사를 이뤄 낸 당대(1960~70년대) 한국의 국제적 위상이나 경제력, 또 정치사적 혼란상을 고려해 보면 미원의 장대한 캠퍼스 건설 구상은 경이롭게 느껴진다.

동양의학과 서양의학의 조화라는 새 경지를 개척했다고 평가받은 경희의료원과 중앙도서관, 고고학박물관, 자연사박물관, 시청각교육원, 체육관, 교수연구회관은 또 어떤가. 하늘(天)·땅(地)·사람(人)의 조화 속에 세상을 이끌어가는 교육동산을 꿈꾼 기숙사 삼의원(三儀園), 크라운 콘서트홀, 대운동장, 로마 건축물 같은 노천극장 등도 자연과 어우러진 교육 터전으로의 면모와 성과를 유감없이 드러내고 있다.

미국 잡지『세인트루이스』는 경희대 캠퍼스를 일컬어 "한국에서
뿐만 아니라 극동의 교육 역사상 커다란 금자탑을 이룩했다"고 평
가했다.(경희학원,『경희30년』, p.20) 특히 삼의원은 당시 국내 대학 중
최대 규모이자 최신식 설비를 갖춘 기숙사였다.

부설 연구기관인 인류사회재건연구원, 국제평화문제연구소, 밝
은사회문제연구소 등 20여 개의 연구소도 70년대에 이미 매년
수백 편의 연구물을 간행해 왔다. 이처럼 경희대와 연구소들이
국내외에서 활발하게 연구활동을 한 점은 미원의 '세계 속의 경
희대학교 건설' 구상이 하드웨어에만 국한되어 있지 않음을 보여
준 것이다.

여기에 또 한 가지 미원의 독특한 교육철학이 구현된 것을 살
펴보면, 건강하고 밝은 사회를 지향해 가는 일꾼들을 훈련시키는
'지덕체(智德體) 전인교육'이다. 경희학원은 단순한 지식교육을 넘
어 서로 사랑하고 함께 잘살아가는 '잘살기운동' 등 산교육을 실
시해 왔다. 학생 조회 때마다 "여러분 한 명 한 명은 장차 우리
사회를 이끌어 갈 동량이자 지도자"라고 강조하고, "올바른 소양
과 인간성을 함양해 국가발전과 세계평화 및 인류의 복리증진에
크게 기여하는 경희인의 자세로 정진해 달라"고 당부했다.

이 정신은 지구공동사회 건설과 인류사회 재건, 당위적 요청사
회(Oughtopia) 실현을 위한 그의 굳은 신념과 철학, 또 이와 관련
된 사상체계는 1999년 국제캠퍼스에서 열린 세계NGO대회를 통
해 세계 만방에 전파되었다. 인류의 구원한 이상으로 볼 수 있는

'문화세계의 창조'를 학교의 교시로 삼은 것이나, 언론 출판 결사 등 기본권의 자유가 상당히 제한됐던 이승만, 박정희 정권하에서도 '학원의 민주화, 사상의 민주화, 생활의 민주화'를 교훈으로 제정, 운용해 온 것도 미원의 선각자적, 또는 담대하고 고고한 교육철학자로서의 모습을 떠올리는 데 부족함이 없어 보인다.

체육, 음악, 법학 교육에 역점을 두다

경희대는 학원, 사상, 생활 등 3대 영역의 민주화를 교훈으로 내걸어 주목을 끌었다. 민주화 개념조차 생소하던 시절 교문 앞에 내건 의미심장한 교훈이었다. 이에 못지않게 국내 주요 대학들이 그리 중시하지 않던 체육, 음악, 법학 교육에 중점을 둔 것도 선각자의 면모를 보여 준 것이다.

제한된 자원(재정 및 교수 요원 등)으로 경희대를 국내외 대학들과 경쟁 가능한 교육기관으로 만들기 위해 선택과 집중 전략을 구사했고, 큰 결실을 이뤄 냈다는 점에서 더욱 미원의 선견지명이 빛을 발했다고 할 수 있다. 미원은 신흥대학 시절부터 이 세 과목을 집중적으로 교육했다.

한 전직 경희대 총장은 이에 대해 "후발주자로서 학교를 알리기 위한 측면도 있었던 것 같다"고 설명했다. 미국 시카고대학이 개교 초기에 아이비리그 대학들에 비해 인지도가 크게 떨어진 점을 감안해 체육 교육에 집중 투자한 결과 인기가 급상승한 점에 착안한 미원의 국제 감각이 돋보이는 부분이다.

경희대는 국내 대학 중 최초로 체육대학을 단과대학으로 만들었다. 육상이나 구기뿐 아니라 복싱 등 전 종목 선수들을 길렀다. 덕분에 전국대학생체육대회에서 경희대가 종합 우승해 도하 언론에 크게 보도되면서 지명도가 급상승했다. 1948년 런던올림픽 역도 종목에서 김성집 선수가 동메달을, 1956년 멜버른올림픽에서 송순천 선수가 복싱 종목에서 은메달을 땄다. 1966년 장충체육관에서 열린 WBA 복싱 주니어미들급 세계 타이틀 매치에서 이탈리아 니노 벤베누티 선수를 판정으로 꺾고 한국인 최초로 세계 챔피언이 된 김기수 선수도 경희대 동문이다. 1968년 도쿄 하계올림픽에서 메달을 딴 선수의 3분의 1은 경희대 소속일 정도로 체육교육의 메카 역할을 수행했다.

포스트모던음악학과의 폭발적 성장

"105.3대 1, 51.7대 1, 30대 1…."

2022년도 수시에서 경희대 포스트모던(Post-Modern)음악학과 내 주요 과목들이 기록한 의외의 높은 경쟁률이다. 보컬과 피아노는 각각 3명 정원에 588명과 155명이 지원했고, 3명을 뽑는 작곡과 문을 두드린 수험생은 100명에 달했다. 기타(20대 1)와 드럼, 타악기(17.5대 1), 베이스(9.5대 1), 관·현·국악기(9.3대 1) 등 다른 과목들도 10% 전후이거나 이보다 월등히 높은 경쟁률로 화제가 됐다.

포스트모던음악학과는 2000년 경희대가 국내 대학 중 처음으로 개설한 이래 20여 년간 이처럼 폭발적 성장을 이어오면서 국내 음악예술교육의 새로운 지평을 열었다.

이우창 교수에 따르면 이 학과 탄생의 산파역은 당시 조정원 총장(현 세계태권도연맹 총재)이었다. 조 총장은 음악 부문의 세계화를 촉진하고 전 세계에 우리 전통음악의 우수성을 알리려면 국악만으로는 한계가 있는 만큼 동서양 음악을 융합해 장점을 살려보자고 제안했다는 것이다.

포스트모던음악학과가 배출한 인재 중에는 세계적인 뮤직 스타반열에 오른 가수 비(본명 정지훈)가 단연 손꼽힌다. 2001년 학번인 비는 지난 2021년 4월 8일 유튜브 채널 시즌비시즌(Season B Season)에 출연, 모교인 경희대를 찾아(스포츠조선 2021. 4. 8) 요즘 대학생들의 삶을 체험해 보기도 했다.

이 외에도 K-POP 스타들이 즐비하다. 박효신, 남성 아이돌 그룹 GOD(윤계상, 대니안, 손호영, 박준형, 김태우) 멤버들과 빅뱅의 G드래곤, 지코(7인조 보이그룹 블락비의 리더), 핑클의 성유리, 옥주현 등도 이 학과 출신의 스타급 가수들이다. 이 학과는 작곡가 윤일상 교수를 초빙해 동서양 음악을 융합한 포스트모던 음악교육의 영역을 개척했다.

경희사이버대에도 이에 앞서 개설한 실용음악학과가 있는데 이곳을 거쳐간 스타들도 적지 않다. 인기 걸그룹 EXID 멤버인 솔지, 푸른하늘 멤버 이동은 등을 비롯한 가수, 엔터테인먼트

관계자, 보컬트레이너, 음향 엔지니어 등이 음악계 인재로 활약하고 있다.

경희대가 실용음악과와 포스트모던음악학과를 잇따라 개설하자 단국대, 한양대, 동덕여대 등도 이와 유사한 학과를 신설했다. 일본의 호쿠리쿠대학과 태국의 명문 시암대학교들과 연계해 교환학생제도를 운영한 것도 한류 확산에 크게 기여했다고 본다.

국내외 대학 최초 태권도학과 신설

체육 교육 분야 역시 경희대가 국내에서 선구자 역할을 맡았다는 점은 앞에서 언급한 바 있다. 이 중에서도 태권도를 한 개의 과목이 아닌 정식 학과로 설치하고 인재를 양성한 것은 경희대가 세계에서 처음이다. 경희대는 4년제 대학으로는 처음으로 1983년 태권도학과를 신설했다.

국내에 용인대를 비롯한 태권도 명문학교들이 적지 않지만, 경희대 태권도학과의 독특한 점은 (다른 학과들과 마찬가지로) '문화세계의 창조'라는 창학정신을 밑바탕에 두고 인류사회의 발전에 기여할 수 있는 인재 양성을 특성화 목표로 내걸었다는 점이다.

경희대가 표방한 태권도학과의 운영목표도 야심차다. 국제화·세계화·정보화 사회에 발맞춰 21세기에 새로운 태권도 발전의 가능성과 전문성을 제시하기 위해 고차원적인 정신문화와 과학문명이 조화롭게 발달된 인간사회를 지향하겠다는 것이다. 과학적이고 합리적인 사고방식과 이를 구체화하는 전문기술을 접목함으로써 인류사회의 발전에 기여할 수 있는 인재 양성을 특성화 목표로 한다는 점이다.

국내외에서 태권도 국가대표를 배출해 각종 국내외 대회에서 두각을 나타내는 성적을 올려 국위를 선양함은 물론, 5대양 6대주 세계 도처에 태권도 도장을 열고 일반인과 선수, 경기지도자 등을 대상으로 인재 양성에 주력해 왔으며, 이 과정에서 우리말과 문화, 예법, 태권 댄싱(舞), 스포츠맨십 등을 전수해 왔다.

태권도학과 졸업생들은 국내외에서 겨루기, 품새, 시범 등의 코치 요원으로, 초·중·고교 교사와 체육지도자, 체육협회 사무직 등을 맡아 사회 전방위적으로 활발히 활동하고 있다. 태권도학과는 체육대학 내 연구기관으로 국제태권도연구소를 설립해 태권도에 대한 연구활동 지원 및 심층적 연구활동과 각종 세미나 개최 등을 통해 태권도의 학문적 정립에 부응하는 세계적 태권도 지도자 육성을 위해 노력하고 있다.

학교 차원에서도 1989년부터 경희대 총장기 전국 남녀고등학교 태권대회를 개최, 국가대표급 선수를 발굴하는 데 크게 기여하는 한편, 본과 학생들이 대회 운영에 직접 참여해 실무 경험을 통해 취업에도 많은 도움이 되고 있다. 졸업 공연으로 시작된 태권도를 주제로 한 정기 공연은 태권도에 공연이라는 요소를 더해 기존의 틀을 깬 새로운 태권도의 분야로 재탄생시키며 태권도 인구의 저변확대와 사회공헌에 큰 역할을 하기도 했다.

제4장

세계 지성을 품다

세계대학총장회(IAUP) 창설을 주도하다

경희대가 국내 대학 중 국제화의 첨병 역할을 해 왔음은 자타가 공인하는 사실이다. 개교 초기부터 연희전문학교(연세대)나 이화학당(이화여대) 등 서양 선교사들이 대거 진출해 있던 서울 시내 주요 대학들에 비해 국제화 역사가 짧았던 점을 고려해 보면, 미원이 세계대학총장회 창설을 주도하고 초대 회장에 선임된 것만 봐도 홀로 개척한 국제화·세계화였다고 볼 수 있다.

더구나 1960년대 전후 폐허 상태에서 재건사업에 매달리던 최빈국 출신의 비교적 젊은 교육자가 이런 일을 이뤄 냈다는 것은 기적이라는 말 외에는 설명하기가 어렵다.

세계대학총장회는 세계 각국 대학총장들 간의 우의증진과 상호협조를 통해 학술문화 향상과 교류는 물론, 더욱 살기 좋고 평화로운 세계를 구현시키려는 목적으로 결성됐다. 발기인은 미원 외에

미국 페얼리디킨슨대학 삼마르티노 총장, 유엔총회 의장을 지낸
필리핀 카를로스 로물로 박사, 라이베리아대학 윅스 총장(전 외무
장관), 푸에르토리코대학 베니테즈 총장(전 미국 상원의원) 등 세계
석학들이 참여했다.

미원은 경희대 총장 시절인 1965년 6월 29일 미국 페얼리디
킨슨대학의 영국 옥스퍼드 분교 록스톤 캠퍼스에서 열린 창립총
회에서 회장이 된 데 이어 3년 임기 회장직을 두 차례 더 연임했
다. 덕분에 5대양 6대주를 동분서주하며 세계 각국의 학술계와
저명인사들을 단합하고 규합하는 일을 도맡아 했다. 여러 간부들
과 역할 분담을 통해 세계대학총장회가 세계 속에 단단히 뿌리를
내리는 데 크게 기여했다.

미원은 어떻게 세계 지성을 한곳에 모아 놓고 인류 전체의 문
제를 논의하는 구상을 했을까? 그는 생전에 세계대학총장회 결
성 배경을 이렇게 밝혔다.

"수년 전부터 아시아대학총장회 결성을 계획하고 준비해 왔어요.
그러던 중 1964년 6월 미국 방문 때 페얼리디킨슨대학 삼마르티
노 총장과 이런저런 말을 주고받다가 아시아대학총장회가 아닌
세계대학총장회를 만들자는 데 서로 합의를 보았지요.
의기투합된 우리는 단시일 내 이를 성사시키자고 약속했는데 일
년여 만에 264개 대학이 가입했어요. 이에 힘입어 1965년 6월 29일
페얼리디킨슨대학 옥스퍼드 분교인 록스톤 캠퍼스에서 열린 제1차
총회에 182개 대학 기관장과 기타 옵서버들이 참석했습니다."

1차 대회에서 미원은 발기인 자격으로 세계적인 사학가 아놀드 토인비 교수, 로물로 박사(필리핀), 전 이탈리아 대통령 등과 함께 기조연설을 했다. 연설 요점은 "세계 대학총장들은 차세대 지성을 육성하고 현세대 지성인을 거느리는 중요한 직분을 맡고 있음을 자각해 사회의 양심으로서 또는 국가 이성으로서 온 지성인의 정신적 지주가 되어야 한다"는 것이었다.

미원은 이런 전제를 토대로 ▲각 민족의 상호이해와 발전을 위한 학술, 문화 교류 도모 ▲세계 인류의 진정한 평화를 얻기 위한 공동번영 추구 ▲인류의 모든 지혜와 정력은 우리의 복리증진과 가치 향상을 위해서만 쓰여야 한다고 역설했다. 또한 ▲인류 복지와 평화를 위한 학술, 문화 교류 ▲교수, 학생의 장학금 교환과 도서를 비롯한 각종 연구자료 교류 ▲공동연구 제휴 ▲청소년 선도문제 등 세부 실천 강목을 제안해 그대로 채택되었다.

미원이 국제무대에서 이처럼 중요한 활동을 한 덕분에 경희대의 브랜드 가치도 덩달아 한껏 제고됐다. 국내에서는 이미 수년 전부터 국제화 선도대학으로 정평이 나 있었고, 다양한 학제 운영을 통해 우리나라 대학교육을 선도해 왔다. 경희대의 이러한 활약상이 국내외 언론을 타고 한창 전파되던 상황에서 서울캠퍼스에서 제2차 세계대학총장회가 열렸다. 국내 언론이 이를 대대적으로 보도하면서 경희대학교 이름은 한층 확고히 국민의 뇌리에 새겨지게 됐다.

제2차 세계대학총장회 서울대회

1968년 6월 서울캠퍼스에서 제2차 세계대학총장회가 열렸다. 이때 개최지 서울은 세계 학계와 언론에 화제가 되기도 했다. 한국이 8·15해방 이후 치른 최대 국제행사였던 이 대회에 34개국 대학총장 154명이 참석하는 등 전 세계의 지성들이 총출동했다. 박정희 대통령도 이날 치사를 하고 현장에서 대회를 지켜봤다.

미원이 2차 대회를 서울에 유치하려고 애쓴 배경에 대한 아래 설명(조선일보 인터뷰 기사)은 초라한 국력의 대명사였던 한국의 현 주소를 그대로 보여 준다. 외국에 나갈 때 힘없는 나라 백성들이 겪어야 했던 애환도 절로 느껴진다.

> 런던에서 열린 1차 대회에 모인 세계 석학들의 한국에 대한 인식은 너무도 빈약했다. 심지어 어떤 사람들은 "한국에 경희대 이외에 대학이 또 있느냐?" "언어는 일본어를 쓰느냐, 중국어를 쓰느냐?" 등 어처구니없는 질문을 하기까지 했다.
>
> 이에 대해 한국의 반만년 문화역사와 첨성대, 금속활자 발명에 이르기까지 한국의 찬란한 고유문화 소개에 열을 올렸지만, 그들의 의아심을 그리 간단히 풀 수 없었다. 이에 다음 대회를 기필코 한국에 유치해서 그들에게 우리 문화를 소개하고 발전상을 보여 주자는 결심을 굳히게 됐다.

각국 대표들은 2차 대회를 유치하려고 치열한 경쟁을 벌였으나 미원을 이길 수 없었다. 미원이 훈시에서 곧잘 "역사는 주어지는 게 아니라 만들어지는 것이다. 그 고삐는 우리 인간이 쥐고 있다. 꿈이 있는 곳에 희망이, 의지가 있는 곳에 보다 밝은 미래가 있다"는 말로 제자들에게 호연지기를 길러 주고 꿈을 심어 주곤 했던 이유를 알 수 있을 것 같다.

대만의 세계적인 학자로 2차 대회 참석차 방한한 린위탕(林語堂) 박사는 같은 해 6월 19일 조선일보 주최 강연회에서 경희대의 발전을 대한민국의 발전으로 승화시켜 달라며 소회를 밝혔다.

"경희대학교 방문 시 그 규모와 시설, 환경, 특히 관현악단과 합창단, 도서관, 경기장 등이 매우 인상적이었습니다. 경희대의 발전을 조영식 총장 개인의 꿈이 실현된 것으로 본다면, 이는 한국 국민 전체의 꿈이 새로운 한국을 만들 수 있다는 하나의 증좌가 되는 것입니다. 이런 면에서 여러분은 삶의 보람을 깊이 느낄 수 있는 흥미진진한 시대에 살고 있습니다. 낡고 그릇된 것을 변형 개조할 수 있는 능력과 기회가 여러분에게 주어진 것입니다."

당시 세계대학총장회 회장이었던 페얼리디킨슨대학 삼마르티노 박사는 대회 이틀째 전체회의 석상에서 다음과 같이 말했다.

"한국은 기적의 나라입니다. 그러나 한국에서 가장 큰 기적이 라고 하면 곧 조영식 총장 자신과 그가 경희대학교에서 성취한 엄청난 업적인 것입니다. 본인은 이번 대회 개막 수일 전 먼저 도착해 대회장 곳곳을 둘러보았습니다. 여러분께서 개회식 날 앉아 있던 그 건물을 방문했을 때 회의장으로 통하는 복도는 아직 미완성이었습니다. (중략)

그래서 조영식 총장에게 대회 전까지 모든 준비를 갖추는 것은 불가능하겠다고 말했지요. 그러자 조 총장은 '틀림없이 가능합니다'라고 대답했습니다. 그 말이 사실로 판명되었습니다. 생각해 보니 인부 130여 명이 불철주야 쉼 없이 일을 한 것 같습니다. 아마 우리 중 누구도 조 박사가 경희대에서 성취한 일을 능히 해낼 수 없었을 겁니다. 그는 경희대의 모든 건물을 손수 설계했고, 사무집기 등 모든 것도 그의 손을 거쳤습니다. 조 총장이 이 학교를 시작했을 때 아무것도 없었던 이 산등성이를 불과 14년이라는 짧은 세월 동안에 이렇게 아름다운 학원 동산으로 바꾸어 놓은 것입니다."

서울대회가 끝난 후 미원 앞으로 이 대회에 참석한 국외 여러 총장들로부터 수많은 감사와 찬사의 글이 답지했다. 그 중 한 가지 사례만을 들어본다. 아래는 미국 에모리대학 샌포드 에트우드 총장이 보낸 서신이다.

"이번 대회에서 모든 일정이 아주 성대하게 끝날 수 있도록 계획하신 조영식 총장의 지적 영도력에 높은 찬사를 보냅니다. 행사 전야에 총장님이 베풀어 준 만찬은 우리에게 아름다운 추억을 안겨 주었으며, 총장님이 창설한 대학이 세계 여러 유수한 대학과

겨룰 수 있을 만큼 큰 발전을 이룩해 온 과정을 지켜보면서 놀라움을 금치 못했습니다. 총장님이 일정 내내 섬세하게 베풀어 주신 환대 덕분에 우리 모두 즐거운 시간을 가질 수 있었습니다. 우리는 귀국 후에도 한국의 발전과 귀하가 개인적으로 국가에 기여한 공헌에 대해 깊은 관심을 갖고 지켜볼 것입니다."

미원은 유엔 창설 50주년을 기념하는 국제학술대회에서 '제2르네상스를 통한 인류사회 재건-새로운 천 년을 향한 인류사회 재건을 위한 대구상'이라는 제목으로 기조연설을 했다. 그리고 "우리 모두 인간성 회복으로 제2르네상스를 일으켜 온 인류가 바라는 참된 인류사회를 재건해 보자"고 역설했다.

미원은 경희대가 인류사회재건운동과 제2르네상스운동 등의 기관차 역할을 해 나가자고 독려하면서, 이를 이론으로 정립하고 실천해 나갈 교육기관을 대거 설립했다. 1999년에는 아태국제대학원 건물 준공과 아태지역 대학총장회 유치에 이어 정보통신대학원과 동서의학대학원도 잇달아 설립했다.

오랜 역사와 전통을 지녀온 한의학을 과학화함과 동시에 현대 서양의학을 융합시켜 경희만이 가질 수 있는 제3의학을 창출함으로써 인류복지와 세계평화에 기여하고자 하는 미원의 설립 의지가 담긴 것이다. 1999년 9월 설립 인가된 동서의학대학원은 전문대학원으로서 세계에 우뚝 서는 의학연구기관으로 발돋움하고 있다.

일찍부터 동서양 의학을 접목시킨 제3의학의 길을 모색하는 등 신의학을 창출해 온 경희대는 세계에서 유일하게 한의과대학, 의과대학, 약학대학, 간호대학, 치과대학 등 5개 의약 관련 대학을 거느린 기관으로서도 세계 의학계의 주목을 받아왔다. 동서의학대학원은 한의학 국제박람회 개최에 이어 미국 미네소타수의과대학, 중국 베이징중의약대학, 일본 도야마(富山)의과대학의 화한의약학총합연구소(和漢醫藥學總合硏究所)와 각각 교류 협정을 체결했다.

'제2의 창학' 국제캠퍼스

"우주 시대를 향한 우리는 어떤 세계를 만들고 있나?"
"21세기를 향한 나는 지금 무엇을 준비하고 있나?"

경기도 용인시 기흥면 서천리 50만 평 대자연 속에 들어선 '국제캠퍼스'에 들어설 때 제일 먼저 눈길을 끄는 캐치프레이즈다. 미원이 서울캠퍼스에 이어 '제2의 창학' 기치를 내걸고 조성한 이 캠퍼스의 공과대학관 벽면에 쓰인 이 두 마디는 마치 잠언이나 위대한 현인들의 입에서 나온 경구와도 같다. 미원의 대학 설립 정신과 의지를 담은 새로운 캠퍼스의 나아갈 길을 제시한 좌우명이다. 그가 일관되게 추진해 온 전인교육의 목표는 제2캠퍼스를 세우면서 한층 가시적인 모습을 드러냈다.

서울캠퍼스에서 30년간 알차게 다져온 교육정신과 풍부한 경험을 토대로 이상적인 대학교육을 통한 문화세계 창조의 이상을 구체화할 수 있는 또 다른 대역사였다. 당시 총장이었던 미원은 때마침 1970년대 말 정부의 수도권 인구분산정책과 문교부의 지방대 육성 및 재경 대학 증원 억제정책과도 부합한다는 것을 간파했다.

미원의 의지와 정부의 인구분산정책이 맞물려 1978년 3월 재단이사회는 제2캠퍼스 설립을 추진하기로 의결하고 박노식 부총장을 위원장, 박철암 교수를 사무총장으로 분교설치위원회를 구성해 본격적인 제2캠퍼스 설립에 돌입했다.

미원은 제2캠퍼스 부지 선정을 위해 대전, 공주, 청주, 여주, 이천에서부터 멀리 마산과 백마강 유역인 부여까지 돌아봤지만 적당한 곳을 찾지 못해 낙담하던 중, 1978년 1월 경부고속도로 신갈 부근에서 차창 밖으로 신갈호수 너머의 산등성이가 눈에 들어왔다.

일순간 '그래, 저곳이 적지다' 하는 생각이 뇌리를 스치고 지나갔다. 곧 박노식 부총장과 박철암 교수에게 그곳을 답사하도록 했고, 다음 날 현장에 가 보았다. 역시 미원의 생각대로 명당자리였다. 신갈호를 앞에 두고 대학이 들어선다면 자연미 넘치는 캠퍼스가 될 것이라 확신했다.

제2캠퍼스에 대한 부푼 꿈은 설립 허가 문제 등으로 순탄치 않았다. 정부는 지방분교를 권장하면서 그린벨트 해제 및 정부 융자 알선이나 정부 보조까지도 약속했으나, 막상 행정상 필요한 요청을 하자 까다로운 제약조건만 내놓아 분교 설립 신청을 하지 못했다. 이에 미원이 문교부 관계자들을 만나 끈질기게 설득해 이듬해야 신청할 수 있었다.

하지만 또 다른 난관이 도사리고 있었다. 문교부 제출 서류가 자연경관을 해칠 우려가 있다는 지적과 함께 반송된 것이다. 할 수 없이 현재 공과대학이 들어선 18,000여 평을 새로 구입해 본관을 세웠다. 마침내 1979년 1월 10일 문교부로부터 정식 설립 인가를 받았다.

미원은 국제캠퍼스의 주요 역할 중 하나로 교육과 연구, 사회봉사 등 세 가지 기능을 충실히 수행하도록 유도했다. 이에 따라 교육과 학문 연구에 진력하면서 국제캠퍼스에 있는 천문대에 일반인을 초대해 기초교육과 참관을 하도록 돕는 등 교육을 통한 사회봉사와 습득한 이론을 실천하는 데 주력했다. 미원은 새로운 캠퍼스의 기본을 세계 유수 대학의 새 모델인 '뉴 칼리지 시스템'에 맞추었다.

넓은 기초학문 위에 인간교육과 전공교육을 병행함으로써 도덕교육을 토대로 한 전인적 인격을 갖춘 지도자 양성에 주력한 것이다. 아울러 '교육을 통한 인류사회에 대한 공헌'을 교육목표로 표방해 온 국제캠퍼스의 정신은 제1차 5개년 캠퍼스 개발계획(1981~1985)에 나타나 있다.

인간교육을 중심으로 해 폭넓은 교양과 깊이 있는 전공의 조화, 전인교육과 도덕교육을 통한 참 인격의 형성, 천혜의 자연환경 속에서 첨단학문 연구를 목표로 21세기를 준비해 온 국제캠퍼스는 80년대에 짧은 연륜 속에서 이미 6개 단과대학에 34개 학과, 1개 대학원으로 학생 수 1만여 명의 캠퍼스로 발전했다.

경희대는 창학 초기 법학 과목 외에 타 대학들이 큰 관심을 기울이지 않던 체육과 음악 과목에 주안점을 두는 등 선택과 집중 전략으로 소기의 성과를 얻었음은 앞에서 소개한 바 있다. 이어 '세계대학'을 표방하면서 주력해 온 또 다른 분야는 천문과 우주 과학 분야였다. 이는 설립자 미원의 우주생성 문제 등에 대한 개인적 연구 관심사와도 무관하지 않았던 것 같다.[19]

인류 보편가치 구현을 위한 천문우주교육

국제캠퍼스 자랑거리 중 하나인 천문대(Kyung Hee Astronomical Observatory)에도 '문화세계의 창조' 정신이 깃들어 있다. 학교 홈페이지를 살펴보면 "천문대는 '문화세계의 창조'라는 경희대 교시를 기반으로 '인류의 보편가치'를 구현하기 위해 천문우주교육의 필요성을 바탕으로 세워졌다"라고 되어 있다.

천문대는 1992년 10월 우주과학교육관 건물을 완공하고 76cm 반사망원경을 설치했다. 1993년에는 분광기를, 1994년에는 광전측광기를 각각 도입했다. 1995년 4월에는 국내 대학 최초로 천문우주과학전시장을 개관했다. 주요 활동으로는 대학교육과 지역사회의 천문우주과학 대중화뿐만 아니라 전문적인 연구시설을 확충하여 국제적인 천문우주과학연구도 매우 활발히 진행하고 있다.

아울러 천문우주과학의 대중화를 위해 화성 대접근 특별 공개 관측회(2003. 10) 등 대중을 상대로 매년 봄가을에 공개 관측회를 개최하는 등 차별화된 천문우주 프로그램을 운영하고 있다. 과학 대중화 노력은 미원이 건학이념 중 하나로 일관되게 추구해 온 연구와 교육, 사회봉사 등 교육기관으로서의 세 가지 기능을 경희대 차원에서 적극적으로 수행해 왔음을 보여 주는 것이다.

천문대는 76cm 주망원경을 이용해 1994년 7월 슈메이커-레비 혜성이 목성과 충돌하는 것을 관측했고, 1997년에는 '혜성의 분광(Hale-Bopp)'을 관측하기도 했다. 같은 해 우주과학과 장민환 교수는 기린자리 근처에서 국내 최초로 식쌍성(eclipsing binary)을 발견해 화제가 됐다. 국제천문협회는 이를 '경희성(慶熙星)'으로 명명했다. 1996년에도 '하쿠타케 혜성 분광' 관측에 성공하여 지금까지도 국내에서 유일한 연구 사례로 기록되어 있다. 또 2011년 8월에도 4K CCD 카메라를 도입한 뒤 한 달 만에 M101 은하에서 초신성을 포착했다.

국내 첫 교육용 원자로 설치

미원은 국내 최초로 국제캠퍼스에 교육용 원자로를 설치했다. 우리나라 원자력 기술은 원자력에 대한 기초와 기반이 전무하던 1950년대 이승만 대통령의 혜안으로 첫 삽을 뜬 데 이어 60년대 과학기술입국을 정책목표로 삼은 박정희 대통령의 집념 등에 힘입어 단계적인 기술 발전을 이룩해 왔다.

이런 가운데 경희대가 1982년 국내 최초로 TRIGA-Mark 교육용 원자로 2기를 설치, 각광을 받으면서 관련 연구를 선도해 왔다. 미원이 선각자로서의 예지를 발휘해 국내 대학으로는 처음 원자력공학과에 교육용 원자로관(84평)을 개관(가동식 포함)함으로써 기초 연구 분야에 지대한 공헌을 한 것이다.

이 원자로는 AGN-201형 열중성자 원자로로 교육용 및 연구용으로 1967년 미국 콜로라도주립대학에 설치했던 것을 1976년 US DOE를 통해 경희대에 기증한 것이다. 열출력 0.1w로 위험성 없이 순전히 교육 및 연구용으로 사용되는 이 원자로는 원자력공학과뿐 아니라 물리학, 화학, 생물학, 유전공학, 환경학, 의료분야 등 여러 학문 분야의 연구에 이용되고 있다.

경희대는 2003년 과학기술부의 기반확충사업 지원으로 4년간의 노력 끝에 노후 설비를 정비하고 성능을 개선해 100배로 운전 출력 한계를 높인 새로운 시설로 거듭났다. 2007년 10월 새로 운전을 재개한 신형 원자로 AGN-201K는 우리 국민 모두에게 개방된 교육과 연구를 위한 실험시설로 원자력공학 전공 학생들의 '원자로 실험' 교과목을 위탁교육하고 있다.

경희대 원자로센터는 AGN-201K 원자로 시설이 "대전에 있는 한국원자력연구원의 HANARO와 더불어 21세기 원자력 인력 양성에 맞춘 실험실습 장소로 활용될 것이며, 국제협력과 대외협력을 통해 중성자 과학분야의 연구개발과 새로운 원자력 실험실습 교육 프로그램 개발에 최선의 노력을 기울이고 있다"고 밝혔다.

국내 대학 최대 규모의 중앙도서관

1996년 9월 18일은 경희대의 위상을 한 단계 높이고 국내외에 저력을 과시한 날이다. 네오르네상스 발원지로서 사색의 광장(팡세프라자)과 기념탑 제막식뿐 아니라 국내에서 최대 규모의 첨단시설을 갖춘 도서관 개관식이 이날 열렸다.

연건평 7천 평에 지하 2층, 지상 4층으로 이루어진 이 석조건물은 규모나 시설, 상징성에서 국내 다른 대학 도서관을 압도하고 있다. 길이 110m의 웅장한 건물 정면에는 "생각하는 사람이 천하를 바로 세운다"는 미원의 사색을 중시하는 교육이념이 담긴 글귀가 돌판에 새겨져 있다.

도서관 현관에 들어서면 바닥 면적이 660평에 달하는 중앙홀의 엄청난 규모에 압도당한다. 2층 높이까지 시원하게 트인 천장과 샹들리에, 대리석 바닥과 대리석 원기둥들, 열람실 입구 위 벽면에 설치된 남미 이구아수폭포 등 대형 벽화들은 보는 이의 마음을 뻥 뚫리게 해 준다. 미원은 대학 관계자들이 거대한 중앙홀을 효율적으로 활용하자고 건의하자 이렇게 일갈했다고 한다. 영웅적인 기개가 느껴진다면 과한 것일까?

> "이 도서관을 드나드는 사람들은 포부가 커야 되고, 이상이 높아야 한다. 나는 사랑하는 제자들이 모두 높은 이상과 큰 뜻을 품고 성공하기를 바라는 마음에서 이렇게 웅장하고 큰 건물에 넓은 홀을 마련한 것이다."

네오르네상스운동의 발원지

중앙도서관 개관식에 이어 이날 오후 도서관 앞에 조성된 '사색의 광장'에서는 국제캠퍼스가 네오르네상스운동의 발원지임을 천명하는 행사가 열렸다. 사색의 광장은 경희대 국제캠퍼스의 명물중 하나로, 로댕의 '생각하는 사람' 조각상에 이어 그 뒤편 광장양옆에 장대한 오벨리스크가 마치 수호신처럼 웅혼한 기상을 품고 서 있다. 두 오벨리스크에는 각각 "제2르네상스 횃불 들어/ 온누리 밝히는 등불 켜자"(신갈호수 방면)와 "사색은 진리를 뚫어보고/의지는 대망을 성취한다"(도서관 방면)는 글귀가 아로새겨져 있다.

미원은 인류사회가 직면한 위기에 대해 언급할 때마다 "지금 우리에게 필요한 것은 노블리스 오블리주라는 말처럼 먼저 보고 깨달은 사람들이 그 책무를 기꺼이 담당하려는 소명의식이다"라고강조하곤 했다. 미원처럼 통찰력과 예지력이 있는 지성인이나 이들을 통해 이 같은 위기 상황에 대해 볼 수 있고, 문제점들을 전해 들을 수 있는 누구라도 발 벗고 나서자고 촉구한 것이다.

네오르네상스는 미원의 교육철학과 역사관, 사회사상, 사회공헌, 평화정신이 응축된 이념이자 실천 지침이다. 국제캠퍼스는이 같은 미원의 철학을 토대로 한 네오르네상스운동의 발원지로서 물질문명의 발달로 황폐화되어 가는 인간성을 회복하는 선도적 역할을 해야 함을 온 세상에 공표했다.

힘찬 약동이 느껴지는 국제캠퍼스 내 석조물 글귀들은 착공 당시 "이곳을 '지구공동사회를 위한 네오르네상스운동의 발원지'로 삼겠다"고 굳게 다짐했던 미원의 굳센 의지를 형상화한 것이다.

철근 콘크리트 구조 위에 화강석으로 마감한 이 문은 16개 돌 기둥이 떠받치고 있으며, 상징적 조형물들이 건축미를 돋보이게 한다. 경희는 이를 '새천년 기념탑·네오르네상스문'으로 명명했다. 정문 머리에는 음각으로 'NEO RENAISSANCE'라는 문구를 새겨 넣었다.

미원은 1995년 유엔 창설 50주년을 기념하는 국제회의 기조연설에서 "제2르네상스로 인류사회를 재건하자"고 촉구하고, 이를 위한 '새천년을 향한 인류사회의 대구상'을 제시했다. 이를 계기로 네오르네상스운동이 본격적으로 추진되었으며, 그 첫 결실이 1998년 실천 강령으로 제정된 지구공동사회대헌장(Magna Carta of Global Common Society)이다.

그는 이 기조연설에서 "인류 역사가 바로 나아가도록 땀 흘려 궁구하고 이를 실천해 온 지성인들이 세상의 모든 사람들이 아름답고 풍요롭게, 또 보람 있는 삶을 살도록 역사의 대기를 바꾸는 일에 앞장서야 한다"고 역설했다. 인간 중심주의에 입각한 새로운 철학과 규범의 정립, 지구공동사회 건설을 위한 비전과 목표 수립, 구체적인 실천을 추진하는 것이다.

이와 관련해 현대그룹 고 정주영 회장의 공헌과 헌신도 적지 않았다. 두 개의 오벨리스크는 평소 미원의 남다른 교육철학에 공감해 온 정 회장이 건립 계획을 전해 듣고 흔쾌히 기증한 것이다. 정 회장은 1980년대에도 평화복지대학원 설립 취지에 공감해 본관 로비 공사를 아무 조건 없이 조성해 준 바 있다.

온누리 밝히는 네오르네상스 횃불

네오르네상스 이념은 미원이 교육행정가이자 사상가로, 또 평화운동가로서 평생을 바쳐온 이론과 실천의 집약체로 볼 수 있다. 미원은『오토피아』에서 "16세기 르네상스운동 이후 인류문명이 잘못된 길에 들어선 결과로 오늘날 인간의 정신문화가 물질에 지배당하는 현실을 초래했다"고 통찰했다. 그는 인류사회의 미래와 관련된 연설에서 "과학기술에 대한 인간의 역지배 상황이 그 한계를 모른 채 질주해 왔다"고 지적하면서 방향감각을 상실한 인류 역사를 속히 정상궤도로 복원시키자고 촉구하곤 했다.

그것은 프랑켄슈타인의 심판에서처럼 "인간을 역지배하는 물질사회, 기계사회가 되면 안 된다"는 외로운 외침이었다. 미원이 주변의 냉랭한 시선에도 아랑곳없이 과학기술 발달의 부정적인 부산물을 경고한 지 30여 년이 흐른 작금의 상황은 어떠한가? 유전공학의 발전은 동물 복제 성공에 이어 인간 복제 위험성에 대한 경고가 끊이지 않고 있고, 인공지능(AI)으로 상징되는 기계문명의 도래에 대한 우려도 점증되고 있는 상황이다.

미원은 과학기술 문명에 대한 과도한 의존이 인류사회의 안정을 위협하고 근간을 허물어뜨리는 급한 상황임을 일찍이 인식했다. 그리고 문제점 진단에만 그치지 않고 늘 적극적으로 용기 있게 대안을 모색해 왔다. 그는 "중세 말 정신문명의 한계점에서 (인본주의자들이) '자연으로 돌아가자, 인간성을 되찾자'고 나섰던 것처럼, 오늘 또다시 맞고 있는 물질문명의 폐해를 극복하기 위한 네오르네상스운동에 나서야 할 때가 왔다"고 강조한 것이다.

네오르네상스 이념은 그 같은 문제의식에서 비롯됐다. 미원은 "제2르네상스는 정신세계가 물질세계를 단순히 합하는 차원을 넘어 인간으로서 바람직하고 실현이 가능한 당위적인 사회(Oughtopia) 건설이라는 목표를 갖고 있다. 이렇게 해서 인간적인 인간사회, 지성이 넘치는 문화적인 복지사회, 그리고 평화롭게 더불어 사는 지구공동사회를 만들어야 한다"고 역설했다.

2021년 2월 경희대 국제캠퍼스 산파역의 일원이었던 허종 경희대 명예교수의 안내로 캠퍼스 곳곳을 돌아봤다. 전기작가 이전에 미원의 제자로서 스승의 체취를 좀 더 깊이 느껴보고자 연신 심호흡을 하면서 허 교수의 설명에 귀를 기울였다. 미원이 캠퍼스 조성 과정에서 건축물은 물론이요 조각이나 길가의 돌멩이, 풀 한 포기까지 세심하게 신경을 써서 배치했다는 허 교수의 말에 감동의 물결이 밀려왔다. 불현듯 "조영식 학원장님이야말로 천자문에 소개된 우(禹)임금의 고사처럼 '척벽비보 촌음시경(尺璧非寶 寸陰是競)'의 정신으로 토막 시간도 아끼며 사신 분이다"라는 생각이 들었다. 도간(陶侃)이 한 이 말은 "한 자나 되는 큰 구슬보다도 촌각을 다퉈 학문과 수양에 힘쓰는 것이야말로 보배"라는 뜻이다.[20]

전광판에 '촌음시경' 글귀가 적혀 있는 엘리베이터에서 내려 밖으로 나오니 정원에서 울어대는 새소리가 새삼 거인 미원에 대한 향수를 일깨워 주는 듯했다.

제5장

새로운 천 년의 문을 연 경희대학교

　미원은 1997년 9월 1일 제16차 세계평화의 날 기념 학술세미나에서 '인류사회의 현실과 새로운 천 년을 위한 미래상'이라는 제목으로 기조연설을 했다. 이어 1998년 9월 24일 제17차 세계평화의날 기념 학술세미나에서 '지구공동사회 대헌장—새로운 천 년을 향한 인류사회의 대구상'을 발표하여 세계 각국의 지도자와 석학들 그리고 언론기관에 공표했다.

지구공동사회 대헌장

　오늘 우리 인류사회는 고도의 과학기술사회, 정보화 사회를 맞이하여 역사상 유례없는 최대한의 물질적 풍요를 구가하고 있다. 그러나 다른 한편으로 실용주의적 가치에 치중된 결과 도덕과 양심이 파괴되고 과학기술의 자기증식에 따른 인간성 소외와 인간부재의 비인간화 사회를 만들어 가고 있다.

또한 화생방 무기를 포함한 대량살상 무기의 개발과 실전 배치는 물론 개인적 이기주의, 집단적 배타주의 풍조의 만연과 각 집단 간 종교 간 인종 간 국가 간의 갈등은 인류의 평화와 공존번영을 심각하게 위협하고 있다. 이에 20세기를 마감하고 21세기, 아니 새로운 천 년을 바라보며 우리 인류의 역사를 재조명해야 할 이 역사적 시점에서 1998년 9월 24일 제17차 세계평화의 날 기념 국제학술회의에 모인 참가자 일동은 모두의 마음을 모아 다음과 같은 선언문을 채택할 것을 결의한다.

1. 우리 인류는 물질문명과 과학기술문명의 한계점에서 오는 인간소외, 인간경시의 비인간화 사회에서 탈피하여 인간이 물질과 역사문명의 주인이 되고 인간을 존중하는 인간 중심의 인간사회를 조속히 건설한다.

2. 우리 인류는 힘이 정의요 선이라고 하는 약육강식의 정글법칙에서 벗어나 인간이 인간답게 살 수 있는 문화세계 구현을 위해 문화사관에 입각한 문화규범, 즉 참된 인간의 가치관을 세운다.

3. 이제 배타적 국가주의 이념적 계급주의 시대는 가고 바야흐로 국제화 세계화를 지향하는 지구촌 시대를 맞이하고 있는 이때, 우리는 온 인류의 자유와 평등과 공영 그리고 대소국의 동등권과 공존을 보장하는 보편민주사회를 이룩한다.

4. 국제화·세계화·민주화·복지화 시대를 맞이하고 있는 인류는 지역 간의 대립에서 벗어나 지역협동사회를 이룩하고 더 나아가 Pax UN을 중심으로 지구공동사회를 만들어 세계 영구평화를 구현하고 인류의 문화복지사회를 이룩한다.

5. 또한 도덕과 인간성을 회복하고 화해와 협동의 사회를 이룩함으로써 사회평화 분위기를 조성하기 위한 네오르네상스운동에 앞장서서 인간적인 인간사회, 문화적인 복지사회, 보편적인 민주사회를 이루어 나갈 것을 엄숙히 결의한다.

'학문적 권위' 재건 : '실용지식' 중시를 반성하다

미원은 1999년 개교 50주년을 맞아 경희의 슬로건을 '새로운 천 년을 여는 경희'로 다시 정했다. 그는 '새천년기념탑' 준공식 연설에서 "이제 새로운 천 년을 맞아 우리가 추구해야 할 것은 인간의 삶을 풍요롭게 함과 동시에 인간다운 삶을 살도록 인류 화합과 평화의 바탕 위에 진리를 탐구하는 일이다"라고 선언했다.

전쟁과 갈등, 차별과 억압, 인간성 상실로 얼룩진 20세기를 마감하고 화해와 협력, 인간 존중의 문화복지가 구현되는 21세기를 경희대가 주도적으로 열어 가겠다는 의지를 세계 만방에 피력한 것이다. 이를 위해 경희가족 모두 자신에게 주어진 사명을 재확인하고 실천 의지를 다짐하자는 것이 네오르네상스운동이다.

미원은 2001년 9월 27일 서울에서 개최된 유엔 세계평화의 날 20주년 기념 학술세미나에서 '준비 없는 새천년 이대로 좋은가'라는 제목으로 강연한 후 인류공동사회 선언문을 채택하자고 제창했다. 이 선언문은 참가자들에 의해 만장일치로 채택되어 선포됐다.

인류공동사회 선언문

1. 새천년을 맞아 원대한 인류 이상, 당위적으로 요청되는 사회를 바라보며 국제화·민주화·정보화·인간화의 시대정신에 따라 아름답고 풍요롭고 보람 있는 사회를 이룩한다.

2. 물질만능, 과학기술 지상주의에서 오는 모든 부조리를 거두어 내고 인간 중심의 지식기반 사회를 이루어 인간적이고 인간사회 문화적인 복지사회를 이룩한다.

3. 인간의 역사문명의 주체로서 공존공영하며 자유와 평등을 함께 보장받는 진정한 민주주의, 보편적 민주사회를 이뤄 문화인답게 사는 사회를 이룩한다.

4. 약육강식의 자연규범에서 벗어나 인격적 인간으로 문화규범 사회를 이뤄 배타적 패권적 이기주의를 버리고 호혜협동하는 지구공동사회를 이룩한다.

5. 우리 인류는 밝은 내일을 기약하며 새천년의 역사적 소명을 안고 네오르네상스운동에 힘께 나서서 Pax Romana가 아닌 만국 주권에 의한 Pax UN의 영구 평화사회를 이룩한다.

2009년 5월 6일 경희대 국제캠퍼스에서 '지구적 존엄(Towards Global Eminence)'을 캐치프레이즈로 개교 60주년 기념식이 열렸다. 미원의 차남 조인원 총장은 이날 '고등교육을 통해 지구적 존엄을 구현한다'는 경희의 새 비전을 선포했다. 어제의 영광에 만족하지 않고 21세기 국내외를 대표하는 미래대학으로서 학술적 탁월성을 바탕으로 인류복지와 세계평화에 기여할 수 있어야 한다는 의지의 표현이었다.

조인원 총장은 이러한 꿈을 실현하기 위한 3대 목표이자 정책방향으로 ▲학문적 권위의 재건 ▲소통의 학문세계 ▲화합과 창조의 미래사회를 제시했다.

'학문적 권위'의 재건은 대학의 위기가 학문의 위기에서 시작된다는 점을 자각한 데 따른 것이다. 경희대도 오늘날 사회적 조류에 편승해 상아탑에 안주하거나 사회의 근시안적 요구에 따라 실용적 전문지식에 몰두하는 경향이 있지 않았는지 반성해 보자는 의미도 담겨 있다. 이를 통해 학술기관 본연의 모습을 되찾고, 이에 힘입어 사회 변화를 적극적으로 주도함으로써 평화와 상생의 지구공동사회 건설에 앞장서자는 다짐인 것이다.

평화와 복지 연구의 요람 평화복지대학원

'구원(久遠)한 인류의 이상'을 구현하는 역군 양성을 표방해 온 평화복지대학원(GIP, Graduate Institute of Peace Studies)의 설립은 인류가 함께 잘 살아가는 지구공동사회를 숙원해 온 미원의 오랜 사색의 산물이다. 경희대는 1983년 10월 29일 문교부로부터 '새로운 종합 문명사회 창조의 기수 양성'을 목적으로 교육기관 설립 인가를 받았다.

미원은 국제캠퍼스 건설 대역사를 마무리하고 1984년 경기도 남양주시 진접면에 국내 처음으로 전 과정을 영어로 강의하는 평화복지대학원을 세워 국제무대에서 활동할 인재를 양성했다. 석사과정인 이 대학원은 학과목 수업 외에도 기숙사 등에서의 일상생활도 영어로 진행하는 것이 원칙이다.

세계 각국 영재들을 대상으로 입학 원서를 받아 정예 요원을 선발하는 과정도 국내 첫 국제대학원 실험 모델을 도입한 독특한 발상이었다. 이를 위해 등록금과 기숙사 비용은 물론, 매달 용돈까지 전액 장학금을 주는 파격적인 조건이었다. 또 세계적으로 저명한 학자들을 초빙해 참다운 지도자 교육을 하는 특수대학원이라는 점도 국내외 학생들의 관심을 끌었다.

교육목표는 학기마다 5~10명을 선발해 인류문화 발전과 세계평화 건설에 기여할 수 있는 인재를 양성하는 것이었는데, 이를 위해 절대평가 방식으로 뽑다 보니 1987년 가을 제7기 입학생은 존 해밀턴(John Hamilton, 미국) 한 명에 불과했던 적도 있다. 미원이 학생 선발을 얼마나 신중하게 했는지를 보여 준 사례다. 영어와 논술시험을 거쳐 교수 전체 인터뷰 후에 미원이 2단계 집중 면접을 통해 학생을 선발한다.

평화복지대학원은 '교육목표'부터 남달랐다. 전인교육을 지향하는 학교임을 감안하더라도 학습방식이나 교육철학적 면에서 후발주자인 국내 다른 대학원들이 흉내 내기 어려운 부분이 적지 않다. 미원이 염두에 둔 교육목표는 ▲인간과 사회에 대한 성찰 연구 ▲종합적 사고력 배양 ▲대안적 세계질서의 실천적 모색 ▲ 평화지향적 인성 함양 등이다.

현대 문명은 과학과 기술의 획기적인 진보를 바탕으로 놀랄 만한 물질적 풍요를 이룩했지만 여전히 인간성 상실, 인간소외 등 심각한 문제를 안고 있다. 이러한 현대사회의 문제를 해결하기 위해 인간과 사회에 대한 성찰적 이해를 통한 주체의 재구성과 사회조직에 대한 새로운 패러다임 창출이 시급히 요구되는 만큼 인류문명의 본질과 인간 본성을 심도 있게 탐구해야 한다는 것이다.

'종합적 사고력'은 각종 분쟁과 인권, 환경 등 서로 복잡하게 얽혀 있는 전 지구적 문제 해결에 필수적이다. '전문성 추구'라는 기존의 부분적이고 단선적인 접근방법으론 현상 파악이나 이해가 어렵다는 점에서다. 이에 인문·자연·사회과학의 활발한 교류와 소통을 토대로 학제 간 연구를 수행하고 종합적 사고와 심층적 이해에 바탕을 둔 신개념과 분석틀을 모색하라는 것이 미원의 요구였다.

그는 또 이념과 분쟁으로 얼룩진 한 시대가 막을 내리며 세계질서가 급속히 변하고 있는 점을 통찰하면서 '대안적 세계질서'를 실천적으로 모색하도록 권면했다. 상호 교류와 협력의 흐름이 폭발적으로 증가하고 국경을 초월한 세계화 시대가 도래했지만 구시대적 경쟁주의와 패권주의에서 비롯된 긴장과 갈등도 여전한 만큼 이곳 학생들이 새로운 패러다임을 모색해 보라는 권고였다.

개방적 인재관 : 시류, 관행보다 인물 탐구 중시

미원은 세계평화와 문화복지 실현에 동참할 제자 양성과 교원 확보에 뜻을 두고 신입생 선발에 역점을 두었다. 필자가 평화복지대학원에 응시한 1987년 말의 경우도 학벌, 스펙 등을 중시하던 관행이나 규범에 얽매이지 않고 초야에 묻혀 있는 인재를 발굴하기 위해 노력했다. 합격생 중 소위 'SKY'로 불리는 명문대 출신들도 있지만 지방대나 대기업 서류 전형에 통과되기 어려운 대학 출신들도 적지 않았다.

이처럼 관성적인 사고에서 탈피한 개방적인 인재관은 미원이 남긴 주요 유산 중 하나로 경희학원의 구성원들에게 전해졌다. 백락처럼 천리마를 간별해 내는 안목(伯樂之顧)을 키우는 노력 외에 그 내면의 능력까지도 헤아리는 성정을 겸비해야 된다는 점을 온몸으로 보여 준 것이다.

또한 세계여행을 통해 체험한 주요 국가들의 교육시스템을 평화복지대학원에 본격적으로 도입해 실험제도(pilot project)로 운영했다고 볼 수 있다. 전공에 얽매이지 않는 통섭적인 학문 연구와 학습(교육방법론)을 씨줄로, '세계인(cosmopolitan)'의 안목을 갖춘 인재 선발과 양성(교육자, 학생)을 날줄로 세계평화와 문화복지의 이상 실현에 앞장설 지도자 양성 프로젝트를 가동한 것이다. 국가와 민족 간 전쟁을 예방하고 다양한 분쟁을 해소함으로써 평화가 정착될 수 있고, 이를 토대로 문화세계 창조와 환경보호 등 지구 문제 해결에 적극적으로 나설 수 있다고 본 것이다.

삼봉리 묘역을 찾은 일본 유학생 미우라 히로키(서울대 사회혁신 교육연구센터 수석연구원)는 미원이 1975년에 펴낸 『인류사회의 재건』을 예로 들며 미원을 '위대한 교육자이자 사상가'라고 평가하면서 평화복지대학과의 인연을 일생의 큰 행운이라고 했다. 그는 2020년 9월 동문회 주최로 연 미원 사상 세미나에서도 "한국인으로서 지역적 시야를 떠나 지구와 인류의 종말을 방지하기 위해 심각하게 파괴된 인류사회를 재건하자고 촉구한 세계인의 시각"에 주목했다. 아울러 문제 제기에 그치지 않고 해결 방안으로 '인간성 회복' 지침까지 제시한 것은 탁견이라고 덧붙였다.

2014년도 입학생인 우크라이나 출신 알리나 쉬만스카(서울대 국제대학원 박사과정)를 포함한 동문 다수는 "우물 안 개구리적 사고를 지구촌 전 분야로 확장하고 지구인으로서 안목을 키워 나갈 수 있었던 점"을 평화복지대학원 교육의 주요 특장점으로 꼽았다.

필자는 오랜 국제부 기자 경력을 내세워 국제통으로 자처해 왔으나 알리나에게서 처음 '비셰그라드(Visegrad) 그룹'에 대해 들었고, 미·러 우주 경쟁의 현주소도 알게 됐다. 비셰그라드 그룹이란 체코, 슬로바키아, 폴란드, 헝가리 4개국의 지역협력기구로 중부 유럽의 옛 소련 블록 동구권 국가들의 일원으로 냉전 후 각각 사회주의에서 민주주의와 시장경제체제로 전환했다. V4로 불리는 4개국은 2004년 EU에 가입했다.

미원은 자신의 신념과 이상을 좇을 때는 용맹정진의 자세로 거침이 없다가도 아들이나 손자뻘 학생들을 마주할 때는 자상한 아버지요 인자한 할아버지 모습이었다. 특강 때나 세미나 강평 시간에 수시로 학생이나 교수들에게 질문하는 것을 좋아했던 그는 "답변이 선뜻 떠오르지 않는다"면서 정답을 알려 달라던 학생 R군에게 "문제를 낸 내게 답까지 알려 달라고 하는 건 아니지 않아? 평화복지대학원 학생이라면 능히 며칠 밤을 새워서라도 답을 찾아내야지"라고 일깨워 주면서도 시종 웃음을 잃지 않았다.

평화복지대학원에 둥지 튼 뉴턴 사과나무

켄트의 꽃(Flower of Kent). 1687년 아이작 뉴턴에게 만유인력의 원리를 깨우쳐 준 사과나무 품종 이름이다. 원산지는 영국 링컨셔 주 울즈소프다. 뉴턴의 눈앞에서 분신을 땅에 떨어뜨림으로써 영감을 준 사과나무의 후손 2본이 평화복지대학원 동산에 뿌리를 내렸음을 아는 사람은 많지 않다.

평화복지대학원은 깊은 사색을 통해 대자연의 원리를 깨우친 미원이 지구공동사회 건설을 위해 세운 평화의전당이라는 점에서 뉴턴 사과나무의 식재 의미가 크다. 국내 유일의 뉴턴 사과나무 보유기관이었던 부산상업고등학교(舊 개성고)는 평생 세계평화와 인류사회재건운동에 진력했던 미원의 헌신적인 노력과 건학 이념을 기리기 위해 2본을 기증했다.

부산상고 동창회는 개교 100주년을 앞둔 1988년 3월 재일동문회로부터 아키타 현에 뉴턴 사과나무가 있다는 얘기를 듣고 사과나무도입추진위원회를 구성했다. 이어 동창회장 명의로 아키타 현 지사 앞으로 분양 요청 공문을 보냈다. 교지 편찬위원장이었던 고 이원수 화백[21]과 재일동문회의 노력으로 사과나무 후손 2본이 국내에 처음 반입됐다.[22] 당시 일본 언론은 '일본 내 유일한 뉴턴 사과나무 후손, 한국에 기증' 등으로 대서특필했다.

'평화복지대학원 뉴턴동산' 조성 과정에 조인원 총장과 동문들의 숨은 노력이 있었다. 조 총장은 사과나무 기증 의사를 전해 듣고 꼭 성사시키도록 독려했고, 식재 기념행사에 참석해 기념사를, 마틴 유든(Martin UDEN) 주한 영국대사는 축사를 했다. 김운호 경희대 대외교류처장과 권기붕 원장 등 행사 준비를 맡은 행정실 직원들의 노고도 컸다.

뉴턴 사과나무 후손이 평화복지대학원 동산에 들어선 계기는 2007년 여름 필자가 이 화백이 들려준 "국내 유일의 뉴턴 사과나무" 얘기를 동문회 집행부에 보고했고, 회장단의 요청에 따라 부산상고에 기증 가능성을 타진한 것이다. 집행부는 이듬해 1월 초 오정명 여사 초청 신년 하례식에서 '뉴턴 사과나무 기증 요청' 사실을 보고했다.

성사 여부의 키를 쥔 고 이원수 화백의 마음을 움직인 것은 미원이 전쟁 중에 대학을 인수해 교육입국의 비전을 실천한 점이었다. 그는 미원이 3년째 투병 중인 것을 안타까워하며 "일생을 인류공영을 위해 헌신하셨는데 쾌유를 위해서라도 꼭 성사시키겠다"고 약속했다. 동문들도 "뉴튼 사과나무가 경희동산에 오게 되면 조영식 학원장님에게 큰 마음의 선물이 되겠지요"라고 화답했다. 이 화백이 모교를 방문해 이런 메시지를 전달하고 묘목 분양을 요청하자 조재성 부산상고 교장도 교육자로서 미원이 한국의 대학교육과 사회 발전에 끼친 큰 업적을 알고 있다며 흔쾌히 동의했다고 한다.

　사과나무 기증 절차는 한때 난항을 겪기도 했다. 일부 동문들이 학교 측에 "KAIST도 끈질기게 분양 요청을 해 이 나무를 받아 갔는데 관리 소홀로 모두 죽었다"면서 묘목 이식 과정의 어려움을 지적했다. '희소가치' 문제를 들어 반대한 동문도 있었다고 한다. 조재성 교장과 이 화백은 미원이 우리 국민과 나라, 세계 발전을 위해 헌신해 온 인물임을 설명하면서 간곡히 설득, 동문회의 지지를 얻었다고 한다.

　필자는 이 화백을 만나 정식 교섭에 나섰다. 최창원 동문회 총무(전 국립동티모르대학교 교수)는 3월 20일 "묘목 이식 시기가 됐으니 작업반을 보내 달라"는 연락을 받고 21일 경희대 본교 나무 전문가와 부산에 가서 묘목을 공수해 왔다. 권기붕 평화복지대학원장은 이날 저녁 학생, 교직원과 함께 '뉴턴 사과나무 무사 안착' 축하 행사를 가졌고, 사흘 뒤인 3월 24일 교정에 식수되었다.

'목련어머니회'와 오정명 여사의 유언

1984년에 문을 연 평화복지대학원의 자랑 중 하나는 '목련어머니회'라는 후견인제도다. 이 모임의 중심에는 늘 카리스마와 멋진 리더십으로 학생들을 놀라게 해 주신 오정명 여사가 계셨다. '큰어머님'으로 불리는 오 여사의 주도로 회원 30여 명이 대학원생과 입학 때부터 일 대 일 모자 모녀 결연을 맺어 졸업 때까지 물심양면으로 지원해 주는 제도다. 목련어머니들을 통해 매그놀리아(목련꽃)라는 영어 단어가 주는 의미도, 목련꽃의 화사함과 그 곱고 청초한 이미지도 이곳에서 배우고 깨달았다.

오 여사는 미원과 함께, 또는 목련어머니들과 광릉캠퍼스를 자주 찾아 학생들을 격려했다. 수요특강이나 목요토론회 등에 참석해서도 끝까지 자리를 지키며 학자와 학생들의 발표와 토론 과정을 지켜보았다.

미원이 2004년 뇌출혈로 쓰러진 후에도 매년 1월 초 동문과 재학생들을 경희대 공관으로 불러 조랭이떡국, 온면, 평양 왕만두 등을 대접했다. 그리고 타계 한 달 전인 2008년 4월에도 동문회 간부단을 공관으로 초대해 환담을 나눴다.

그때 오 여사는 동문들에게 몇 가지 당부를 했다. "인간으로서 기본을 잊지 말자"는 것과 "학원장님이 평화복지대학원을 설립한 뜻을 잊지 말아 달라. 학원장님이 그 어려운 가운데서도 전액 장학생제도로 운영하며 여러분에게 전하고자 하신 뜻이 어디에 있는지 헤아려 달라"는 것이었다.

오 여사가 동문들에게 비장한 심정으로 이런 말씀을 들려준 까닭은 무엇일까? 인류평화와 문화복리, 종합 문명사회의 이상과 비전 실현을 목표로 첫 삽을 뜬 이 학교의 지구공동사회 건설 행진이 미원 사후에 급격히 흔들려 왔다는 염려 때문이 아니었을까.

가족과 측근들의 만류에도 남편 병실로 거처를 옮겨 4년여 간 간병해 온 오 여사가 이날 나지막하게 들려준 이 말씀은 참석자들의 눈물샘을 자극했다.

> "학원장님(미원)이 자주 말씀하셨지만, 평화복지대학원 학생들(졸업생, 재학생)이라면 어디에 있든지 늘 세계평화를 실현하고 건강하고 밝은 사회를 만들어 가는 데 앞장서 주길 바래요. 학원장님이 그동안 몸도 돌보지 않으면서 달려온 길인데… 이제 여러분이 기관차 역할을 해 줬으면 해요. 여러분과 본교, 국제캠퍼스 학생들이 경희의 창학정신을 이어갈 수 있으면 좋겠어요. 이를 위해 제자들과 동료 교수들도 힘써 주기를 바랍니다."

안타깝게도 참석자 누구도 이날이 오 여사와의 마지막 만남이요 최후의 당부 말씀인 줄 몰랐다.

전기를 쓰면서 당시 수첩에 메모해 둔 말씀을 살펴보던 중 이 유언의 수신 대상이 평화복지대학원 학생만이 아닌 교수와 교직원 등 경희가족 모두일 수도 있겠다는 생각이 들었다.

동서협진센터와 제3의학

1971년 10월 5일 '겨레와 인류의 보건 향상'을 기치로 내건 경희의료원 개원식이 열렸다. 이날 김종필 국무총리와 민복기 대법원장, 박대선 연세대학교 총장, 백낙준 교수(전 연세대 총장), 이병철 삼성그룹 회장 등이 참석해 축하해 주었다.

미원은 개원식 축사에서 "국제 수준의 동서의학 치료시설을 함께 갖춘 최신 의료원을 국가와 국민에게 헌납하는 영광을 갖게되었다"고 말했다. 김종필 총리는 "경희대가 창학의 뜻을 편 지 22년 만에 의과. 치과. 한의과를 포함한 동양 최대의 종합의료원을 개원하게 됐다"고 축하했다. 한격부 대한의사협회장은 "현대의학과 동양 고대의 한방의학을 함께 연구함으로써 양방에 한방을 가미한 새로운 의학기술의 개발에 큰 발전이 있을 것으로 기대된다"고 축원했다.

경희대는 1966년 의과대학과 한의과대학을 설립하고 의료원 내에 부속병원과 치과병원, 한방병원을 개설했다. 양한방 복합진료시스템으로 동서의학을 갖춘 의료원은 경희대가 처음이었다. 진료뿐 아니라 개원 당시부터 동서의학연구소를 설립해 동서의학 연구에 많은 정성을 기울였다.

'제3의학', '신의학'의 창출은 의료원 기초공사를 착공하던 1965년부터 시도된 것으로 식민지 시대부터 한방을 말살하려던 정책이 지속되고 있던 시점에 설립자의 선각자적 결정이 있었기에 가능했다. 그럼에도 '제3의학의 창출'은 국내외 양한방 당사자들의 이해

관계로 순탄한 행보를 보이지 못했다. 1972년 의료원에서 침술 마취에 의한 충수절제수술이 시도된 이래 90년대 중반에 들어서야 겨우 산후보양클리닉, 정형외과 입원환자 방문 진료 등이 이뤄졌고, 부분적으로 침구와 마취, 침술과 치과 등에서 협진이 시도되었다.

그러던 중 1995년 1월 국내 최초로 양한방 협진 동서종합검진 센터 개소식이 본관 2층에서 열렸다. 서양의학적 검진(건강진단) 항목에 사상체질 검사 등 한의학적 항목을 추가, 한층 정교하게 검진자의 질병을 발견할 수 있게 특화시킨 것이다.

1998년 5월에는 동서신장병센터 개소식이 있었다. 신장질환은 치료하기 힘든 고질병으로 서양의학에서는 이식수술 외에 약물치료는 부작용을 유발하고 쉽게 재발하는 까다로운 치료였다. 한의학에서는 부작용은 거의 없으나 치료율이 낮은 단점이 있었다. 이런 상황에서 협진을 통해 우수한 치료 결과가 나타났고, 재발과 부작용이 현저히 감소했다.

의료원은 한방과 양방을 오가며 이중 진료 신청을 해야 하는 불편을 덜어주기 위해 환자 한 명에 양한방 의사 두 명이 동시에 진료를 보는 체제로 획기적인 전환을 했다. 이러한 독특한 진료 방식은 세계 의료사에도 기록될 만한 것이다. 그리고 1999년 8월 기존의 연구 성과를 토대로 진료실에서 실질적인 양한방 협진을 실시하는 동서협진센터(East-West Medical Center)가 문을 열었다. 경희의료원이 '제3의학 창조'의 씨를 뿌리고 국민보건 향상과 인류 사회 문명의 발전을 기치로 헌신적인 노력을 기울인 지 30여 년 만에 거둔 결실이다. 이에 고무되어 동서암(중풍, 노인병, 척추, 관절, 류머티스)센터 등이 속속 개설됨에 따라 이들을 종합한 동서협진센터가 탄생한 것이다. 2000년 5월에는 총 18개 진료과목이 개설되었다.

양의학과 한의학을 접목시켜 새로운 의학을 창조한다는 의미의 '제3의학'이라는 신조어도 미원의 머릿속에서 나왔다. 박양원 전 경희의료원장은 이를 "인류 공통의 적인 질병을 제3의학을 통해 영원히 예방하고 몰아내기 위한 새로운 의학을 개척하고자 하는 경희의 염원"으로 풀이했다. 해군 초대 의무감과 보사부 의정국장을 지낸 박 전 원장은 또 세계 의학계에서 늘 팽팽하게 대립되어 온 동서의학의 조화와 발전을 위한 일대 혁신운동이라는 의미도 부여했다. 아울러 동서의학의료원의 탄생을 '세계 의료사에 남을 불멸의 성과'라고 자평했다.

무마취 수술 : 현대판 관우 팔뚝 수술

약물로 마취하지 않은 채 몸에 칼을 댈 수 있을까?

나관중의 소설 『삼국지연의』 한 장면을 먼저 살펴보자. 관우는 독화살을 맞은 오른팔을 신의(神醫)로 통하던 화타(華佗)에게 수술을 하도록 내주고 참모와 바둑을 몇 판 두었다. 초인적 영웅의 기개를 그려내는 소설 속 서사 구조를 갖춘 드라마틱한 이야기에 불과할 수 있다. 하지만 관우에게는 하얗게 낯빛이 변한 채 지켜보는 휘하 장수들의 경외하는 표정이나 뼛속까지 스며든 독을 태연히 칼로 박박 긁어대는 화타에 대한 믿음, 바둑 상대인 마량(馬良)이 피워 내는 재담 섞인 이야기꽃, 경탄을 자아내게 하는 반상 위의 현묘한 포석들이 일차적인 마취제 역할을 했을 것이다.

아울러 '무마취 수술'이 소설 속 소재로 등장한 것은 당시 화타가 수술 집도에 영향을 받지 않을 정도로 환자를 안정시킬 수 있는 마취 침술에 정통했을 수 있다는 추론도 해 본다. 화타가 강철 같은 대장부 관우나 극심한 만성 두통에 시달리던 조조를 상대로 무마취 외과수술을 제안할 만큼 무모하지 않았을 것 같다. 냉혈한으로 대업을 명목으로 손쉽게 살인을 일삼았던 조조가 두개골 절개수술을 건의한 화타를 죽이지 않았더라면 무마취 수술이 2천 년 전에 이미 세상에 전해져 한층 발전할 수 있었을 것이라는 상상도 해 본다.

1971년 경희의료원 개원 이래 동서의학을 접목한 제3의학 등 세계 최초의 기록들이 끊이지 않았다. 이 중에서도 압권은 1972년 9월 침구과 류근철 교수팀이 침술 마취를 이용한 맹장수술을 세계 최초로 성공시킨 것이다. 경희의료원 개원 일 년 만에 세계 의학계의 주목 속에 올린 멋진 개가였다.

이듬해에는 침술 마취로 이를 뽑는 발치술도 선보였고, 3년 뒤에는 같은 방식으로 제왕절개수술도 성공해 반향을 일으켰다. 경희대 한방병원과 양한방 의료진이 함께 진료하는 동서협진센터 등이 보여 준 치료 성과와 해당 기관들의 부단한 노력 덕분에 국제 의학계의 주목을 끌었던 것이다.

1987년에는 세계보건기구(WHO)가 경희대 한방병원을 전통의학연구협력센터로 지정했고, 2004년에는 세계적인 의과대학 미국 존스홉킨스대와 한의학 분야 학술교류협정을 체결했다. 2012년에는 경희대한방병원 연구진과 한국한의학연구원, 중국중의과학원 등 연구진이 공동으로 알레르기 비염에 침 치료가 과학적 효능이 있음을 입증했다. 알레르기 비염환자 238명을 대상으로 임상시험을 한 결과 침 치료를 받은 환자들이 코막힘이나 콧물 증상은 36.4%, 눈 가려움이나 두통 등 증상은 29.8%, 수면장애나 감정 등 삶의 질이 37.4% 개선된 것으로 나타났다고 국내 언론이 보도한 바 있다.

7년 만에 완성한 『동양의학대백과사전』

경희대는 개교 50주년 기념사업 중 하나로 동양의학 분야 대백과사전을 기획, 1992년부터 7년 간 작업 끝에 1999년 12권으로 된 『동양의학대백과사전』을 발간했다. 사전을 비교할 때 쓰는 표제어를 기준으로 52,500여 항목으로 1921년 중국 상무인서관에서 펴낸 4권으로 된 『중국의학대사전』(36,329항목)의 약 1.5배이며 분량으로는 두 배 수준이다.

박찬국 교수를 비롯한 경희대 한의과 교수 56명이 18년 동안 각고의 노력 끝에 집대성한 세계 최대 동양의학대백과사전이다. 이 사전의 특색 중 하나는 기존의 동양의학사전들과 달리 용어사전의 한계를 벗어나 경혈도와 시술장면, 약재 등에 대한 사진과 그림까지 망라함으로써 백과사전의 면모를 갖췄다는 평가를 받았다.

한중일 3국의 전통의학 외에 위구르, 티베트, 몽골, 동족(侗族), 인도 등지의 의학 영역도 포함시켰으며, 아프리카의 고유 약재까지 다루었다. 특히 이 사전은 시각자료로써 의학사와 관련된 유물, 고대 의서, 주요 의학자의 사진, 고대 의서 속의 경혈도, 의료기구, 시술장면 등의 삽도, 본초, 약재 사진, 병증 사진, 기공도, 양생도 등과 이에 대한 설명도 포함하고 있어 세계 최고의 백과사전으로 손색이 없었다.

이는 집필자들이 『동의보감』, 『동의수세보원』, 『의방유취』, 『한약집성방』 등 국내에서 편찬된 한의학 관련 서적과 『황제내경』 등 중의학 관련 서적과 사전 등 방대한 자료들을 활용한 덕분이다. 이에 앞서 1982년 9월 한의학고전연구소(소장 홍원식)가 한글 한의학사전의 필요성을 절감하고 박 교수를 중심으로 교수 2명과 한의사 3명으로 사전편찬위원회를 구성했는데, 당시만 해도 『중의대사전』의 일부를 번역하는 작업이었다.

첫 번째 작품은 3년 후인 1985년 9월 『한의학대사전－의사문헌편』으로 열매를 맺었다. 이후 『부인소아편』(1987. 9), 『기초이론편』(1989. 6)을 차례로 간행했다. 그러던 중 1992년 9월 발간 소식을 전해 들은 미원이 그동안의 작업을 보완해 대사전으로 편찬하도록 지시해 한의과대학에 사전편찬실이 마련됐고, 1994년 8월 사전간행위원회를 발족해 분야별로 집필진을 구성했다.

1998년 5월에는 부총장을 위원장으로 동양의학대사전 간행위원회가 다시 꾸려졌고, 한의과대학에 사전편찬실을 설치해 박 교수를 중심으로 본격적인 작업에 들어갔다. 박 교수팀은 휴일도 퇴근시간도 잊은 채 1년 2개월 동안 편찬에 진력한 것으로 전해졌다. 이 과정에서 조교 20여 명과 한의과 재학생 130여 명도 자료정리와 교열작업에 동참했으며 경원대, 동의대, 상지대, 세명대 등 타 대학 한의과 교수들도 집필에 참여했다. 사전 편찬에 투입된 자금만 30억 원이 넘는다.

국내외 석학 350명의 땀이 서린 『세계평화대백과사전』

미원은 1983년 평화복지대학원을 설립하는 과정에서 국내외 어느 곳에도 평화 분야에 대한 사전이 없다는 사실을 알게 됐다. 이후 평화백과사전 편찬을 결정하고 교내 국제평화연구소 주도로 간행준비위원회를 조직했다. 40여 개국 석학 350여 명을 집필진으로 구성하고, 세계식량기구(WFO)와 유네스코(UNESCO, 유엔 국제문화교육기구) 등 100여 개의 국제기구 관계자들도 간행작업에 참여했다.

국제평화연구소는 최근의 평화이론과 철학, 노벨평화상 수상 논문, 또 지금까지 체결된 각종 평화조약 등 평화에 관한 방대한 자료를 집대성하는 등 4년 간의 노력 끝에 1986년 영국 유수의 출판사 페르가몬 프레스에서 영문판『세계평화대백과사전』초판(전4권 각 600쪽)을 세계 최초로 펴냈다. 훗날 6권으로 재간행되었다.

백과사전의 주요 구성을 보면 1,2권에는 평화이론과 철학, 현존하는 평화문제, 전쟁과 전략이론, 고대로부터 현재에 이르는 평화이론가 연구 등 18개 항목이 담겨 있다. 이 중에서도 여성해방과 인권, 사회정의 문제 등도 평화의 개념에 비춰 이론과 실상을 소개한 것은 특기할 만한 내용으로 학계의 주목을 끌었다. 제3권에는 베르사유조약을 비롯해 1870년부터 현재까지 체결된 70여 개의 평화조약과 평화운동 연표, 역대 노벨평화상 수상자들의 논문을 일목요연하게 소개했다. 제4권은 참고문헌과 각종 저널 및 주요 연구기관이 정리되어 있어 체계적인 평화문제 연구에 도움을 주었다.

주요 편집위원에는 편집장 미원을 비롯해 카라조 박사(전 코스타리카 대통령), 두킹케 유엔사무차장, 로마클럽의 킹 박사, 영국 브래포드대학의 오코널 박사 등이 포진해 있다. 국제평화연구소는『세계평화대백과사전』의 간행 의미에 대해 "1517년 에라스무스가 쓴『평화의 불평』이 나온 이래 관념론적인 평화론을 실체화한 것"이라고 설명했다.

뒤이어 미원은 '평화의 기도', '평화의 노래', '평화여 나 그대만을', '평화만이 살길이다', '평화의 새 아침' 등 5개 부분으로 구성된 교성곡 '평화칸타타'(김동진 작곡)를 작시했다. 이 중 교성곡의 서두 '평화의 기도'를 소개한다.

평화의 기도

자애로운신 하나님
이 세상 인간들을 긍휼히
여겨 주옵소서

태초에
천지창조 하시며
이르신 말씀대로
생육하고 번성하는 땅으로 일구어
끝없게 하소서

사람마다 화락의 축복을
온누리에 충만하게 하소서

자비로우신 하나님
온 인류 세계에
평화여
영원토록 머물라 일러 주소서

사람마다 마음속에 사랑을
집집마다 동리마다 화목을
나라마다 대륙마다 평화를

온 인류 우리 세계에
평화의 종 울려 주소서

이것이 우리의
최후의 호소입니다.
이것이 우리의
마지막 간원입니다
하늘엔 무궁한 영광
땅위엔 영원한 평화
이 우주 삼라만상
다 하도록
온 인류에게
길이길이 축복 내려 주옵소서

1 이 시는 미국 페얼리디킨슨대학교 도널드 허드만 교육대학장(훗날 총장)이 제4차
세계대학총장회 총회(1975. 11. 미국 보스턴)에서 미원에게 헌정한 시다.

2 하늘의 도(道)는 옳은 것인가, 그른 것인가(天道是耶非耶). 사마천의 『사기』 백이
숙제 열전(伯叔列傳)에 보인다.

3 빙탄불상용(氷炭不相容), 즉 얼음과 숯의 성질이 정반대여서 서로 용납하지 못한
다는 것으로 사물이 서로 화합하기 어려움을 뜻한다.

4 왕필, 『주역 왕필주』(임채우 옮김), 길, 1998, p.588

5 주리생성론은 미원의 사상 중 가장 난해한 부분으로 꼽힌다. 미원 연구가들의 자
문을 받았다.

6 배태영, '대학 칠웅(七雄)을 이룩한 경희의 장왕(莊王)'. 2022년 6월 편집위원회 위
원들이 배태영 전 경희대 부총장과 전화 통화 후 30년 전 정년 퇴임식(1993. 8.
27)에서 발표한 내용을 전달받았다.

7 현재 시가로 환산하면 약 231억 원. 융자금에 대한 자료마다 '1,500만 원'(경희 30
년사)과 '1,500만 환'(경희 50년사)으로 다르게 표기돼 있다. 화폐개혁 자료(한국은
행 홈페이지 홍보교육자료)에 따르면 화폐단위가 1953년 2월 17일 이후 원(圓)에
서 환(圜)으로 변경(100원→1환). 6·25전쟁 중인 1950년 8월에도 불법으로 발행
된 화폐의 남발 등을 막기 위한 화폐개혁이 단행되었다. 이후 1962년 6월 10일
'환'에서 '원'으로 재변경.

8 8만 환과 3억5천만 환은 현재 화폐가치로 각각 약 20억 원과 7천억 원이다.

9 중국 황허 강 상류의 험한 계곡은 늘 급류가 소용돌이쳐 보통 물고기들은 올라
가지 못한다. 하지만 갖은 노력 끝에 급류를 뚫고 올라가면 용이 될 수 있는 문
이라고 하여 등용문(登龍門)이란 말이 나왔다. 『후한서(後漢書)』 이응전(李膺傳).

10 1962년 대만 최초 사립대학 중국문화대학을 창립한 인물이다.

11 『과학과 기술』(2017년 4월호, p.15). 김기형 박사는 훗날 과학기술처 설립을 주
도하고 초대 장관을 지냈다. 이후 경희대 공과대학 교수로 후학을 양성하면서 인
류사회재건연구원 초대 원장직도 역임했다.

12 중국 후난성의 명승지 둥팅호(洞庭湖). 흔히 광활한 모습을 설명할 때 '동정호 칠
백리' 식으로 표현하기도 한다.

13 박은지, 경희대 커뮤니케이션센터(2020. 5. 13).

14 고 홍승만 변호사 사무실에서 20여 년간 사무장으로 재직한 홍승걸 씨의 증언.
필자가 홍씨에게 우연히 미원 전기 작업에 대해 얘기했다가 이런 사실을 전해 들었다.

15 사도(使徒)는 거룩한 일을 위해 헌신하는 사람을 뜻한다. 훗날 미원은 전쟁 없는

평화를 역설하고 실천운동을 주도하면서 세계 주요 국가 지도자들로부터 '평화의 사도'라는 호칭을 듣게 된다.

16 카오스(chaos)는 우주가 생겨나기 이전의 원시적인, 즉 혼돈이나 무질서 상태를, 코스모스(cosmos)는 이와 반대로 질서와 조화를 지니고 있는 우주 또는 세계를 뜻한다.

17 중앙일보(2013. 2. 23) 윤석만 기자의 기사 내용에서 발췌.

18 『논어』 위령공편 8~2장의 "나는 하나의 도리로 꿰뚫었다(日子一以貫之)" 부분 참고.

19 한국 최초 달 탐사선 '다누리'(KPLO, Korea Pathfinder Lunar Orbiter)가 2022년 8월 5일 오전 8시 8분(한국시간) 미국 플로리다 주 케이프커내버럴 우주군 기지에서 스페이스X사의 팰컨9 발사체에 실려 발사됐다. 이 장면을 지켜보면서 필자의 주목을 끈 것 중 하나는 경희대 연구원들이 제작한 자기장측정기가 이 탐사선에 탑재된 것이다. 다누리에는 이밖에 고해상도카메라(항공우주연구원), 광시야편광카메라(한국천문연구원), 감마선분광기(한국지질자원연구원), 우주인터넷(한국전자통신연구원) 등 총 5종의 탑재체와 미국항공우주국(NASA)이 개발한 '섀도우캠'이 실렸는데 경희대가 한국 우주개발 역사의 한 페이지를 여는 데 일익을 담당한 것이다.

20 『진서 도간전(晉書 陶侃傳)』에는 중국 하(夏)나라를 건국한 우 임금이 책읽기를 좋아한 나머지 햇빛이 들어올 때는 창 앞에서 햇빛이 한 치쯤 옮겨 가는 것도 아꼈다는 고사가 전해진다. 우리 선조들 중에도 자칭 '책읽는 바보(看書痴)'였던 실학자 이덕무(李德懋)도 창가에서 독서를 할 때 동서로 옮겨 가는 햇빛을 따라다니며 책을 읽었다고 전해진다.

21 고 이원수 화백은 『코주부 삼국지』의 저자 고 김용환 만화가의 '코주부 2대 제자'로, 수년 전 타계하기까지 뉴욕 타임스에 신디케이티드 시사 카툰을 기고했다.

22 부산상고는 이식된 뉴턴 사과나무가 노령화되어 자가증식이 필요하다고 판단해 2007년 3월 경북 의성군 소보면 소재 농촌진흥청 산하 사과나무 시험소에 해당 사과나무 가지를 전재해 묘목 증식을 의뢰할 정도로 나무 관리에 정성을 쏟았다고 한다.

제3부

인류사회 재건과
평화운동 전개하다

"창조를 위하여 자유는 전제(前提)되어야 하며
자유에서 빛과 가치는 소생되어야 한다."
미원 조영식

코피 아난 유엔사무총장 축하 메시지
 - 세계평화에 대한 혁신적 추구

2002년 서울국제평화회의에 즈음하여 경희대학교와 조영식 학원장님께 깊은 감사와 존경을 표합니다. 학원장님께서 유엔을 통해 줄기차게 그리고 헌신적으로 세계평화를 추구함으로써 대한민국은 많은 우방들로부터 친구들을 얻을 수 있었습니다.

오늘로 제16주년을 맞는 세계평화의 해와 제21주년을 맞는 세계평화의 날을 제정하기 위해 학원장님께서 큰 지도력을 발휘하셨습니다. 현재 우리가 살아가고 있는 이 복잡하고 힘든 시대에 있어 국제평화와 이해 증진을 위해 지대한 공헌을 하신 것입니다.

학원장님은 유엔 평화사도의 화신이며, 우리 모두는 학원장님의 업적을 높이 평가하고 있습니다. 유엔의 창립 목적과 원칙에 부합되는 내용으로 학원장님이 부단히 공헌하고 기여하신 부분은 2002년 서울국제평화회의를 통해 다시 한 번 증명될 것입니다. 이에 유엔의 모든 관계자들은 이번 서울회의와 학원장님께서 하시는 모든 일들이 큰 성공을 거두기를 진심으로 기원합니다.

2002년 7월 1일
코피 아난 유엔사무총장

제1장

인류사회의 재건

지행합일의 실천주의적 사상가

문화세계는 민족국가의 단위를 넘어선 대안정치체제의 이상 속에 탄생한 개념으로 각국과 민족 간 상호 호혜적 관계를 설정하는 것이다. 이는 또 인류에게 부과된 진정한 과업이며 다양한 문화는 있는 그대로 존중받고 그 가치를 인정받아야 그대로 유지될 수 있다.

미원은 국내외 지성계로부터 실천적 사상가로 불려왔다. 또한 학문적 연구와 사색을 통해 체득하고 정립한 철학과 사상 등을 이론서로만 내놓지 않고 세계 방방곡곡을 순방, 여론 주도층을 상대로 이론과 생각을 전파하면서 실천으로 옮기려고 부단히 노력해 왔다.

중국 랴오닝대학교 철학과 소효광 교수는 "미원은 각종 이론을 정립한 데 그치지 않고 실천 가능한 항목을 찾아내 행동으로 옮긴 실천주의적 사상가"라고 평가했다. 소 교수는 미원의 '문화철학'에 대해 "현대성의 문제점에 대해 반복적으로 사색했고 부단히 비판하면서 점진적으로 발전, 성숙된 것이어서 주목된다"고 말했다. 그러면서 미원이 현대사회의 5대 위기 극복을 위해 건전사회운동, 잘살기운동, 자연애호운동, 인간복권운동, 세계평화운동을 직접 발의했고 세계적으로 확산시킨 것은 동양철학의 지행합일 중 '실제적으로 행함'의 집중적인 체험이라고 설명했다.

실천적 사상가로서 미원의 면모는 경희의 교육철학에 잘 나타나 있다. 대학은 교육과 연구를 담당하는 학술기관이다. 그러나 미원은 봉사를 통한 사회적 책임과 실천도 그에 못지않게 중요한 대학의 사명이라고 생각했다. 교육, 연구, 실천의 창조적 결합은 보릿고개 시절인 1950년대 전 국민 대상의 잘살기운동으로 이미 확립된 경희의 오랜 전통이다.

보릿고개는 묵은 곡식을 다 먹고 햇보리는 채 여물지 않아 하루하루 연명조차 힘들던 농촌의 식량 사정을 웅변해 주는 상징어다. 6·25전쟁이 휴전으로 일단락됐지만 전쟁의 폐허 속에 국민 절대 다수는 생존 자체의 위협을 받을 만큼 빈곤에 허덕였다. 이런 상황에서 정치 선진화와 경제·사회·문화 발전과 미래에 대한 비전을 세운다는 것은 상상하기 어렵다. 27세 청년으로서 '민주주의 자유론'에 이어 '문화세계의 창조'로 집약되는 원대하고 심오한 사상을 체계화하고 이를 실천 가능한 이론으로 만들어 낸 것은 그가 무실역행의 사상가였음을 보여 주는 것이다.

'문화세계의 창조'라는 비전을 세운 미원은 대학생 봉사단을 농촌에 보내 소득증대 방안을 모색하는 등 계몽운동과 함께 문맹퇴치운동에도 주력했다. 문자 해득률이 낮은 사회에서 문화의 축적과 전파는 생각할 수 없었기 때문이다. 정전협정(1953. 7. 23) 당시 우리나라 1인당 국민총생산(GNP)은 67달러로 세계 최빈국 중 하나였고, 문맹률도 70%를 넘었다. 당시 한국을 방문한 유엔 조사단은 "금세기 내에 경제적 자립이 불가능하다"고 보고할 정도로 우리 상황은 비참하기 이를 데 없었다.

미원은 가난과 무지에서 국민을 해방시키기 위해 경희를 '의식혁명'과 '생활혁명'의 전진기지로 삼고 1956년부터 교직원과 재학생, 졸업생들과 함께 방학을 이용해 농촌계몽운동을 펼쳤다.

한국은행 통계를 보면, 1958년 우리나라 인구는 2,200여만 명이고 그중 60%가 넘는 1,360만 명이 농업에 종사했다. 그럼에도 농업 부문의 생산성이 낮아 식량을 수입하거나 선진국의 원조가 없으면 살아갈 수 없는 형편이었다. 특히 3년간 이어진 전쟁으로 농업 기반이 철저히 파괴된 상황에서 농민들은 삶을 간신히 유지할 뿐이었다.

농촌계몽운동은 추수가 끝나면 이듬해 농사를 시작하기까지 화투놀이와 같은 비생산적인 일로 소일하던 시대적 배경에서 탄생한 사회운동이었다. 경희 봉사단원들은 농촌뿐만 아니라 도시에서도 야학을 열어 글을 가르쳤고, 민둥산에 나무를 심고 송충이를 잡는 등 산림녹화와 보호활동에도 적극적이었다.

당시 우리나라 산림은 나무를 마구잡이로 베어 땔감으로 쓰는 바람에 상당수가 민둥산이었다. 미원이 주도한 농촌계몽 및 문맹퇴치운동은 "문화와 교육의 힘으로 조국 근대화를 앞당겨야 한다"는 신념에서 비롯됐다. 이는 오랜 사색 과정을 거쳐 실천 방안으로 찾아낸 것이었다.

미원이 '잘살기운동'을 주도하게 된 동인은 세계 여러 나라를 다니면서 느낀 점을 책으로 펴내면서부터다. 선진국과 후진국을 두루 다니면서 "한국의 살 길은 무엇이며 어디로 가야 하나"를 지속적으로 고민했다. 『인간과 창조-나의 세계일주기』에서 "독일에서는 논둑과 밭둑에 이르기까지 한 줌의 땅도 아껴 가며 이용하고 있었고, 덴마크에서는 황토를 옥토로 개량한 것을 보았습니다"라고 소개했다.

선진·후진사회를 연구, 분석하면서 번영의 길을 모색하던 미원의 선각자적 모습은 조국 근대화 구상에 골몰하고 있던 박정희 대통령의 안테나에 잡혔고, 박 대통령의 면담 요청으로 청와대에서 잘살기운동 전반에 대한 브리핑을 하게 됐다. 박 대통령은 미원의 저서를 세 번이나 읽고 경희대에서 시작한 '잘살기운동' 활동 기록물도 감동 깊게 봤다고 치하했다.

박 대통령은 이어 미원에게 농어촌 소득증대 방안 등에 대한 자문을 구하고 1974년 새마을운동을 시작했다는 것이 황병곤 경희대 명예교수 등 미원 연구가들의 설명이다. 미원은 이케다 다이사쿠 일본 소카대학 설립자와 황 교수와 가진 3인 대담에서 이렇게 밝힌 바 있다.

미원은 이케다가 "한국의 눈부신 경제 발전의 요인이 무엇인가?"라고 묻자 『우리도 잘살 수 있다』는 책 후반부에서 '잘살기운동'을 제창한 것이 간접적인 원인이 되었다고 설명했다는 것이다.

구소련 과학원 부원장을 지낸 아나톨리 로구노프 전 모스크바 국립대학교 총장은 "조영식이라는 이름은 한국의 경제 기적과 깊은 관련이 있다. 그는 수십 개국을 방문해 경제성장의 기본 요인을 근원적으로 연구한 후 『우리도 잘살 수 있다』는 저서를 출간, '새마을운동'이라는 국가 차원의 국민운동으로 확산하는 데 지대한 영향을 주었다"고 평가했다. 미원이 우리나라를 빈곤으로부터 해방시키자는 생각에서 이 책을 출간한 뒤 '잘살기운동'을 전국적으로 전개한 것을 평가한 것이다.

후진사회문제연구소 : '최빈국 연구'의 통찰

미원은 '잘살기운동'이 어느 정도 일단락되고 새마을운동이 전국 농어촌에서 깊이 뿌리를 내리자 일생을 교육입국의 신념과 유엔 등 기관을 통한 평화운동에 헌신했다. 2004년 뇌출혈로 쓰러지기 전까지 수십 년간 인도와 이스라엘, 사우디아라비아, 이란 등 종교 발상지와 분쟁 지역, 주요 대학과 평화연구소들을 방문한 것도 이러한 노력의 일환이었다.

세계 주요 지역의 연구소 관계자들과 토론을 통해 선진교육을 배우면서 분쟁 해결 및 평화 실현 방안 등을 연구했다. 이런 노력과 함께 교육 선진국들의 보편적인 학교교육을 살펴보고 돌아와 우리 현실에 맞게 교육과정을 만들고 이 같은 교육정책을 뒷받침할 수 있는 제도적 완비를 꾀했다.

1960년대 초 미원은 경희대에 후진사회연구소를 세웠다. 그때만 해도 '선진사회'가 아닌 '후진사회'를 연구하는 것에 의아해하는 사람들이 적지 않았을 텐데, 선진국과 갈림길에 선 가난한 나라(貧國)의 행태를 연구해 소개하고 이를 통해 한국 사회의 후진적이고 퇴행적인 요소들을 다각적으로 연구 분석한 것이다.

평범한 연구자라면 세계 일주 후에 롤 모델이 되는 선진국들을 연구하겠지만, 미원은 '후진국 연구'에 나섰다. 발상의 전환이요 선각자적 상상력이자 통찰력이 아닐 수 없다. 이를 토대로 1964년 경희대를 중심으로 '잘살기운동'을 전국적으로 전개하면서, 농촌을 중심으로 문맹퇴치와 의식개혁운동, 산림녹화운동 등도 병행했음은 앞에서도 소개했다.

미원은 『우리도 잘살 수 있다』는 책을 통해 선진국과 우리나라의 경제적 성패를 비교 분석하고 대안을 제시하기도 했다. 이 책은 1965년 미원의 주도로 전국적으로 붐을 일으키며 본격화한 '잘살기운동'의 촉매 역할을 했다. 잘살기운동은 또 경제개발과 근대화 운동의 상징인 '새마을운동'의 효시로 농어촌 소득증대의 불길을 당기는 심지 역할을 하면서 국가적으로 큰 반향을 불러일으켰다.

밝은사회운동 깃발 들다 : 한계에 직면한 인류사회

1975년 10월 28일 경희대 대운동장에 경희학원 전체 교직원과 학생들이 모여 밝은사회운동 경희학원 결성대회가 열렸다. 이 자리에서 밝은사회운동 헌장이 채택됐다.

1. 우리는 인간이 존엄하다는 것을 재확인하고 인간복원에 기여한다.
2. 우리는 선의(Goodwill)·협동(Cooperation)·봉사-기여(Service)의 정신으로 아름답고 풍요하고 보람 있는 사회를 이룩한다.
3. 우리는 인간가족의 정신으로 내 조국을 사랑하고 인류평화에 기여한다.

평소 미원이 주창해 온 "모든 것이 인간의 재발견이라는 의미에서 인간화되어야 하며, 인간회복이라는 인간 중심주의에 기초해야 한다"는 '인간 중심주의 문화사관'이 압축된 행동지침이다.

경희대는 이 같은 3대 원칙을 토대로 건전사회운동과 잘살기운동, 자연애호운동, 인간복권운동, 세계평화운동 등 5대 운동을 범국민적으로 전개했다. 이로써 경희대의 사회운동이 국내에서 전 세계로 확산된 계기가 마련됐다.

인간복권운동은 과학기술지상주의, 물질 중심의 가치관, 비인간적 제도와 사상 등으로 훼손된 인간의 존엄성을 회복해 인간중심사회를 건설하는 것이다.

미원은 잘살기운동이 우리 정부가 성공적으로 추진한 새마을운동의 초석이 된 데 힘입어 1970년대에 접어들면서 "경제개발에 수반된 국민정신의 타락을 막자"는 명목으로 밝은사회운동에 나섰다. '한강의 기적', '압축 성장' 등으로 상징되는 한국의 쾌속 경제발전은 농어촌의 소득증대와 산업화, 도시화 등의 빛과 함께 빈부격차 확대, 도시빈민 증가, 농촌 공동화 등의 그림자도 짙게 드리워졌다.

이와 함께 도시화, 산업화가 급속하게 진행되는 과정에서 환경 파괴, 범죄율 증가, 인간 소외, 도덕적 타락, 물질만능주의 등 산업사회의 각종 병폐들이 일거에 나타나기 시작했다. 미원은 수단과 목적이 뒤바뀐 산업사회의 모순을 지적하며 인간이 진정으로 추구해야 할 가치가 무엇인지 일깨우는 명제를 제시했다. 물질적으로 풍요한 사회라면 정신적으로도 풍요로워야 한다는 생각을 갖고 있었다. 같은 논리로 정신적으로 풍요한 사회라면 물질적으로도 풍요로워야 한다는 일관된 신념을 갖고 있었다.

정신적으로 아름답고(Spiritually Beautiful)

물질적으로 풍요하며(Materially Affluent)

인간적으로 보람 있게(Humanly Rewarding)

이 구호는 경희학원을 대표하는 슬로건 중 하나다. 영문 머리글자를 합성한 'BAR'은 인간의 권리회복을 위한 3대 원리다. 경희대는 매년 9월 셋째 화요일 세계평화의 날을 기념해 'Peace BAR Festival'을 열고 있다. 미원이 이런 신념 속에 열정적으로 시작한 밝은사회운동은 전국적으로 확산되었고, 미국과 중국, 일본, 태국 등 세계 80개국의 주요 도시에 지부를 둔 밝은사회클럽(GCS) 운동으로 발전해 왔다.

'물질과 정신이 조화를 이루는 평화공동체' 건설에 대한 미원의 의지는 첫 번째 저서 『민주주의 자유론』과 두 번째 발간된 『문화세계의 창조』에 나타나 있다. 서구 선진국들이 수백 년 만에 이룩한 경제발전을 30~40년 만에 압축적으로 실현해 세계의 주목을 끌었으나, 고도성장의 부산물인 부정적 측면이 노출되면서 시대 변화를 수용하여 미래 비전을 제시할 더욱 발전적인 이론과 실천이 요구됐다. 이것이 경희대가 기치를 내걸고 범국민운동으로 발전시킨 밝은사회운동의 태동 배경이다.

미원은 밝은사회운동이 범국민운동으로 퍼져 나가기를 염원하며 밝은사회운동 노랫말을 만들었다. 이 가사에는 미원의 현 시대를 읽는 혜안과 건전하고 건강한 인류사회를 염원하는 인류애를 담고 있다고 해도 과언이 아니다.

> 현대과학 물질문명 제일이라지만
> 우리는 인간복원 기수가 될 터
> 웃으며 협동하여 사회 밝혀서
> 메마른 내 이웃에 인정을 심고
> 선의의 생활로 역사 창조하면서
> 푸른 하늘 바라보며 지구를 돌리련다
> 안녕, 안녕하세요 햇님이시여

우리는 지구마을 인간가족

아름답고 풍요하고 보람을 찾는

밝은사회운동에 앞장서서

현세에 천국을 이루어 보련다

국경 넘은 GCS : 세계 지도자 77인 공동 발기인

미원은 밝은사회운동의 국내 기반이 어느 정도 마련되자 국경 밖으로 기수를 돌리게 된다. 1970년대 이후 경제발전과 함께 한국의 국제적 위상이 높아진 데다 세계 속의 대학을 표방한 경희대도 명실상부한 종합대학체제를 확립하고 국제화 역량을 크게 높인 덕분이었다. 경희대는 이 운동을 체계적으로 전개하기 위해 교내외에 밝은사회클럽(GCS Club)을 결성했다.

1978년까지 국내 클럽은 73개에 달했다. 그해 6월 안호상 초대 문교부장관을 총재로 GCS 한국본부가 설립된 데 이어 이듬해 10월 서울에서 GCS 국제본부(GCS International) 창립식이 열렸다. 이에 앞서 미원은 1978년 6월 이란 수도 테헤란에서 열린 제5차 세계대학총장회에서 참석자들에게 밝은사회운동에 동참해 주도록 호소했다. 이에 공감한 세계적 석학과 국제사회 지도자 77인이 GCS 국제본부 공동 발기인으로 참여했다.

발기인 중에 돋보이는 인물은, 적극적 지지 의사를 보인 노벨 경제학상 수상자 군나르 뮈르달(Gunnar Myrdal)과 '인류의 두뇌'로 불리는 로마클럽 창설자 아우렐리오 페체이(Aurelio Peccei) 회장 등이다. 뮈르달은 스웨덴 경제학자로 가격 형성의 여건 변화에 따라 성립되는 균형상태인 동학적(動學的) 균형 개념의 확립, 저개발국가에 관한 연구 등 뛰어난 공로를 인정받아 1974년 F. A. 하이에크와 공동으로 노벨경제학상을 받았다.

로마클럽은 1968년 이탈리아 로마에서 사업가 아우렐리오 페체이의 제창으로 결성됐다. 페체이는 지구의 유한성이라는 문제의식을 가진 유럽의 경영자, 과학자, 교육자 등을 모아 지구 위기에 대한 대책을 논의했다. 이를 계기로 자연자원 고갈, 환경오염 등 인류가 직면한 위기 타개책을 모색하면서 정책 권고와 조언을 해 왔다. 알렉산더 킹과 데이비드 록펠러도 로마클럽의 공동 창시자로 참여했다.

밝은사회운동은 경희대가 1970년대 중반부터 선의·협동·봉사—기여 정신을 토대로 한 인류의 당위적 요청사회 오토피아를 건설하자며 앞장선 일종의 전 인류 캠페인이었다.

미원은 1981년 7월 3일 코스타리카에서 열린 제6차 세계대학총장회 총회에서 유엔으로 하여금 '세계평화의 날', '세계평화의 해'를 제정해 줄 것을 제안했다. 1981년 제36차 유엔총회에서 이 제안이 만장일치로 가결되어 매년 9월 셋째 화요일을 '세계평화의 날'로, 그리고 1986년을 '세계평화의 해'로 제정 공포했다.

유엔 창설 50주년을 맞은 1995년 미원은 도덕과 인간성 회복을 위한 지구적 차원의 '네오르네상스운동'을 선언했다. 이어 1999년에는 경희대 창설 50주년 기념행사로 '서울 NGO세계대회'를 개최해 세계인들이 새로운 천 년을 희망 속에서 맞이할 수 있는 계기를 마련했다. 경희대가 1997년도 교육개혁 교육부 종합평가에서 전국 1위에 오른 것이 단순한 행운이나 우연이 아님을 보여주는 징표들이다.

밝은사회운동 영문 약칭 GCS는 헌장 2항의 선의(Goodwill)·협동(Cooperation)·봉사—기여(Service)에서 따온 것이며, 이 운동의 궁극적 목표인 지구공동사회(Global Common Society)의 약칭이기도 하다. 이 운동의 사상적 기반이 된 것은 미원이 1975년에 펴낸 『인류사회의 재건』이다.

미원은 책 출간에 앞서 '기술사회를 바라보며 밝은사회운동을 제창한다'의 글에서 과학기술의 자기증식, 인간부재, 인간소외 현상의 문제점 등 과학의 확대재생산 등 현대 과학기술 문명의 한계 등을 지적했다. 대규모 개발·생산·소비 등 현대사회의 원리는 과학화·능률화·합리화만을 절대시함으로써 오늘의 비정한 인간사회를 만들어 놓고 있다는 것이다.

이로 인해 인간이 이룩한 과학문명에 의해 스스로 소외되는 역리 현상을 빚게 되었다고 진단한 미원은 '새로운 정신적 방향' 설정을 시급하고도 중요한 과제로 설정하고 이를 실천한 것이다. 이런 점에 비춰 보면 밝은사회운동 역시 미원의 실천적 사상가로서의 면모를 보여 준다. 그는 늘 현장을 돌아보며 문제점이 있으면 사색을 통해 실천적 방안을 내놓곤 했다.

인류사회의 신(新)선언

미원은 1974년 8월 27일 세계인류학회 요청으로 미국 애틀 랜타에서 열린 제1회 세계인류학자대회에 참석했다. 그리고 '고 등교육을 통한 인류사회의 재건'을 주제로 한 기조연설에서 "인 간 중심의 교육으로 인간성을 회복해 보다 평화롭고 살기 좋은 인간세계를 만들어야 한다"고 역설했다. 이 연설은 대회 마지막 날 채택된 7개 항의 '인류사회의 신선언(New Declaration of Human Society)'으로 이어졌다.

또한 회의석상에서 인류사회를 위한 끊임없는 노력과 공적으 로 '인류최고영예의장(Highest Award of Humanitas)'을 받았다. 아래 는 '세계 복지사회 건설의 이정표'라는 평가와 함께 참석자 만장 일치로 채택된 인류사회의 신선언이다.

1. 인간이 어떠한 것보다도 존귀하다는 것을 인류사회가 재확인하 고 세계와 역사 문명의 주인으로서 최우선적이고 최고의 대우 를 받는다.
2. 모든 과학기술의 개발은 인류의 필요에 의해 해로운 것은 규 제되고 이로운 것만 개발함으로써 인류문명이 인간에게 바로 봉사하도록 한다.
3. 인간의 기본권리는 무엇보다도 신성하고 고귀한 것이기 때문 에 법으로도 이를 제약해서는 안 된다며 고도로 보장된 사회 보장제도를 통해 인간다운 생활을 확보한다.

4. 인간성을 모독하고 생명을 위협하는 비인간적인 과학기술의 개발을 즉시 중지하고 각종 공해와 퇴폐풍조를 일소한다.

5. 인간은 반인도적인 모든 형태의 강제운동에 동원되어서는 아니 됨은 물론 자유, 평등, 공영의 민주정신에 따라 문화인으로서의 행복한 생활을 영위할 수 있도록 보장한다.

6. 세계의 모든 국가는 교육을 통하여 적개심과 지나친 이기심을 버리고 인간 가족의 정신으로 상부상조하여 세계평화를 이룩한다.

7. 세계 인류는 현세에 모든 부조리를 거두고 바른 가치관을 확립하여 인류 공동의 이상사회-살기 좋고 아름답고 보람 있는 인간사회-의 모델을 만들어 맹목적적이고 무질서한 현대 인류 사회상을 바로 시정하도록 한다.

밝은사회운동의 지향점 : 오토피아 건설

미원은 1975년 10월 경희대 학생과 교수, 교직원들이 참석한 가운데 밝은사회헌장을 채택했다. 이를 기점으로 30여 년간 국내외 인사와 주요 기관들을 찾아다니며 밝은사회운동을 전개하고 20세기를 앞둔 인간사회의 방향을 제시했다. 아울러 물질만능주의가 팽배하고 과학기술의 끊임없는 자기증식으로 인한 인간부재, 인간소외, 인간경시의 사회상에 대한 처절한 반성을 촉구했다. 물질적 풍요 속에서도 극단적인 대립, 반인륜적인 가정파괴,

인신매매, 자연환경 파괴 등 현대 물질사회의 문제점을 지적하면서 그 행방에 대한 우려도 나타낸 것이다.

이를 '문명의 한계점'으로 인식한 미원은 시대적 전환기에 처한 인류사회가 어디로 가고 있는지 직시하는 혜안을 가져야 하며, 이를 토대로 시급히 인류사회를 재건해야 한다는 굳은 신념을 갖고 있었다. 미원은 학생들과의 대화나 특강 중에 "우리에게 미래가 있느냐?"라는 버트런드 러셀의 통찰이나 오스왈드 슈펭글러가 예언한 '서구의 몰락', 조지 오웰이 정의한 '인간부재의 세계'[1] 등에 대해 언급하면서 인류사회 재건 노력의 당위와 그 시급성을 강조하곤 했다.

밝은사회운동의 하이라이트는 1975년 11월 미국 보스턴에서 열린 제4차 세계대학총장회였다. 미원은 기조연설에서 물질문명의 타락으로 인간이 '문화적 원시인'으로 전락해 가고 있다고 지적하고, 밝고 옳은 길을 찾아 살기 좋은 건전사회를 만들어 가는 이 운동을 세계적으로 실시하자고 호소했다. 행사에 참석한 600여 개 대학 총장들은 미원이 연설에서 제시한 밝은사회운동의 5대 원칙을 만장일치로 채택, '보스턴 선언'으로 선포되기에 이르렀다.

시대를 앞서간 미원의 선각자적 면모는 열거하기 어려울 정도다. 필자가 경험한 사례를 들어보면, '아시아 태평양 시대'와 세계화로 상징되는 '지구촌 시대의 도래'다. 1988년 3월 평화복지대학원 입학식에 이어 재학생과 신입생 연석 특강에서 미원은 서세동점의 어두운 흐름을 넘어 머잖아 아시아 태평양 시대가 밝아 올 것이라고 강조했다. 한국경제개발의 산파역이자 한국미래학회 창설자인 고 이한빈 교수(전 경제부총리)도 특유의 혜안과 통찰력으로 이러한 관점을 뒷받침하면서 학생들을 지도했다.

미원은 아시아 태평양 시대와 지구촌 시대 도래의 논거로 역사의 변화 법칙을 들었다. 이에 따라 세계 문명의 중심이 동양에서 유럽을 거쳐 미 대륙으로, 또 아시아 태평양 지역으로 이동되고 있는 만큼 21세기부터 서진하여 동아시아 시대가 열리게 된다고 본 것이다.

동아시아 시대는 온 세계가 여러 지역에 각 문명 중심권을 형성한 다변화·다극화 사회가 될 것이며, 그 가운데서도 동아시아가 중요한 역할을 하게 되는 시대가 된다는 것이다. 그러면서 "그 시대는 오늘보다도 물질적으로 더 풍요롭고 편익한 사회가 될 것이지만 감성적인 대중사회 – 집단이기주의적인 우중(愚衆)사회가 될 것을 크게 염려하지 않을 수 없다"고 강조했다.

미원의 또 다른 혜안은 '통합(Integration)'이라는 시대적 조류 속에서 내놓은 '지역적 블록주의'에 대한 경고다. 유럽연합(EU) 출범 과정에서 너도나도 지역과 국가 간 통합 움직임 등을 주목하고 있을 때 미원은 이 과정에서 부산물이 있음을 염두에 두고 '지역공동사회'라는 대안을 내놓았다. 미원은 EU 외에 아세안(ASEAN), 북미자유무역협정(NAFTA), 남미공동시장(MERCOSUR), 아프리카연합(AU/African Union), 아랍연맹(Arab League) 등 지역 협력체들이 늘어나는 것에 대해 앞으로 국가 단위가 아닌 지역국가사회, 즉 지역협력사회(RCS, Regional Cooperation Society)가 생기게 될 것으로 내다봤다. 그러면서도 RCS를 이룬 뒤에 그대로 방치하면 오늘 우리 사회에서 염려하는 블록주의에 빠질 수밖에 없다고 설명했다. 앞에 언급한 여러 지역기구들을 지역공동사회로 확대시켰다가 종국적으로 세계공동체인 지구공동사회로 개편해 전쟁 없는 지구촌에 더불어 사는 인류가족사회를 만들어 가자는 것이 미원의 '오랜 꿈이고 지론'[2]이었다.

'21세기 시대정신'을 천명한 오토피아

미원이 27세부터 펴내기 시작한 저술 대행진은 정치, 사회, 교육, 철학, 과학, 군사 등 다양한 분야에서 아주 열정적으로 진행됐다. 2004년 병석에 누운 뒤 8년여 병상 생활을 빼면 80여 년동안 그가 남긴 책은 (각종 주제로 펴낸 보고서들은 빼고라도) 51권이며, 과학기술 부문과 핵전쟁 위협 등 국가안보 분야를 포함한 다방면의 논문도 69편에 이른다.

그 많은 책 중에 미국과 중국, 일본, 러시아 등 주요 국가 학자들로부터 가장 주목받고 극찬을 받은 것은 1979년에 발간한 『오토피아(Oughtopia)』다. 미원 연구가들은 30여 년간 학습하고 깨달음을 얻은 동서양의 문화사상과 자신의 독창적 사상 및 실천원리를 집대성한 책으로 평가하고 있다.

16세기 영국의 정치사상가 토머스 모어가 쓴 비슷한 이름의 『유토피아(Utopia)』를 연상시키는 이 책의 사전적 의미는 '당위적 요청사회'다. 미원이 늘 꿈꾸어 온 '인간 중심의 지구공동사회'이기도 하다. '오토피아'는 '없음'을 뜻하는 그리스어 형용사 Ou와 '장소'를 뜻하는 명사 topos를 합쳐 만든 복합어로 '세상에 존재하지 않는 곳', 즉 '이상향'이다.

'오토피아'는 지구상에 당연히 있어야 하고(Ought to be), 응당 이뤄져야 하는(Ought to do) 문화세계를 의미한다. 미원은 근대 기술문명의 발전이 인간을 오히려 기계나 도구에 종속시키는 등 '인간해방'을 위한 전진이 아닌 도리어 인간의 구속과 퇴보를 불러왔다고 비판하면서 "소망스러우면서도 소망할 수 있는, 즉 실현 가능한 인간의 이상사회" 건설의 필요성을 주창해 왔다.

이 책은 현대문명의 위기를 진단하고, 인류가 마땅히 도달해야 할 '당위적 요청사회'에 대한 사상적 토대와 구체적 실천과제들을 제시했다. 즉 인류가 직면한 각종 난제들을 종합적이고 전체적인 관점에서 살펴보고 ▲인간 중심의 사회 건설 ▲문화규범 정립 ▲보편민주주의 확립 ▲지구공동사회 구축 ▲팍스 유엔(Pax UN) 구현 등 현실에서 실현 가능한 대안으로 5가지를 제시했다.

'인간 중심의 사회'는 인간사회의 주체가 (과학기술 등에 지배되지 않는) 인간 자신이며 인간의 역사와 문명도 인간에 의해 만들어지고 발전돼 왔음을 강조한 것이다. 이런 맥락에서 '인간 중심주의(human-centrism)'는 확고한 자율적 의지에 입각해 인류사회 전체의 공동가치와 목표를 구현하는 것이다.

'문화규범(Cultural norm)'은 약육강식과 적자생존의 '자연규범'이 오랫동안 인간사회를 지배해 온 점을 반성하면서, 물질문명과 자연 사관이 결합된 기존의 도구적 이성체계를 극복하자는 것이다.

즉 물질과 정신이 조화를 이루는 새로운 규범체계는 인류가 서로 존중하고 협동하는 가운데, 물질과 정신의 조화로운 발전 속에 평화를 구현하는 '진정한 문화세계'다.

5대 대안 중 하나인 '보편민주주의(Universal Democracy)'는 제1차 민주혁명(프랑스혁명, 1789)과 2차 민주혁명(러시아혁명, 1917)의 한계를 극복하고 모든 인류가 자유와 평등, 공영과 평화를 누리기 위한 '3차 민주혁명'을 이루는 사상적 토대다. 즉 인간 중심의 사회 건설과 문화규범의 제도화를 추구하는 새로운 민주주의 이념이다.

프랑스혁명은 절대 왕정을 무너트렸지만 부르주아적 자유민주주의로 발전하면서 부익부 빈익빈의 불평등을 초래했다. 또 이러한 구조적 모순을 시정한다는 명분으로 일어난 러시아혁명도 인민의 평등을 주장한 사회주의 혁명이었지만 실패로 돌아갔다.

'지구공동사회'는 국민국가(Nation State)의 경계와 한계를 초월해 지구공동체라는 관점에서 생각하고 행동하는 인류의 공동체다. 현 세계는 국가들마다 자국의 이익을 앞세운 나머지 배타적 국가주의에 의해 인류는 이상적 사회에 도달하지 못하고 있다.

'팍스 유엔'은 유엔을 중심으로 국제질서를 확립하고 세계평화를 구현하자는 이념이다. 종전의 국제질서가 강대국에 의해 유지된 것과 달리, 팍스 유엔은 전 세계가 가입해 있는 국제기구를 중심으로 국제평화 질서를 구축한다는 의미에서 한층 발전된 형태라고 전문가들은 평가한다.

팍스 유엔의 이념은 보편민주주의와 지구공동사회 등과 맥락을 같이한다. 미원은 『오토피아』에서 인류사회의 위기를 두 갈래로

나눠 진단했다. 우선 근대 이후 인류 문명이 발전 과정에서 잘못된 방향을 잡았다는 점을 지적했다.

미원은 서구 르네상스운동은 신(神) 중심에서 벗어난 인간 중심 인본주의 정신의 승리를 가져왔으나 중세 정신문명에 대한 반작용은 '도구적 이성(instrumental reason)'으로 연결돼 과학기술과 물질문명을 우상화하며 정신문화를 황폐화시키는 결과를 낳았다고 진단했다.

또한 문명의 실패로 인해 인류는 물질에 지배당하고 현실 생활에서 인간 본연의 가치와 공동체 정신을 상실하게 됐다고 지적했다. 성과와 효율에 치중하는 실용주의와 물질주의가 팽배해 인류 공동체보다는 개인의 이익, 지구공동체보다 국가 이익만을 추구하는 약육강식의 반인간적 질서가 구축되는 바람에 오늘날 인류 사회가 위기를 맞게 되었다고 설명했다.

미원은 이 같은 인류의 위기 극복 방안으로 "그릇된 문명의 방향을 바로잡을 수 있는 철학과 규범의 재정립"과 함께 "과도한 물질주의에 의해 왜곡된 인간 생활의 조직적·제도적 개선"의 필요성을 제시했다.

이에 대해 국내외 학계에서는 "20세기 시대정신의 체현"(랴오닝대 소효광 교수), "조영식 박사의 철학은 전통적인 동양철학과 세기적 전환기의 시대정신이 상호 결합한 산물로 21세기 인류가 필요로 하는 철학"(베이징대 엽랑 교수), "미래를 위한 실현 가능한 발전 경로를 구축, 시대정신의 정수 구현"(랴오닝대 육걸영 교수) 등으로 평가하며 주목해 왔다.

로익 부바드 전 프랑스 국회부의장은 미원의 주요 저작물을 영어 외에 다른 외국어로 번역해 달라는 소망을 내비친 바 있다. 그는 '개선문에서의 평화의 다짐'이라는 기고문(『조영식 박사, 그는 누구인가 : 인간 조영식 박사 101인집』)에서 "매우 안타깝게 여기는 것은 조영식 총장의 책들이 지금까지 불어로 번역이 되어 있지 않다는 것이다"라고 아쉬워했다. 그는 "특히 조 총장의 빛나는 저서인 『오토피아』 불역본이 속히 나왔으면 하는 마음 간절하다"고 덧붙였다(『문화세계창조의 기수 I』, 교학사, p.234).

　오토피아 건설에 대한 미원의 의지와 열정은 인류사회재건운동으로 구체화되었다. 이 인류사회재건운동은 1974년 8월 미국 애틀랜타에서 열린 제1회 세계인류학자대회에서 미원의 '교육을 통한 인류사회 재건'이라는 기조연설에서 싹이 텄다.

　당시 '인류사회의 신선언'으로 주목받은 이 연설에서 미원은 "물질문명에 경도되어 인간의 가치가 상실되고 있는 현대사회 위기를 극복하고 바람직한 미래사회 건설을 위한 각종 연구를 함께 수행하자"고 촉구했다.

　그리고 이듬해(1975년) 11월 미국 보스턴에서 열린 제4차 세계대학총장회 연설에서도 "인간 중심주의에 입각한 새로운 가치질서 확립"을 촉구했다. 경희대는 인류사회재건운동의 이론적·실천적 토대를 제공하고 연구물 축적을 위해 1976년 인류사회재건연구원을 설립했다. 오토피아 운동과 건설작업의 방향을 제시하고 학문적 성과를 내기 위한 싱크탱크인 이 연구소는 국제학술회의 개최와 '세계시민교과서' 등의 출판물을 간행하고 있다.

이 연구소는 1979년 10월 28일 로마클럽과 공동으로 경희대 개교 30주년을 기념하는 국제학술대회를 열었는데, 아우렐리오 페체이 로마클럽 회장 등 국내외 저명학자 300여 명이 참석해 성황을 이뤘다. 미원은 이때 기조연설을 통해 "21세기의 전망과 오토피아를 향한 우리의 자세"에 대한 청사진을 밝혔다.

또 하나의 평화운동 : 서울NGO세계대회

새천년을 앞둔 1999년 10월 10~15일 미원은 세계 역사를 빛내는 또 하나의 평화운동 금자탑을 쌓아올렸다. 첨단 과학기술문명의 뒤안길에 놓인 인간소외, 인간부재 상태 등 인류사회가 다양한 위기 속에 맞게 된 세기말, 밀레니엄 말의 중요한 역사적 전환점이었던 그 해 가을 '21세기 NGO의 역할'을 주제로 '1999 서울NGO세계대회'를 연 것이다.

"뜻을 세우고, 힘을 모아, 행동하자!"를 구호로 세계 107개국에서 1,360개 NGO를 대표하는 활동가와 시민 등 12,000여 명이 서울 올림픽공원과 경희대 국제캠퍼스에서 열린 대회에 참가했다. 참가자들은 현대사회의 주요 과제들인 평화와 안보, 환경과 주거, 양성평등, 사회경제개발, 청소년과 아동, 보편적 교육, 윤리와 가치, 인간존중과 인권, 보건과 건강, 노인복지, NGO 활성화 등 11개 주제에 대해 진지하게 토의한 후 '서울 NGO 밀레니엄 선언문'을 채택해 인류에게 비전을 제시하고 국가와 시민이 이행해야 할 행동강령을 마련했다.

10월 11일 거행된 개회식에는 김대중 대통령 내외와 공동대회장인 루이사 에스트라다 필리핀 대통령 영부인, 겐사쿠 호겐 유엔사무차장, 올라라 오투누 유엔사무차장 등과 국내외 유수의 대학 총장과 국내외 NGO 대표, 시민들이 대거 참석했다.

공동대회장인 미원은 기조연설을 통해 "21세기의 NGO 시대를 맞이하여 과학기술문명의 한계, 정보화 사회의 비인간화, 환경과 생태계의 파괴, 패권적 국가주의의 배타적 종족관 등 금세기의 물질문명과 관련한 제반 문제를 극복해야 할 시점"이라고 진단했다. 그리고 "제2의 르네상스운동을 통해 인간사회, 복지사회, 지구공동사회를 건설하는 데 NGO의 역할과 사명이 어느 때보다 중요하다"고 역설했다.

이어 김대중 대통령은 치사를 통해 "NGO는 이제 인류의 인권과 안전과 행복을 위해 없어서는 안 될 절대적인 존재가 되고 있으며, 세계 모든 나라들이 건전한 발전을 촉진하기 위해서는 NGO와 같은 시민사회와 정부 간의 적극적인 유대관계를 만들어 나가는 것이 반드시 필요하다"고 화답했다.

밝은사회운동 국제본부와 경희대 공동 주관으로 열린 이 대회는 유엔공보처 NGO집행위원회(CONGO)와 유엔경제사회이사회 NGO협의회(NGO/DPI)가 유엔의 후원을 받아 공동 주최했다. 이 대회는 미원이 1996년 9월 제15차 유엔 세계평화의 날 기념식에 유엔을 대표해 참석한 조셉 버너 리드 유엔사무처장과 서울NGO세계대회 개최 가능성을 타진했고, 이듬해 부트로스 부트로스 갈리 유엔사무총장에게도 서한을 보내 협조와 후원을 요청하여 성사된 것이다.

마지막 날 발표된 '서울 NGO 밀레니엄 선언'은 21세기를 향한 인류문명의 비전을 제시하고 이를 구현하기 위한 NGO들의 결의가 담겨 있다. '새 밀레니엄의 도전', '우리의 비전', '정부와 유엔' 그리고 '각 NGO에 대한 요구' 등 서울 밀레니엄 선언문과 함께 각 분야별로 선언문을 현실화하기 위해 11개 분야의 행동강령이 마련됐다.

특히 NGO대회에는 세계 최초로 단일 분야가 아닌 모든 분야의 국제적 NGO들이 동참해 그동안 각 분야별 NGO 세계대회에서 제기된 각종 의제와 결의를 검토하고, 나아가 이들이 효율적으로 이행될 수 있는 구체적인 방안을 제시했다는 데 큰 의의가 있었다. 아울러 인류사회가 당면한 과제들을 포괄적으로 다룸으로써 각 분야의 NGO들이 연대해 21세기 지구촌의 현안과제 해결을 위한 NGO의 새로운 역할을 재조명하는 뜻깊은 기회가 되었다.

제2장

평화는 개선(凱旋)보다 귀하다

인류평화를 위한 명령

싸움에서 이기고 돌아오는 군인들을 위한 '개선(凱旋)'은 트럼펫을 신호로 울려 퍼지는 팡파르를 연상하게 하는 단어다. 고대 로마인에게 개선식의 주인공이 되는 것은 최고 영예 중 하나였다. 로마 시민들은 원로원 의원들이 지켜보는 가운데 전쟁포로와 전리품 운반자들을 거느리고 의기양양하게 행진해 오는 개선장군들에게 아낌없는 환호를 보냈다.

미원이 이런 개선의 의미를 모를 리 없다. 그가 "평화는 개선보다 귀하다(Peace is more precious than triumph.)"라고 정의하며 끊임없이 '전쟁 없는 평화'를 설파해 온 까닭은 무엇일까? '전쟁 없는 평화'라는 고귀한 일념은, 스스로 평생 경외했던 임마누엘 칸트가 제창한 '영원한 평화'와도 맥이 닿는 것 같다.

미원은 평화복지대학원 특강에서 칸트의 '정언명령'에 대해 얘기할 때 감동어린 표정으로 칸트가 평생 간직했던 '하늘의 빛나는 별'과 '마음속의 도덕률'에 대해 들려주었다. 칸트가 직접 쓴 묘비명에 "생각하면 할수록 놀라움과 경건함을 주는 두 가지가 있으니, 하나는 내 위에서 항상 반짝이는 별을 보여 주는 하늘이며, 또 하나는 나를 항상 지켜 주는 마음속의 도덕률이다"라고 적었다는 언론보도[3]를 접한 뒤 문득 대학원생 시절 미원이 들려준 칸트의 정언명령에 대해 재음미해 보기도 했다.

칸트의 '도덕법칙 정언명령'은 인간을 이성적 존재로 존중하라는 '무조건적인 명령'으로, 미원의 "평화는 … 귀하다"는 명제도 칸트의 명제에 비견되는 가치를 갖고 있는 것 같다. 이런 생각이 한층 확신으로 다가온 계기는 학생들의 존경을 받았던 고 이한빈 교수의 '리더십' 강의였다. '한국경제개발의 설계자'로 통하던 이 교수는 미원을 '창업적 지성의 교육행정가'로 칸트 철학에 깊이 경도된 분이라고 소개하면서 『민주주의 자유론』과 『문화세계의 창조』 등 역저들을 꼭 읽어 보라고 권했다.

윤보선 전 대통령도 '존경하는 조영식 박사님 귀하'라는 서한(1982. 6. 26)에서 "보내 주신 총장님의 저서 『평화는 개선보다 귀하다』를 잘 읽었습니다. 유엔에서 '평화의 날'과 '평화의 해'가 제정 공포되기까지 총장님께서 기울여 온 노력은 평화를 사랑하는 전 인류가 영원히 가슴속 깊이 기억할 것입니다"라고 강조했다.

필자가 대학원 2학기이던 1988년 가을, 윤 전 대통령 부부가 대학원을 방문해 학생들과 환담을 나누고 정원에서 기념사진을 찍기도 했다. 그때도 "총장님의 (동명의) 책의 서시 중 '평화는 개선보다 귀중한 거야'라고 역설한 구절은 우리 모두에게 깊은 감동을 주는 내용이다"라고 소개했다.

연세대 의과대학 인요한 박사는 미원이 군사독재시절 민주제도와 사상의 자유를 엄격히 규제하던 상황에서 '학원과 사상의 민주화'를 경희대 교훈으로 삼은 것은 대단히 용기 있는 교육행정가임을 웅변해 주는 것이라고 말했다.

"평화가 개선보다 귀하다"는 메시지 역시 지금의 눈이 아닌 미·소 대결, 즉 냉전이 절정에 달하고 제3차 세계대전, 핵전쟁 위기가 고조되던 1970년대에, 또 후진국으로 간주되던 대한민국의 대학총장의 음성으로 전 세계에 울려 퍼지고 세계인의 마음을 움직였다는 점에서 높은 평가를 받아 마땅하다는 게 미원 연구가들의 중론이다.

냉전체제에 '평화의 다리'를 놓다

미원이 냉전체제의 양극이었던 미국과 구소련 등 세계 주요 국가들을 다니면서 데탕트(화해)와 평화의 중요성을 역설한 1960년대만 해도 한국은 세계 지도에서도 찾아보기 어려운 후진국의 대표 주자였다. 당시만 해도 유엔사무총장(우탄트)을 배출한 미얀마나 한국에 장충체육관을 지어 준 필리핀 등은 아시아를 대표하는 정치·경제 강국들이었다.

미국 조지타운대 학생회장 출신으로 코리아게이트[4]의 주역으로

워싱턴 D.C.에서 조지타운클럽을 운영했던 박동선 (주)파킹턴 그룹 회장의 말을 빌리면 한국의 국제적 위상이 얼마나 미약했는지 추정해 볼 수 있다. 국무총리를 역임한 정일권 주미대사나 워싱턴을 방문한 한국 외무장관도 미국 국무부 과장을 만나는 게 하늘의 별을 따는 것만큼 어려웠다는 것이다.

미원은 이처럼 열악한 국제환경에서 미·소 양국의 데탕트를 유도하는 평화운동을 지속적으로 전개해 눈길을 끌었다. 이 중 대표적인 사례가 유엔 세계평화의 날과 세계평화의 해 제정을 위해 혼신의 노력을 경주한 끝에 회원국 만장일치의 지지를 이끌어 낸 것이다.

1981년 11월 30일 유엔총회장. 이날은 유엔이 코스타리카에서 열린 세계대학총장회 결의안(세계평화의 날 제정)을 회원국 157개국 전원 찬성으로 채택한 날이다. 이에 따라 매년 9월 셋째 화요일을 세계평화의 날로 제정했다. 나라 안팎의 인사들은 유엔 비회원국 출신의 평화운동가가 회원국인 코스타리카 정부를 통해 유엔에 '세계평화의 날'과 '세계평화의 해'를 제정하도록 제안해 이를 성사시키는 데 주도적 역할을 한 것은 초인적 의지의 산물이라고 평가했다.

고 김관봉 경희대 정경대 교수는 유엔 세계평화의 날과 세계평화의 해 제정의 의미에 대해 "이러한 역사적 계기들을 통해 세계는 새로운 데탕트와 협력의 시대를 맞이했다. 이 점을 간과해선 안 된다"고 강조했다.

마카파갈 전 필리핀 대통령은 1994년 출간된 『조영식 박사, 그는

누구인가 : 인간 조영식 박사 101인집』기고문에서 미원이 세계대
학총장회 기조연설에서 "유엔이 세계평화의 날, 평화의 달, 평화
의 해를 각각 제정해 주기 바란다"고 역설함으로써 평화의 날 제
정에 크게 공헌했다고 밝혔다. 그리고 "내가 현 시대의 위대한
'평화의 사도' 중 한 사람으로 추앙받는 조영식 박사와 친교를 갖
고, 그의 교육과 세계평화를 위한 노력에 동참해 온 것은 정말 신
이 내게 내려 주신 특혜라고 할 수밖에 없다"라고 극찬했다.

미·소 핵대결 위기 해소의 숨은 공로자

"'사상자 최소 제한'이란 핵전쟁은 어불성설입니다. 일단 전쟁이
나면 양측이 서로 죽자사자 달려들 텐데, 핵전장을 최대한 축소
한다는 구상이 가능할까요?"

미국 TV들은 로널드 레이건 행정부의 SDI(전략방어구상) 무기체
계 개발을 '우주전쟁'을 준비하는 것으로 보도했다. 그리고 '3차
세계대전', '전쟁 최후의 날', '핵겨울'과 같이 핵무기로 인한 대학
살을 묘사한 영화를 잇달아 상영하기도 했다.

위 인용문처럼 미원은 다른 이념과 사회 정치제도에 의해 분단
된 동서 냉전체제에서 최소한의 사상자를 내는 핵전쟁이란 있을
수 없다고 확신했다. 뿐만 아니라 양대 강국은 세계 어디에나 핵
화생방 무기를 사용할 수 있고 단·중거리 및 대륙간 탄도탄 등

각종 미사일을 갖고 있어 그러한 전쟁은 제한된 전쟁이 될 수 없다고 내다본 것이다.

미원의 이 같은 확신은 추정이나 추상적인 결론이 아닌 경험과 실증을 토대로 한 것이다. 그는 스웨덴 스톡홀름국제평화문제연구소(SIPRI)와 영국국제전략연구소(IISS) 등 세계적인 전략문제연구소들을 수없이 찾아다녔다. 그러면서 연구원들과 장시간, 또 심도 있는 토론을 거쳐 "핵전쟁은 승자도 패자도 없이 모든 인류를 공멸에 몰아넣는 만큼 모든 수단을 동원해서 저지해야 한다"는 결론을 얻었다.

미원은 '핵전쟁 불가피성'을 주창하던 학자들에 맞서 미·소 양국이 일단 전쟁에 돌입하면 30분 내 보유 중인 핵폭탄과 탄두의 80% 이상을 사용할 수 있고, 이렇게 되면 인류사회의 파멸로 이어진다는 판단을 하고 있었다. 그는 이런 확신에만 머물지 않고 세계적인 전략문제연구소를 방문하여 이를 입증할 수 있는 근거를 찾아냈다. 그런 다음 정책 결정자나 이들에게 영향을 미치는 개인 또는 기관 등을 방문해 갈등을 중재하고 평화를 모색하는 노력을 기울였다.

미원이 '핵전쟁 예방' 목소리를 높이며 세계 지성의 무대에 등장한 때가 바로 이 무렵이다. 핵전쟁 위기가 한껏 고조된 위기 상황(at the eleventh hour)에서 세계 유수의 대학교 총장 등 지성인 그룹과 유엔사무총장 등 유엔 관계자들을 찾아다니며 전쟁 반대, 평화 해법 모색 등을 함께 마련하자고 촉구하고 나선 것이다.

미원은 이에 앞서 가공할 만한 힘을 가진 무기들이 급속도로 개발되어 자칫 전쟁이라도 일어나 이 무기들을 쓰게 되면 지구 위의 모든 생명체는 한꺼번에 멸종하고 말 것이라는 점을 우려했다.

> "올해는 유엔이 제정한 세계평화의 해입니다. 우리 두 나라는 평화의 해를 전기로 삼아 서로 협력하여 인류를 멸망시킬지도 모를 핵전쟁을 방지하고 화해의 새 시대를 여는 데 함께 노력합시다."

유엔이 제정한 '세계평화의 해'인 1986년 새해 첫날 아침, 미국 로널드 레이건 대통령과 소련 미하일 고르바초프 공산당 서기장이 사상 최초로 상대방 국민에게 전달한 평화 메시지다. 극도로 냉각됐던 냉전의 벽을 허물고 미·소 냉전 역사상 처음으로 양국 정상이 새해에 상대 국민을 대상으로 메시지를 교환했다는 사실도 놀라운 일이다. 하지만 핵전쟁을 방지하고 '화해의 새 시대'를 함께 열어 가겠다는 인사말 내용은 더욱 극적인 관계 발전을 상징하는 것이다.

당시만 해도 세계 군사전략가들이나 안보전문가 대부분이 '핵전쟁의 불가피성'이나 '핵전장의 최소화 선택' 등을 제시하는 등 제한적인 전쟁을 차선책으로 받아들이는 분위기가 지배적이었다고 한다. 이 같은 놀랄 만한 이야기가 미국을 비롯한 서방의 TV와 신문 보도, 대담 프로그램 형식으로 전해졌다. 일부 전문가는 "한번 터졌다 하면 수십만, 수백만의 사상자 발생이 예상되는 핵전쟁에서 누가 먼저 양보하거나 물러서는 등 제한적인 전쟁이 가능하겠는가"라는 회의적인 논평을 내기도 했다고 한다.

유엔 세계평화의 날, 세계평화의 해 제정 주도

1981년 11월 30일 제36차 유엔총회는 미원이 제의한 대로 매년 9월 셋째 주 화요일을 '세계평화의 날'로, 1986년을 '세계평화의 해'로 제정 선포했다. 『경희 50년사』는 그때 상황을 이렇게 기록하고 있다.

> 드디어 1981년 11월 27일 세계평화의 날을 제정하자는 결의안이 유엔총회에 상정되었다. 키타니(Kittani) 총회 의장은 안건을 상정해 놓고는 서류 미비를 이유로 토론 일자를 30일로 연기했다. 그 까닭은 몇몇 대사들이 이의를 제기해 표결에 부칠 수밖에 없었기 때문이었다. 연기 이유는 조영식 학원장(미원)이 어떤 일이 있어도 표결에 부쳐 결정해서는 안 된다고 간청했기 때문이었는데, 조 학원장은 세계평화를 이루는데 단 한 나라가 반대해도 전쟁은 일어나는 것이라고 강조했다. 그는 또 평화는 우리의 절대 명제이어서 단 한 나라의 반대가 있어도 표결로 통과시키는 것은 바람직하지 못하다는 의견을 간곡히 전달했던 것이었다. 그리하여 의안에 대한 결정이 3일 후인 1981년 11월 30일로 미뤄지게 되었다.

미원의 후일담에 의하면 그 후의 3일간은 30년보다도 더 긴 시간이고 더 어려운 시간이었다고 한다. 만약 몇 나라가 반대하여 전체 분위기를 바꿔 버린다면 인류의 내일이 어떻게 될까 하는 우려로 밤잠을 이루지 못했던 것이다, 그는 피자 코스타리카

대사와 함께 의안 결정 문제를 점검해 보고, 반대하던 대사들을 일일이 만나 설명하고 협조를 당부했다.

미원은 의안이 연기된 그날 밤 하나님께 간절히 기도드렸다. 다음 날도 그 다음 날도 마찬가지였다. 기도를 마친 뒤 일요일 저녁 혼자 유엔 플라자호텔을 나와 근처에 있는 잡화점에 들어가 인생 최후를 결정할 칼을 사가지고 호텔로 돌아왔다. 그는 다시 숙연한 마음으로 이렇게 기도를 드렸다.

"예수님께서는 인류의 죄를 속죄하기 위해 십자가에 못박히셨는데 저는 만약 평화의 날과 해가 통과되지 못할 경우 핵전쟁에 의한 인류사회의 파멸을 막을 수 없기 때문에 부득이 세상을 하직할 수밖에 없습니다. 자비로운 주님이시여, 굽어 살펴 주시옵소서."

그런 다음 미원은 가족에게 유서를 썼다. 노모에게는 불효자를 용서해 주세요, 가족에게는 나를 이해해 달라면서 아내에게 가족을 잘 부탁한다는 내용이었다. 대한제국 이준 열사가 네덜란드 헤이그에서 만국평화회의가 열렸을 때 대한제국의 일본 귀속을 반대하며 자결했던 장면이 떠오른다.

미원도 유엔총회장에서 의안이 부결되었을 때 "평화를 위해 이곳에 와 있는 여러 대사들마저도 평화를 버리는데 우리 인류는 앞으로 누구를 믿으란 말입니까?"라고 절규하면서 최후의 결심을 하기로 했다. 그러한 각오 아래 다음 날 아침 미원은 의연한 마음으로 총회장으로 들어갔다.

단상에 앉아 있던 키타니 의장은 다시 엄숙하게 개회를 선언하고 "지난 금요일에 상정된 평화의 날과 평화의 해 안건을 여기에 상정합니다. 아마도 이 평화 의안에 반대하는 이는 없겠지요?"라고 물었다. 그리고 2~3초를 기다린 뒤 "모두 이의가 없는 것으로 알고 본 안건을 통과시킵니다" 하며 사회봉을 두드렸다.

그 사회봉은 인류를 살렸고, 이 일에 생명을 건 미원도 살렸다. 참으로 감격의 순간, 미원과 피자 코스타리카 주 유엔대사, 또 함께 뛰었던 라졸라 페터미 박사와 김세진 뉴욕 총영사는 부둥켜안고 뜨거운 눈물을 흘렸다. 미원은 생전에 그때 써놓은 유서와 유품을 보관하고 있었으며, 자신이 세상을 떠난 후 열어 보라고 가족에게 유언을 남겨 두었다고 한다.

제2차 세계대전 종결 이후 40년 가까이 지속되어 온 이데올로기의 대립, 자본주의와 공산주의의 대결 등 긴장상태는 1980년대 들어서자 이렇게 협동과 화해의 시대로 전환하게 되었다. 세계평화 구현의 원동력의 하나를 경희대가 맡아 수행한 것은 역사에 길이 남을 놀라운 일이 아닐 수 없었다.

당시 경희대의 기념비적인 역할에 대해 미원의 차남인 조인원 경희대 이사장(전 경희대 총장)의 말을 들어본다. 조 이사장은 중앙일보와 인터뷰에서 '세계평화의 날 제정'을 유엔에 건의한 배경에 대해 다음과 같이 설명했다.

"세계평화의 날이 제정된 1981년은 신냉전 시대에 접어든 시점이었습니다. 소련이 아프가니스탄을 침공한데다 미국과 소련의 대립 격화, 더군다나 한국은 전쟁을 겪은 터라 항구적인 평화, 그 어느 나라보다도 절실하던 상황이었지요. 경희대 설립 정신이 '문화세계의 창조'인데 이념과 체제가 빚어내는 파괴적 갈등과 대립을 넘어 사람이 우선시되는 시대사조를 만들어 가자는 취지였습니다. 이것이야말로 세계평화의 날 제안과 통하는 정신입니다."

미원은 매년 세계평화의 날을 기념하며 "이를 보다 조직적이고 효율적으로 영구히 구현시키려면 교육을 통해 평화 지향적인 세계적 지도자를 양성해 내는 게 급선무다. 특히 눈앞에 있는 21세기에는 오늘보다 훨씬 더 다양하고 전문화된 사회가 될 것이다"라고 말했다.

이러한 새로운 변화에 효율적으로 대처할 수 있는 유능한 지도자만이 세계평화를 구현시킬 수 있다고 판단한 그는 지구도 하나, 인류도 하나, 규범과 목표도 하나가 된 내일의 종합 문명사회, 오토피아를 건설할 수 있는 미래지향적인 지도자를 길러 내는 방안을 고민하게 됐다.

"세계평화의 날은 모든 국가와 시민이 평화의 이상을 기념하고 고양하고자 제정됐습니다. 모든 유엔 회원국과 산하 기관, 기구, 지역기구, NGO뿐 아니라 모든 사람이 유엔과 협력 하에 특히 교육적 수단을 통해 세계평화의 날의 의미를 되새길 것을 권유합니다."

1981년 11월 30일 제36차 유엔총회에서 채택한 결의문 내용이다. 결의안이 상정되고 총회 결과를 지켜보던 미원에게는 일생에 있어서 가장 극적인 날이자 보람된 순간으로 기록됐다.

이에 앞서 미원은 5개월 전인 6월 28일부터 7월 3일까지 코스타리카 산호세에서 열린 제6차 세계대학총장회 총회에서 로드리고 카라조 오디오 대통령에게 세계대학총장회 결의안을 유엔총회에 제안해 주도록 요청했다. 당시 대한민국은 유엔 회원국이 아니었기 때문이다. 피자 코스타리카 주 유엔대사와 함께 어려움을 극복하고 백방으로 노력한 끝에 결의안을 유엔총회에서 만장일치로 채택할 수 있었다.

미원은 평화의 날 제정 직후 감격에 겨워 본회의장에서 '평화의 대합창' 모습을 연상시켜 주는 '인류의 안전, 복지, 평화의전당' 제목의 시를 짓기도 했다.

세계 일주 대장정에 오른 평화의 횃불

1986년 9월 16일 오전 9시 30분 유엔 본관 앞 광장에서는 세계 각국의 대통령, 총리, 외무장관, 유엔대사 등이 참석한 가운데 첫 세계평화의 해 기념 행사가 열렸다. '평화의 날'과 '평화의 해' 제안자 자격으로 케야르 유엔사무총장의 초청을 받은 미원은 '팍스 유엔(Pax UN)을 통한 세계평화의 구현'이라는 연설을 통해 유엔 주도로 전쟁과 분쟁을 속히 종식시켜 평화로운 세계를 만들어 가자고 호소하여 우레와 같은 박수를 받았다.

케야르 유엔사무총장은 미원에게 "귀하가 아니었다면 평화의 해는 이 땅 위에 존재하지 못했을 겁니다. 우리 모든 유엔 관계 인사들은 귀하에게 진심으로 감사하고 경의를 표합니다"라고 치하했다. 이어서 유엔아동기금 창립 40주년을 기념하기 위해 마련된 제1회 평화의 횃불 봉송 세계일주대회 출발 행사를 가졌다.

유니세프 총재로부터 채화봉을 받아든 두 아동은 봉화대에서 횃불을 붙였고, 점화된 횃불을 케야르 사무총장에게 건넸다. 이어 안전보장이사회 의장이 총회 의장에게 인계했고, 총회 의장은 이를 평화의 해 준비위원장인 오스트로스키 박사에게, 오스트로스키 박사는 미원(당시 경희대 총장)에게 전달했다. 미원의 손을 떠난 평화의 횃불은 5대양 6대주를 거쳐 세계 일주 대장정에 오를 제1주자에게 인계되었다.

그런데 주최 측은 한국이 유엔 회원국이 아니라는 이유로 봉송로에서 제외했다. 이를 알게 된 미원은 준비위원장과 케야르 사무총장에게 서신을 보내 봉송로 변경을 요청했고, 뉴욕 방문 때 직접 찾아가 "평화의 해를 한국인이 발기해 제정하게 됐는데 어찌 회원국이 아니라는 이유로 뺄 수 있는가"라고 설득했다. 준비위 측이 검토 의사를 밝히자 미원은 중국에서 북한을 거쳐 판문점을 통과해 한국으로 오는 방안을 제안했으나 북한의 반대로 결국 중국에서 한국으로 들어오게 됐다.

이 횃불은 유엔 광장을 떠난 지 두 달 만인 1986년 11월 16일 한국에 도착해 이튿날 외무부와 KBS 공동 주관으로 여의도에서 평화의 횃불 달리기 대회를 열었다. 횃불주자들은 이날 오후 평화지도자를 양성하는 평화복지대학원을 방문해 대학원 학생들과 함께 교정으로 들어왔다.

평화의 성화를 받아든 미원은 임시로 만든 평화의 탑 봉화대에 점화를 하고 난 뒤 기념식을 갖고 "유엔사무총장이 본 대학원의 발전을 기원하는 의미의 평화 메시지를 보내 온 바로 이곳 평화복지대학원에서 내 손으로 횃불을 받게 되니 감개무량하다"고 말했다. 그리고 "평화는 우리의 생명원이고, 우리 삶의 기반입니다. 진정 평화는 개선보다 귀한 것입니다"라고 강조했다.

유네스코(유엔교육과학문화기구)는 1993년 12월 12일 평화복지대학원에 세계평화 증진을 위한 교육 및 연구에 기여한 공로를 인정해 평화교육상을 수여하고 부상으로 6만 달러 상금을 주었다. 이는 국내 교육기관 중 초유의 일로 이 대학원이 세계평화를 위한 경희대의 실천적 의지로 설립된 데 이어 평화의 이념을 가르치고 세계평화를 선도할 미래 지도자를 양성하는 교육기관임을 평가한 것이다.

"생각하고, 생각하고, 또 생각하라!"

미원이 평화복지대학원 학생들에게 사색과 사유의 중요성을 강조하며 늘 강조하던 경구다. 어린 시절 아버지로부터 사색하는 습관을 갖고 행동에 앞서 거듭 생각하도록 가르침을 받은 그는 학교 기숙사 뒤에 수양관 건물을 세웠다. 학생들이 학업이나 학술행사 참석 등으로 분주한 일상 속에서도 사색과 명상을 생활화하라는 뜻이 담겨져 있다.

미원이 강조하고 교육해 온 사색 훈련은 퇴계와 율곡 등 우리 선조들이나 공자, 주자 등 성리학자들의 학문 방법과도 맥이 닿아 있다.

유엔 주도하의 세계평화론(Pax UN)

1980년대에 접어들면서 '유엔 무능론', '유엔 폐지론'이 봇물처럼 제기되자, 미원은 유엔 주도하의 세계평화(Pax UN)의 중요성을 역설했다. 유엔을 폐지하는 것보다는 오히려 유엔의 기능을 강화해 세계평화에 실질적인 도움이 되게 해야 한다는 주장이었다.

유엔이 강화되기 위해서는 어떤 특정분야에 있어서는 기존의 상대적 기속력(羈束力) 대신 절대적 기속력, 즉 법적 구속력을 부여하는 것이었는데, 이러한 새 유엔을 팍스 유엔[5]으로 설명했다. 아울러 이를 위한 유엔헌장 개정 방안으로 사무총장의 권한과 책임 강화 외에 세계의 안전보장을 충분히 유지할 수 있도록 유엔군의 조직 강화와 감시 역할의 증대, 국제사법재판소가 모든 국제분쟁을 담당하도록 확대, 강화, 전담 등을 주장했다.

유엔 기능에 대한 비판은 1979년 구소련의 아프가니스탄 침공으로 촉발된 신 동서냉전시대 속에서 미·소 강대국의 대결 심화로 핵전쟁의 우려가 어느 때보다도 높아지는 상황에서 유엔이 이렇다 할 역할을 다하지 못한 상황에서 나온 주장이었다.

최근(2022. 2) 러시아의 우크라이나 침공 이후 전쟁의 장기화로 수많은 인명이 살상되고 국토가 파괴되었지만 유엔은 종전이나 휴전 등으로 인명 살상을 막도록 중재하는 등 본연의 역할을 하지 못한 것이 대표적인 사례다.

미국 워싱턴포스트(2022. 5. 26)를 비롯한 세계 주요 언론들도 유엔이 우크라이나 전쟁 중단 노력에 실패했다고 논평했으며, 일각에서는 강대국들의 '허수아비'로 전락했다고 날선 비난을 퍼부어 온 것이 어제 오늘의 일이 아니다. 국제평화와 안전보장을 통한 세계 번영을 추구한다는 유엔의 창설 목표와 달리 유엔이 종전을 위해 실질적인 노력도 하지 않고 있음을 지적한 것이다.

리처드 고완 국제위기감시기구 유엔국장은 유엔안전보장이사회가 무기력하게 손을 놓고 있는(inaction) 것은 비극적 상황이며 전적으로 예측 가능했다[6]고 말하고, 비토권을 가진 5대 상임이사국이 좌지우지하는 안보리의 시급한 개혁 필요성을 제기했다.

고완 국장은 2022년 2월 러시아가 안보리의 우크라이나 침공 규탄 결의안 채택을 무산시키자, 2개월 뒤(2022. 4) 볼로디미르 젤렌스키 우크라이나 대통령이 국제사회 대상의 화상연설을 통해 유엔이 러시아의 침공 행위에 책임을 지우게 하지 못한다면 스스로 해체시켜야 한다[7]고 말한 점도 상기시켰다.

우리나라와 관련해서도 북한의 핵 위협이 한국에 이어 일본, 미국에까지 가해지고 있는 등 국제안보 위기감이 고조되는 상황이다. 이에 대해 오영달 충남대 정치외교학과 교수는 "미원이 생전에 호소했던 '유엔 주도하의 세계평화론'은 오늘날 시대 상황 속에서 하나의 혜안으로 재조명될 필요가 있다"고 강조했다.

미원은 '유엔 무용론'에 이어 '유엔 폐지론'이 한때 유행했지만 "국가들이 협력하면 유능해지고, 그렇지 않으면 무능해진다"고 말했다. 유엔의 숭고한 이상과 달리 실제적으로는 유엔이 자국에게 유리한 이익 각축장이자 동서 진영 간 대결 등을 지적한 것이다. 미원이 세계평화를 위해 유엔에 초점을 두고 전개한 유엔 주도하의 '팍스 유엔' 운동의 출범 배경이다.

미원은 유엔 무능론, 유엔 폐지론에 맞서 유엔의 역할을 강화해 세계평화를 실천해야 한다는 비전과 운동가로서의 모습을 다시 보여 주었다.

제3장

생이별 30년 만에 실현된 이산가족 상봉의 꿈

'1천만 남북 이산가족' 상봉의 산파역

"누가 이 사람을 모르시나요. 얌전한 몸매의 빛나는 눈 고운 마음씨는 달덩이같이 이 세상 끝까지 가겠노라 나에게 강가에서 맹세를 하던 이 여인을…."

특별 생방송 기념 앨범(레코드판) '남과 북-누가 이 사람을 모르시나요/KBS 이산가족을 찾습니다'의 표제곡이다. 1983년 여름밤 패티김의 목소리를 타고 전국 안방을 강타, 시청자들의 눈물샘을 뜨겁게 자극했던 애잔한 노래다.

6월 30일 밤 10시 15분 '누가 이 사람을 아시나요?' 생방송은 첫날부터 폭발적인 반응으로 4시간 30분간 연장 방송을 한 데 이어 5일간 릴레이 생방송을 진행하는 대기록을 세웠다. 이후 11월 14일까지 무려 453시간 45분간 생방송으로 이산가족 찾기 특별

프로그램을 진행, 이산가족 1만189명의 한을 조금이나마 풀어 줬다는 평가가 이어졌다. 이 같은 역사적인 남북 이산가족 상봉 행사의 뒤안길에는 미원의 숨은 노력이 있었다는 것을 아는 사람은 많지 않은 것 같다.

6·25전쟁 발발 후 3년 동안 남북한에서 약 260만 명의 사상자가 발생했고, 월남이나 납북, 인민군 징집, 피란 등으로 생이별을 한 가족 수는 남북한을 합해 1천만 명에 달했다. 휴전 후 반세기가 지났지만 남북 간 적대관계가 지속되면서 이산가족들은 방문은커녕 왕래나 서신교환조차 할 수 없어 발만 동동 구르고 있을 뿐이었다.

이런 상황에서 미원은 1983년 '1천만 이산가족재회추진위원회'를 출범시켰다. 위원회 설립 목적은 이산가족들의 한을 달래고 풀어 주면서 남북한 정권 간의 적대관계 해소에도 도움을 주려는 생각에서 시도된 것이다.

미원은 먼저 남한에 있으면서도 전쟁 중에 헤어진 가족들을 찾지 못한 이산가족들이 있을 수 있다고 판단해 KBS와 함께 상봉 행사를 진행했다. 부모와 형제자매, 부부 등 같은 나라에 살면서도 만날 수 없었던 이들은 부둥켜안고 뜨거운 눈물을 흘리며 혈연의 정을 나누는 장면이 TV로 전국에 생중계됐다.

여의도 KBS 방송국 앞에는 이산가족들로 인산인해를 이뤘다. 건물 밖에 천막을 치고 노숙을 하면서 가족사진과 사연을 적은 편지, 또 헤어진 가족들의 이름과 사진을 붙여 놓고 찾아 나서기도 했다. 이 감동의 장면들은 TV 영상을 타고 전 세계로 송출됐고,

약 40일 간 계속된 이산가족 찾기 생방송은 최장 기간 생방송 세계 기록을 세우기도 했다. 이를 통해 1만여 명의 이산가족이 상봉의 기적을 맛보았다.

미원은 이에 그치지 않고 유엔인권위원회와 세계인권연맹, 국제사면위원회(국제앰네스티), 세계적십자연맹, 국제적십자위원회 등을 찾아다니며 남북 이산가족이 재회할 수 있게 협조해 달라고 호소했다. 1984년에는 국제적십자사 엔리크 드 라 마타 박사를 서울에 초청해 장충체육관에서 이산가족재회 촉진대회를 열었다.

1985년에는 제네바 국제적십자사 본부를 찾아가 스웨덴에서 열리는 국제적십자총회에서 한국 이산가족의 재회를 촉구하는 결의문을 채택해 줄 것을 호소했다. 이후 이 특별 결의문은 미원의 요청대로 국제적십자총회에서 채택됐다.

이러한 헌신적인 노력이 마침내 1985년 가을 결실을 맺었다. 역사상 처음으로 남북 이산가족 고향방문단이 조직돼 서울과 평양에서 각각 151명씩 상호 교환 방문을 하게 된 것이다. 하지만 이산가족 교류사업은 2000년 6월 김대중 대통령이 평양을 방문, 남북 정상회담이 성사된 뒤에야 가능했다.

2001년과 2002년에도 다섯 차례에 걸친 상호 교환 방문이 있었으나, 북한 당국은 아직도 인도주의적이고 정례적인 상호 방문과 면회소 설치 및 서신 교환 요청은 받아들이지 않고 있다.

미원은 1993년에는 TV로 생중계되는 가운데 한국기독교연합회(KNCC)와 공동으로 서울과 평양을 잇는 인간 띠 잇기 대회를 열었지만 북한 측의 외면으로 남한에서만 서울에서 판문점까지 행사가 진행됐다. 이런 상황에서 미원은 '1천만 이산가족 재회 촉구 범세계 서명운동'을 전개했다. 광복 50주년(1995년)에 맞춰 이 운동을 전개한 것이다.

인간의 기본권이기도 한 이산가족 재회 문제를 평화적으로 해결하려면 세계를 상대로 인도주의적 정서에 호소하는 게 절실하다는 판단에서였다. 8개월 간 계속된 범세계 서명운동에 153개 국에서 21,202,192명이 참여했다. 33명의 노벨상 수상자와 각국 적십자사 총재, 대학총장, 교수들이 동참했다.

한편 미원은 19년 간 위원장직 7회 연임 기록을 세웠다. 이산가족들이 그의 헌신적인 노력을 지켜보고 일곱 번이나 연임시키며 일관된 업무를 수행하도록 신뢰해 준 것이다. 미원은 그러나 남북 교류의 효율성을 높이려면 민간단체보다 정부 간 역할이 중요하다고 생각해 2000년 위원장직을 사임했다.

꿈에 본 내 고향 : 양보 거듭하다 고향땅 못 밟아

"나보다 더 고향땅을 밟아보고 싶은 분들 먼저 보내 드리고…."

고향만큼 애틋한 추억의 대상은 많지 않을 것이다. 특히 오랜 타향살이를 한 사람이라면 분주한 일상을 마치고 서산마루로 설핏 기운 해를 바라보거나 끼륵끼륵 기러기 울음소리를 들을 때 더욱 고향 생각이 간절하지 않겠는가. 헤르만 헤세도 슬픈 방랑자의 행적을 그린 소설 『크눌프』에서 고향을 떠나본 사람만이 고향의 소중함을 더욱 절절히 느낄 수 있다고 타향살이의 애환을 밝혔다.

미원 역시 20대 중반에 떠나온 고향을 60년이 지나도록 끊임없이 그리워했다. 남인수의 '가거라 삼팔선' 노래 가사처럼, "남북이 가로막혀 원한 천리 길"을 "꿈마다 (너를) 찾아" 걷곤 했다고 생전에 술회하곤 했다. 미원은 일생 동안 세계 일주를 한 방랑객(vagabond)이면서도 북녘 고향땅에 대한 그리움은 잠시도 감추지 않았다.

이에 대해 조정원 세계태권연맹 총재는 2018년 북한태권도연맹과 협의차 방북을 앞두고 "선친은 1천만 이산가족재회추진위원장을 10년 이상 맡았는데도 '나보다 더 가고 싶은 분들 먼저 보내고 가겠다' 하시다가 결국 고향 운산에 못 가 보고 돌아가셨다. 그런데 내가 평양 땅을 먼저 밟게 되었다"며 안타까운 심정을 토로했다.

이러한 미원의 삶을 돌아보노라니 "인간은 방랑에 대한 동경과 고향에 대한 동경을 갖고 있다"는 독일 사회학자 게오르크 짐멜의 말이 떠오른다. 그만큼 미원은 세상을 떠날 때까지 고향을 그리워한 대표적 인물인 셈이다.

미원은 1983년 5월 '꿈에 본 내 고향'이라는 시를 썼다. 경희대 음대 학장이던 작곡가 김동진 교수가 곡을 붙여 이 노래가 탄생했다.

꿈에 본 내 고향

곧 돌아온다고 손짓을 하며
떠나서 온 지 어제 같은데
간밤에 기러기 떼 날아들더니
소식 끊긴 고향 꿈에 베개 적셨네
언제나 만나랴, 그리운 사람들
언제나 보게 되랴, 그리운 산천

1 조지 오웰은 역저 『1984년』에서 과학과 제도, 조직 등이 인간을 역지배하는 인간 부재의 세계가 올 것임을 예고했다.

2 조영식, 『밝은사회운동의 이념과 기본철학 – Oughtopia를 지향하며』(자료집), 밝은사회연구소, 2008.

3 필자의 취재수첩에는 2006년 원자바오 중국 총리가 인민대회당에서 가진 기자 회견에서 "늘 존경과 경외심을 갖게 하는 유일한 두 대상"으로 칸트의 묘비명을 언급한 것으로 기록돼 있다. 당시 TV로 이를 지켜보며 2년 전 쓰러져 병상에 계시던 스승 미원의 가르침을 떠올리던 기억이 새롭다.

4 코리아게이트(Koreagate)는 한국 정부가 미국의 군사원조를 얻기 위해 미국 유학 후 현지에 체류중이던 박동선을 통해 미 의원 등 정치인들을 상대로 '뇌물성 로비'를 했다는 일종의 '초대형 정치 스캔들'이다. 1976년 10월 24일 워싱턴포스트의 보도로 촉발돼 미국 정계에 파문을 일으키면서 한 · 미 관계를 크게 냉각시켰었다.

5 조영식, "21세기의 민주주의와 PAX UN을 통한 신국제질서", 『밝은사회연구』, Vol.15, No.1(1993), pp.7~8.

6 RICHARD GOWAN, "The United Nations hasn't been useless on Ukraine", *TEXAS NATIONAL SECURITY REVIEW*, July 21, 2022.

7 RICHARD GOWAN, Ibid.

제4부

90년의 발자취 :
고난과 역경은 나의 벗

"사색은 진리를 뚫어 보고, 의지는 대망을 성취한다."
미원 조영식

"한 세기가 끝나고 새로운 시대가 오고 있습니다. 현재는 냉전이 종식되고 밝은 미래가 와야 할 시점이지만 냉전 이후의 새로운 기대를 품었던 우리의 희망은 아직 충족되지 못하고 있습니다.

(중략)

유엔 세계평화의 날(9월 21일)과 세계평화의 해(1986년)가 없었다면 지금 우리가 누리고 있는 평화로운 세계는 없었을 것입니다."[1]

– 고 미하일 고르바초프 소련 대통령
(1995년 2월 8일 경희대 시청각실에서 행한
'냉전 이후의 신평화 구축' 강연에서)

제1장

나의 갈 길 다 가도록

미원은 1988년 서울올림픽을 앞두고 지역과 이념 갈등으로 사회 혼란이 극에 달했을 때, 서로 사랑하고 용서하며 단합을 촉구하는 '국민화합의 노래'를 지었다. 작곡은 김동진 경희대 교수가 맡았다. 미원은 이후 밝은사회운동을 통해 범국민 화합운동을 전개해 나갔다.

국민화합의 노래

한 겨레가 불신이란 웬 말인가
한 동포에 미움이란 웬 말인가
유구한 오천년의 기나긴 세월
한 핏줄로 이어온 우리가 아닌가
나만을 앞세우면 불화가 오고
우리를 앞세우면 화목이 온다

불신타파 앞장서서 사회안정 이루고
무질서 추방하여 국민화합 이루자

온 겨레 함께 나서 오늘의 난제 풀어
밝아오는 동아시아 새별이 되자
감사하는 그 마음에 온정이 트고
관용하는 그 마음에 화해가 온다
부조리를 척결하여 사회기강 세우고
비정을 몰아내어 우리 사회 밝히자
온 겨레 함께 나서 오늘의 난제 풀어
밝아오는 동아시아 샛별이 되자

완전 연소의 삶 : 쉼 없이 달려 온 90 평생

"문명은 동작이지 상황이 아니다. 또 항해이지 항구가 아니다.
(Civilization is a movement and not a condition, a voyage and not a
harbour)."

아놀드 토인비의 이 말만큼 "전진 또 전진"을 외치며 도전정신
으로 충일했던 미원의 일생을 집약하고 실감나게 보여 주는 경구
는 많지 않을 것이다. 고도로 발달된 인류의 문명은 미원이 그랬
던 것처럼 사면초가 같은 열악한 환경에 굴하지 않고, 또 자신의

삶을 아낌없이 연소하고 떠난 우리 선조들이 흘린 땀의 결실이었다. 이런저런 이유로 정박되어 있는 배 위에서 한가로이 노니는 사람들에 의해 이뤄진 것이 아님을 일깨워 준다.

경희대를 짧은 시간 내에 세계적 대학 반열에 올려놓은 일 한 가지만도 대단한 일이 아닐 수 없다. 경희학원에 세계에서 유례를 찾아볼 수 없는 일관교육체계를 구축한 것도 놀라운 일이다. 이 점으로만 봐도 미원이 교육 부문에 끼친 업적은 세계 어디에 내놓아도 뒤지지 않는다고 해도 과언이 아닐 것이다. 교육행정에 달통한 전문가라고 해도 선각자의 예지력이나 통찰력을 겸비하지 않았다면, 또 온갖 난관을 두려움 없이 돌파해 내는 의지와 비전으로 충만된 도전정신을 갖추지 않았다면 경희학원의 오늘을 기약할 수 없었을 것이다.

학교 운영이 어느 정도 궤도에 오르자 미원은 시선을 나라 안팎의 공동체로 돌렸다. 인류사회를 재건하고 세계평화 실현을 위해 진력해 온 실천적 사상가로 평화의 창조자로 일생을 풍미했던 미원의 90 일생은 일견 스포트라이트를 받는 영광된 자리였을 것이다. 그렇다고 해도 그 뒤안길에는 꿈에서까지 시달릴 정도로 평생을 옥죄었던 대학 재정난에다 육체적 피로, 자신을 둘러싼 각종 험담 등 고달픈 기억들이 자리 잡고 있었다고 한다.

경희대 서울캠퍼스 정문을 들어서면 가슴을 활짝 열게 해 주는 등용문과 '문화세계의 창조' 교시탑처럼 미원이 만면에 미소를 머금고 따뜻하게 맞아 주는 것 같다. 그의 삶은 정중동도 아닌 늘 현재진행형이었다. 경희학원이라는 대동산을 세우는 과정에서 거센 폭풍이 몰려올 때 잠시 항구로 피신했을 뿐, 한시도 항해를 멈추지 않았다.

고통의 보릿고개 넘어 지구공동사회로

수천 년 이어져 온 보릿고개의 고통에 멍든 국민과 전후 더 피폐해진 조국의 산하를 돌아보며 통탄을 금치 못했던 미원. 그는 그 근원을 살피고자 전 세계 선진국과 중진국, 후진국들을 돌아보면서 "우리도 잘살 수 있다"는 꿈을 키워 나갔다. 귀국 후 후진사회연구소를 세워 후진사회 탈피 방책을 모색하며 경희대 학생들과 함께 농촌을 중심으로 문맹퇴치운동과 잘살기운동을 전개하고, 도시 근로자를 대상으로 야학도 실시했다.

박정희 정부의 근대화 정책이 뿌리를 내리고 농어촌이 부흥으로 이어지면서 우리 국민은 5천 년 만에 처음 보릿고개를 넘어섰다. 그러나 미원은 사회운동의 마침표를 찍지 않았다. 물질적 풍요라는 목표는 어느 정도 달성했지만, 정신적으로 아름답고 인간적으로 보람된 사회를 소망하던 미원은 운동의 대상을 국경 밖으로 확대했다. '문화세계의 창조' 실현을 위해 진력했던 미원은 세계 국가들을 상대로 인류가 함께 행복하고 안전하게 잘사는 평화운동에 헌신했다.

인간소외, 도덕적 타락, 물질만능주의, 끊임없는 분쟁 등 도시화와 산업사회의 어두운 면을 해소하면서 인간이 진정으로 추구해야 할 가치를 일깨워 주는 명제를 제시한 것이다. 이를 가능하게 한 조건 중 하나는 미원이 20대 청년 시절 이미 심지를 굳혔던 '교육입국'의 신념이 아니었을까? 무에서 유를 창조하고자 온갖 악조건 속에서도 불굴의 의지를 불사르며 세계 속의 경희학원을 건설한 미원의 삶은 영화 '미션 임파서블'의 소재로도 부족하지 않겠다는 생각이 든다.

구봉(九峯)과 구봉(龜峯)[2]

미원이 늘 북녘 땅 고향을 그리워하며 언급했던 운산의 아홉 봉우리(九峯)를 상상해 보다 문득 조선 중기의 8대 문장가 구봉(龜峯) 송익필(1534~1599)의 신산했던 삶이 떠올랐다. 온갖 시련과 역경에 굴하지 않고 당대를 대표하는 문장가 반열에 오른 청년 송익필의 생애에 미원의 모습이 투영된 때문이다.

미원은 양반 가문에다 광산주의 아들이고 기독교 가정에서 유복하게 자랐다. 반면 송익필은 가난한 데다 평생 꼬리표처럼 따라다닌 서출이라는 신분상의 한계로 평면적 비교는 쉽지 않다. 하지만 두 사람은 온갖 역경 속에서도 자포자기하지 않고 학문의 일가를 이루고 내로라하는 제자들을 길러낸 인물이라는 점에서 닮은꼴이다.

무엇보다도 두 사람은 마음속 생각을 곧잘 시로 승화시켜 정제된 언어로 내면의 평정에 도달하고자 한 공통점도 있다. 현실적

고난에 대한 구봉의 선비로서의 태도와 내적 승화 과정도 주목
되는 부분이다. 구봉은 향시 합격 후 20년 간 준비해 온 대과 시
험 기회를 서출 신분 때문에 날려 버리고 큰 좌절을 맛보았지만,
이런 절망적 상황에서도 크게 동요하지 않고 성리학 연구에 몰
두했다.

　미원 역시 학도병 시절, 살을 에는 추위와 고문 등에 시달리며
생환 여부도 알 수 없었던 영창 생활을 하면서도 학문에의 의지
를 불태웠다. 또 피란지에서 인수한 학교 건물이 전소되어 한 줌
의 재로 변했을 때도 두 주먹을 불끈 쥐고 일어서는 등 초인적
의지가 남달랐다.

　미원과 구봉의 세 번째 닮은꼴은 스스로 깨우치는 자득의 학
문이 대부분이었다는 점이다. 구봉이 성리학에 관한 모든 서적
을 가져다 밤낮으로 읽고 연구했는데, 이는 스승 없이 스스로 깨
우친(自得) 것이었다는 기록이 있다. 미원은 1988년 평화복지대
학원장 고 류승국 박사(성균관대 유학과 교수)의 맹자 특강을 학생들
과 함께 듣고 강평을 하면서 "강의를 듣거나 책을 읽은 뒤엔 꼭
사색을 하면서 진리와 도를 스스로 깨우치는 노력이 필요하다"며
학생들에게 생각하는 습관을 갖도록 권면했다.

　절망적인 상황에서도 동요하지 않고 성리학 연구에 매진해 독
자적인 학문세계를 구축한 참 선비 구봉의 고단한 일생은 그대로
미원의 모습과 닿아 있다. 미원은 학도병 징집, 헌병대 영창살이,
대학 재정난, 정치권력의 견제와 구금생활, 비방과 질시 등 온갖
난관에도 자신을 더욱 두드리던 연단(鍊鍛)의 사나이였다.

"안창호에 이은 제2의 국민교육가요 선각자"

이런 고난을 뚫고 한 걸음 한 걸음 내디딘 불퇴전의 의지는 다양한 분야에서 불후의 업적을 쌓은 토대였다. 소년 시절 운산의 아홉 개 봉우리(九峯)를 바라보며 꿈을 키운 미원. 그가 90 평생 이룩한 업적과 남달랐던 모습을 '9좌(座) 등정'으로 비유해 본다. 즉 생각의 왕자(思惟峯), 자유민주 교육(自由民主峯), 문화세계의 창조(文化峯), 농어촌 계몽(啓蒙峯), 일관교육체계 구축(敎育峯), 건축의 대가(建築峯), 국토·인류사회 재건(再建峯), 오토피아 사상 확립(思想峯), 전쟁 없는 평화운동(平和峯)이 그것이다.

미원은 "안창호에 이은 제2의 국민교육가요 선각자"라는 국내외 평가를 받기도 했다. 독일 뮌헨대 국제정치학 박사인 서준원 세종시 정책특보는 "조영식 경희대 총장이야말로 제2의 안창호 같은 선각자라는 생각을 했다"고 회고했다. 그리고 "사회 전반적으로 국제사회에 대해 잘 모르던 시절, 정부가 해야 하는 한국과 국제사회의 연결 등에서 홀로 교량 역할을 훌륭히 해냈고, 특히 인재교육에 힘쓴 덕분에 오늘날 한국과 한국인에게 미친 영향이 지대하다"고 강조했다.

미원이 경희학원에 '일관교육체계'를 구축, 세계적으로 주목을 끌기 시작한 1970년대 초반 한국의 대학생들은 이에 대해 어떤 생각을 하고 있었을까? 국내 주요 대학의 학자나 학생들의 조영식 경희대 총장에 대한 인식의 일말, 그 저변을 짐작하게 해 주는 견해가 있어 소개한다. 다음은 연세대 정치외교학과 72학번인 서준원 박사와의 인터뷰 내용을 정리한 것이다.

Q 조영식 학원장에 대해 언제 처음 알게 되었는가?

대학 입학 후 교내에 "경희대 학생들은 조회시간에 조영식 박사님 특강을 듣는다"는 소문이 퍼지면서 "조영식이 누구야?" 하며 관심이 증폭된 것 같다. 그때만 해도 국제문제는커녕 '외국'이라는 단어조차 마음에 와 닿지 않던 시절에 조 총장님은 세계 유수의 대학 총장들과 교류하는 모습 등이 돋보였다.

Q 1968년 경희대에서 열린 제2차 세계대학총장회를 두고 하는 말씀 같다.

그렇다. 당시 최빈국 중 하나였던 한국에서 세계적인 학자들을 모아 총회를 연다는 것이 쉬운 일이 아니었을 것이다. 또 국제사회 개념조차 희박한데다 '외교'라는 단편적이고 요식적인 행위도 정부 채널만 가동되던 상황에서, 유엔본부를 오가며 민간외교를 펼치시는 모습을 보면서 경희대 학생들이 무척 부러웠다. 나뿐만 아니라 서울 시내 주요 대학의 학생들도 마찬가지였을 것으로 본다.

Q 교육행정가로서의 조영식 총장의 역할을 어떻게 보나?

조 총장님은 후발주자인 경희대를 세계적인 대학으로, 또 국제화의 첨병으로 일으켜 세운 것만으로도 탁월한 교육행정가로 평가하고 싶다. 이 중에서도 가장 중점적으로 재조명할 필요가 있는 부분은 교육에 대한 열정과 애정, 또 제자 사랑의 마음이 아닐까 한다. 자유와 민주 등의 가치를 독학으로 깨우쳐 아침 조회 등을 통해 학생들에게 가르치고 국제화 마인드를 심어 주었기에 "총장님 덕분에 자기 인생을 펼친 제자들이 많다"는 얘기들이 전해졌던 것 같다.

Q '제2의 도산 안창호' 선생으로 평가했는데….

이런 모습은 한국 학계의 보고서나 언론 보도로는 많이 안 나온 것 같지만, 조영식 총장님이야말로 오늘의 한국을 있게 한 선각자 중 한 분이셨다. 안창호 선생은 나라를 잃은 상황에서 식민국민들을 일깨워 가야 할 길을 제시해 주셨다. 조 총장님은 해방정국과 6·25전쟁을 전후한 극도의 혼란기에, 또 절대 빈곤 시기에 농촌계몽운동이나 국제문제에 대한 관심을 일깨워 주시는 등 어둔 사회를 비추는 등불을 켜 주신 것 같다. 당시 독재정권 하에서도 정권의 눈치를 보지 않고 사상의 민주화를 고취시킨 점도 용기 있는 지성인이었음을 반증해 주는 것이다.

Q (사상 외에 학원과 생활 등 3대 민주화가 경희대 교시였음을 부연하면서)
당시 학원의 민주화를 거론하는 것도 쉽지 않았고, 생활의 민주
화라는 가치도 돋보이는 구호였다는 얘기들도 들었다.

이 점도 조 총장님이 다른 대학교 총장이나 교수들과 차별되
는 부분이다. 말씀하신 대로 '생활의 민주화'라는 고상한 가치를
1950~60년대에 제시한 것도 그분의 위인됨을 보여 주는 것이다.
아울러 사상과 학원의 민주화라는 말을 만들 정도의 철학과 개혁
의지를 갖고 계셨고, 이를 학생들에게 가르치면서도 정권이나 체
제와 맞서 싸우는 모습을 보이지 않으신 것도 평가할 만한 부분
이다. 당시 적잖은 교수들이 교문 앞에서 마이크를 잡고 정권을
공격하는 등 투쟁 경력을 포장해 가며 인기를 추구하기도 했다는
점에서 더욱 돋보이는 부분이다.

Q 조영식 총장의 겸손, 겸양의 태도에 대해서도 언급했는데….

조 총장님은 스스로 체득하신 다양한 학설과 이론 등을 갖고
계시면서도 이를 제자들이나 학술대회 등에서 남에게 강요하지
않으셨다. 다만, 우리가 잠들어 있는 모습을 일깨워 주려고 부단
히 노력하셨다는 점에서 한국 교육계 일선의 최고 선각자라는 생
각이 든다. 이 점이 '제2의 도산 안창호'라고 확신하는 이유다. 그
런데도 그분이 평생 이룩한 세계적인 학원(경희학원)이나 농촌계몽
및 잘살기운동, 세계평화운동 등 불후의 업적들이 대부분 가려져

있는 게 안타깝다. 그의 모습을 재조명하고 공정하게 재평가하는 작업은 한국의 교육계 등 학계나 역사가들의 몫이자 책임이라고 생각한다.

Q 경희대 학생들이 부러웠다는 말씀이 메아리처럼 울림이 있다.

70년대 초 연세대 학생이었던 나를 비롯한 서울 시내 주요 대학생들은 경희대생들을 무척 부러워했다. 국제화의 첨병이었던 경희대 학생들의 조회 특강 등에 대한 화제가 끊이지 않았다. 국내외를 막론하고 교수나 총장 중 제자들을 조영식 총장님만큼 그토록 열정적으로 교육시킨 학자가 또 있을까?

미원의 '시인론' : 시를 좋아하게 된 이유

미원은 정치, 철학, 과학, 문학, 예술, 교양 등 다양한 분야를 섭렵한 뒤 책으로 출간했다. 그가 펴낸 51권의 저서 중에 『하늘의 명상』을 비롯한 시집도 여러 권이고 손수 작사한 노래도 수십 편에 이른다. 미원은 자신의 '시재(詩才) 부족'을 토로하기도 했지만, 그를 평가하는 또 다른 잣대로 그의 독특한 '시인론'을 들어보자.

미원은 "시인이 아니면서 시를 쓴다는 것은 어떻게 보면 외람된 것이라고 생각한다"면서도 "시는 전문 시인만이 쓰는 것은 아니다"

라고 말했다. 국내외 유명 시인 중에 자신의 시적 재능의 결여를 한탄하는 모습을 피력하고 이를 흉내 내는 작가들도 있는데, 미원은 조금도 위축되지 않았다.

미원이 시작(詩作)에 골몰했던 청장년 시기는 루시앙 골드만이 『숨은 신(Le Dieu Caché)』에서 말한 '초개인적 실재인 비극적 인간'의 삶이었고, 식민지와 학도병 체험, 전란 등 파란만장한 경험은 그의 시론이나 시작 태도를 반영해 주는 것 같다. 문학평론가 정효일도 골드만의 개념을 설명하면서 "한용운, 이육사, 윤동주 등 시인들은 글을 아름답게 꾸미는 것이 시를 짓는 목적이 아니었다"고 설명했다(정효일, 『한문학 비평론』 pp.210~220).

이 같은 '시작 태도'와 상반되는 예로 프랑스의 상징파 시인 스테판 말라르메를 들 수 있다. 말라르메는 호롱불 앞에 놓인 백지 위에 시어들이 금방 채워지지 않는다고 한탄하며 창작의 고통을 "백지의 공포(L'angoisse de la page blanche)"라고 불렀다고 한다. 사색하는 습관과 뛰어난 관찰력 역시 미원이 시를 좋아하게 된 이유였던 것 같다.

미원은 생전에 "옛 철인들이 자기 사상과 자연의 관찰을 자연시라는 이름으로 썼듯이, 나도 내가 보고 느끼고 생각하는 것들을 문장의 가장 아름다운 표현이라고 하는 시의 형식과 운에 맞춰 써 보고 싶었다"고 밝힌 바 있다. 그리고 시의 효용성에 대해 "낭만에서 거룩함에까지 이르게 하는 시는 세밀한 관찰력, 풍부한 상상력을 키워 주며 또한 조용히 깊은 경지에서 많은 것을 사색하게 해 준다"고 말했다. 이어 "사상의 일대 파노라마를 그린 훌륭한 시는 위대한 문학이요 예술의 극치"라고 보았는데, 시의 효용성에 대한 해석은 미원의 '시론'으로 봐도 무방할 것이다.

외국 출장과 소분 : 대(代)를 이어 전승된 효행

미원에게 고향과 함께 사무친 그리움의 대상은 월남 직전 46세 젊은 나이에 돌아가신 아버지와 남한에서 30여 년 모신 어머니였다. 특히 갑자기 38선을 넘느라, 또 머잖아 통일될 것으로 생각해 북녘 땅에 두고 온 선친의 묘소를 모시지 못한 회한으로 모질게 자신을 자책했다고 가족들은 전한다.

어릴 때 시작된 한학 공부를 통해 다져진 효심은 부모뿐만 아니라 조부모에 대해서도 제사를 모시는 데 정성을 다했다. 장남 조정원 세계태권도연맹 총재의 말을 들어 본다.

"아버님은 할머니에게나 돌아가신 할아버지에 대한 효행이 극진하셨습니다. 심지어 늘 시간을 쪼개 쓰실 만큼 바쁜 일정임에도 해외 출장을 전후해 삼봉리 할아버지 묘역에 찾아가 문안을 드리실 정도였지요. 할머니 환갑잔치를 해 드린 서울 명륜동 집 뒷마당에 할머님 흉상을 세우시기도 했습니다."

미원은 1961년 명륜동 집에 모셔 두었던 어머니 강국수 여사의 흉상을 장남 조정원 총재에게 전해 주었다. 효심을 본받도록 권면한 것이다. 미원은 연중 평균 100여 일을 외국 출장을 다니면서도 홀어머니를 극진히 섬겼다.

국내 일정도 녹록지 않았다. 경희대 총장 시절이나 경희학원 이사장으로 있으면서 대학교, 중고교 등 경희학원의 수십 개에 달하는 교육기관, 경희의료원, 고황재단 등 업무 결재나 주한 외국대사 등 방문객 면담 요청이 빗발쳐 비서실에서 비명을 지르는 일이 다반사였다. 아침 일찍부터 저녁 늦게까지 쉴 틈이 없는 날이 이어지면서도 미원의 효심과 주변사람들을 공손하게 대하는[3] 모습은 사후에도 주변에 회자될 정도였다.

미원은 1947년 6월 38선 접경 지역의 감시가 강화되자 경계가 뜸한 강원도 산악 지형을 통해 월남했다. 이로 인해 일 년 전 별세하신 아버지 유해도 모시지 못한 채 부랴부랴 내려온 것이 끝내 마음에 걸려 삼봉리 묘역에 부친 옷가지로 가묘를 만들어 수시로 참배하곤 했다. 이곳에 조성한 아버지의 빈 무덤이 북향 사부곡(思夫曲)이었던 셈이다. 어릴 때부터 아버지를 따라 집과 사업장(광산)을 오가며 대화를 하고 사색의 영역을 우주까지 넓히는 등 생각이 남달랐던 미원이었기에, 아버지에 대한 정이 더욱 깊었던 것 같다.

1982년 어머니가 세상을 떠나시기 전까지 혼정신성(昏定晨省)의 정성을 쏟았는데, 저녁에 어머니 잠자리가 불편하지 않게 살피고(昏定), 새벽에 밤새 평안을 묻고 안색을 살피는(晨省) 일에 변함이 없었다는 것이다. 이에 그치지 않고 수시로 삼봉리 부모님 묘역을 찾아가 생전의 불효를 대신했다는 것이 조정원 총재의 전언이다.

조 총재는 부모님을 추모하며 그리움을 달래는 심정으로 2021년 봄 미원 부부와 조부모님이 안장된 삼봉리 묘역에 '평화공원(平和苑)'을 조성했다.

효심이 지극했던 미원의 삶을 떠올려 보노라면 어릴 때부터 한학과 유학 공부를 한 것과 무관치 않아 보인다. 서당에서 한문의 기초를 닦은 미원은 학창 시절 사서삼경 등 경서(經書)를 꾸준히 배우고 익히는 과정에서 중용(中庸)의 도(道)를 실천하려고 부단히 노력한 것 같다.

식사도 제대로 못할 만큼 분초를 다투며 바삐 살아온 그는 외국 출장을 전후해 부모님 묘역을 찾아가 돌보는 소분(掃墳)에 힘썼다. 그러면서 그곳에서 있었던 일들을 부모에게 고하곤 했다는 가족이나 측근들의 말이 실감나지 않았다. 그런데 효행 관련 구절을 옛 경서에서 찾던 중 『중용』에서 "죽은 이 섬기기를 산 사람과 같이 하고, 없어진 이 섬기기를 있는 것처럼 섬기라"[4]는 구절을 만났다. 그의 효심은 천성적인 것에 그치지 않고 성현들의 가르침을 따르려고 무던히 노력하고 한치도 소홀하지 않았던 후천적 노력의 산물이었음을 깨달았다.

미원은 어머니가 들려주시던 "듣지 않는 곳에서 삼가며 보지 않는 곳에서 진실하라"는 말씀을 네 자녀(정원, 여원, 미연, 인원)에게 전해 주며 본받도록 권면했다고 한다. 조정원 총재는 자신도 아버지의 '소분' 정성을 닮아 보려고 외국 출장에서 돌아오면 삼봉리 부모님 묘역을 찾는다고 한다.

이 말에 『천자문』의 '이궐가유 면기지식(貽厥嘉猷 勉其祗植)' 구절이 떠올랐다. "가문에 전승되어 오는 아름다운 도리를 자손에게 물려주니, 공손히 받들어 부지런히 힘쓰라"는 가르침을 실천한 미원 부자의 솔선과 본받음(上行下效)의 효행 사례로 볼 수 있겠다.

"나무는 고요하고자 하나 바람이 그치지 않고, 자식이 잘 봉양하려고 하나 부모는 기다려 주지 않는다(樹欲靜而風不止, 子欲養而親不待)."[5]

2018년 5월 26일, 오정명 여사 10주기 추도식 때 삼봉리 묘역을 찾은 필자는 조정원 총재의 요청으로 조문객 앞에게 참배 소감을 밝히며 이 구절을 소개했다. 공자가 길을 가다가 통곡하던 고어(皐魚)를 만나 전해 들었다는 불효자의 회한을 연상시켜 주는 고사(古事)다. 이와 함께 조석으로 입과 몸(養口體)을 즐겁게 해 주는, 즉 물질적 봉양보다 부모 마음을 헤아려 그 뜻을 봉양하는 '양지(養志)'야말로 참 효도인 것 같다는 소견을 전했다.[6]

부동심의 미학 : 세평에 흔들리지 않는 거인

김기형 초대 과학기술처 장관은 미원이 세평에 흔들리지 않고 묵묵히 신념을 실천한 점을 높이 꼽았다. 1976년 경희대에 설립된 인류사회재건연구원 초대원장으로 영입된 김 전 장관은 당시 "연구원의 이름이 너무 거창하다", "대상이 너무 넓다"는 지적이 있었지만 미원은 조금도 동요하지 않았다고 밝혔다.

김 전 장관은 '불세출의 인류 예언자'라는 글에서 "오늘날 페레스트로이카가 세계적인 유행어가 되어 세계 신질서가 태동함을 볼 때 미원 선생의 미래와 세계를 예견 투시하는 선견지명에 감탄할 수밖에 없다"고 평가했다. 『인류사회의 재건』은 여러 언어로 번역되어 미국과 일본, 중국 등 세계 주요 나라의 대학 교재로 채택되기도 했다.

국내외 교육전문가들은 이를 미원이 홍익인간 정신과 세상을 위해 헌신하는 데 뜻을 두고 진력해 온 점을 언급하기도 한다. 이렇듯 일생을 쉼 없이 앞만 보고 달려왔지만 세인들의 품평에 줄곧 시달려 왔다고 해도 과언이 아니다. 그럼에도 미원은 이에 초연하려고 애썼다며, 고인을 수십 년간 지켜본 사람들은 입을 모았다.

미원에 대한 가장 악의적인 폄훼는 "노벨평화상에 집착한다"는 비난이었다. 미원 주변에서는 이렇듯 근거가 없거나 질시 어린 험담들이 떠돌아다녔다.

미원은 분주한 일상 속에서도 평화복지대학원에서 열리는 수요토론과 목요특강에 자주 참석했다. 학생과 강사들의 토론과 강연 등을 경청한 뒤 강평을 하며 발언이 장시간 이어지곤 했는데, 이때 행사장 안팎에서 수군거림이 있었지만 미원은 늘 웃음을 잃지 않고 초연한 모습을 보여 주었다.

당나라 시인 백거이의 시에서도 훼예포폄(毁譽襃貶)에 초연하려고 애쓰는 모습이 보인다. 백거이는 「방언 5수 제3편(放言五首 其三)」에서 "(성인으로 추앙받은) 주공(周公)도 자신을 헐뜯는 소문을 겁낼 때가 있고, 왕망(王莽)은 왕위 찬탈 이전에 줄곧 겸손하고 아랫사람에게 공손했다(周公恐懼流言日, 王莽謙恭未篡時)"라고 통찰했다. 이 부분을 읽다가 "자고로 큰 인물치고 이런 풍조에 시달리지 않는 경우는 많지 않았겠구나"라는 생각이 들기도 했다.

미원은 2003년 어느 날 일본체육대학에서 명예박사학위를 수여하겠다는 연락이 와 수락 연설을 준비하면서 어린아이처럼 즐거워했다. 그리고 청년 시절의 친구들을 만난다는 설렘으로 잠을 이루지 못했다.

연설문을 고치고 또 고치면서 C교수를 불러 "이런 얘기를 해도 되겠지?" 하고 묻곤 했다. 일본에 동행했던 C교수는 돌아오면서 '영원한 스승'으로 생각해 온 미원의 또 다른 면모를 알게 됐다며 에피소드를 소개했다.

"김포공항으로 귀국해 입국장으로 들어오신 뒤 차량 쪽으로 이동하던 중 카트와 부딪쳐 넘어지셨는데 발등에 금이 갔습니다. 카트 수십 개를 연결해 운반하던 직원이 학원장님(미원)을 뒤에서 들이받은 것이지요. 제가 뛰어가 이 직원에게 호통을 치려고 하자 학원장님은 '입 다물어. 조용히 해!'라며 말리시더군요. 학원장님께 크게 다치셨으니 출영 행사를 취소하고 속히 병원으로 가시는 게 좋겠다고 건의를 드렸답니다. 그랬더니 '교수들이 여러 명 나와 있을 텐데 내가 절뚝거리는 모습을 보이면 되겠어?' 하며 입단속을 시키시더군요."

미원은 그날 통증이 밀려오는데도 아무 일 없다는 듯이 거뜬히 행사를 마쳤다. 교직원들이 다 돌아간 뒤에야 병원에 가서 사진을 찍어 보니 골절상이었다. 의사는 "발등 뼈에 금이 가면 일어나 걷는 것조차 거의 불가능한데 어떻게 공식 행사를 다 마치셨나요?" 하며 고개를 절레절레 흔들었다.

C교수는 의사 말을 들으면서 '초인적인 풍모'의 미원을 다시 한 번 생각했다고 한다. 그러면서 "당시 그 장면을 떠올릴 때면 지금도 눈물이 핑 돌 정도예요. 그런데 더욱 가슴 아픈 것은 이후 일 년도 안 되어 뇌출혈로 쓰러지셨어요" 하며 안타까워했다.

공익과 사익 사이 : 동양 학자에 매료된 독일 기업가

"내 이익을 위해 정부에 손해를 끼칠 수 없소."

공익과 공공성(公共性)이 약해지고 사익과 사사성(私事性)이 점차 강해지는 추세는 어느 나라에서든지 지배적인 사회 현상으로 볼 수 있다. 박양원 전 경희의료원장이 소개한 이 인용구는 미원의 공사(公私)에 대한 명확한 구분과 사익보다 공익을 우선시하는 태도를 보여 준 대표적 사례다.

모르긴 해도 이런 모습은 위인전에서나 접할 수 있는 극히 예외적인 경우일 것이다. 미원이 의료원 설립 과정에서 숭고한 민족애와 애국심으로 벽안의 이국인들에게 깊은 감명을 준 일화 한

토막이다.

1967년 1월, 경희대는 300만 달러의 서독 차관을 받아 의료기구 구입을 하게 됐다. 당시 조영식 총장은 부속병원 설립위원장이던 나와 박용주 교수에게 홍콩에 가서 의료장비 국제가격을 사전 조사해 런던에서 재회하자고 지시하는 등 주도면밀한 계획으로 일을 진행시켰다. 우리 일행은 런던에서 차관을 주선한 아이젠베르 그사에 들렀고, 부사장의 안내로 프랑크푸르트에 있는 의료장비 공급사 지멘스를 방문해 상담했다.

이 회사는 구매 대상인 의료시설 전체를 하나로 묶어 가격을 결정하는 Set Price제를 주장했고, 미원은 장비 당 단가를 기준으로 산출한 Unit Price제를 희망했다. 사전조사 결과 전자가 최대 3배나 비쌌기 때문이었는데 회사 관계자는 전례가 없다며 총액의 5% 할인을 제안했다. 예상 금액과 엄청난 차이가 있어 교섭은 6일 만에 결렬되어 귀국 준비에 나선 우리에게 재협상 요청 전화가 왔다. 그들은 기상천외한 제안을 해 왔다. 300만 달러 차관과 별도로 장기 현금 차관 200만 달러를 주선해 줄 테니 그것을 금리가 높은 한국의 은행에 예치하면 그 이자로 300만 달러 차관의 원리금을 상환할 수 있어 200만 달러는 그냥 얻게 된다는 것이었다. 그러나 조 총장은 교육부로부터 조속히 병원을 건립하도록 독촉을 받고 있던 상황임에도 "내가 이득을 얻는다면 그 손해는 누가 보겠는가? 그것은 대한민국 정부가 아닌가?"라며 그 제안을 단호히 일축했다.

이 말을 들은 아이젠베르그사 부사장은 무릎을 치며 "당신이야말로 진정 훌륭한 애국자요. 종이와 펜만 가지고 오늘의 경희를 이룩했다는 말을 들었지만 오늘에야 그 참뜻을 알게 되었소."

그 후 의료원은 최신 시설과 의료장비를 AID 차관과 유네스코 쿠폰 등으로 염가에 구입할 수 있었다. 이 과정을 통해 외국의 유수한 기업인에게 한국인의 애국정신과 기개를 보여 준 것도 의미가 깊다고 박 전 원장은 회고했다. 병상 1,500개를 갖추고 야심차게 출발한 의료원은 개원 초기 환자가 적고 운영도 정상화되지 못해 당시 금액으로 월 5천만 원씩 적자경영이 불가피했다.

이렇게 되자 미원은 1973년 7월 1일 제2대 의료원장을 겸직, 책임경영을 강화했는데 결과적으로 보면 경영난을 극복하고 의료원 운영의 혁신도 이루는 등 전화위복의 계기가 됐다. 박 전 원장은 "조 총장이 경영 최일선에서 난관 극복에 나선 덕분에 세계 최초의 '제3의학'이 결실을 맺는 의료원으로 성장할 수 있었다"면서 이를 중대한 전환점으로 설명했다.

최후의 공식행사 : 원주 밝은사회클럽 연설

국내외 지인들 중 미원을 사랑하고 존경하는 사람이 적지 않다. 특히 맨주먹으로 경희학원을 건설하며 재정난으로 숱한 고통을 겪은 과정을 소상히 아는 사람들은 그의 얘기만 들어도 눈물이 난다고 한다.

미원이 잘살기운동과 미·소 데탕트에 앞장서는 등 세계평화운동을 전개하고 인류사회 재건과 밝은사회운동 등을 범세계적으로 벌이는 등 셀 수 없는 업적들을 칭송하는 사람을 만나는 것도 어렵지 않다.

이들 모두에게 '큰 별'로 인식돼 온 미원은 2004년 4월 16일 오전 강원도 원주 밝은사회클럽 행사에 참석했다가 남양주 삼봉리에 있는 밝은사회기념관에서 하루 쉬며 휴식을 했다. 그런데 이튿날 건물 주변을 홀로 산책하다가 쓰러졌다. 이날은 토요일 오후였고 교통 체증이 심각해 골든타임(발병 후 3시간) 내 응급실에 도착하지 못했다. 게다가 수술 후 회복이 되는 듯하다가 막혀 있던 뇌혈관이 동시에 터지는 증상이 나타나는 바람에 경희의료원과 한방병원 의료진도 속수무책의 상황이었다.

그리고 2005년 12월 24일, 미원은 장남 조정원 총재에게 전화를 걸어 "빨리 들어오너라" 하시고는 병원에 가니 "왜 왔니?" 하고 물으셨다고 한다. 평소에 좋아하시던 생선초밥과 케이크를 사 가지고 갔더니 "정말 맛있구나" 하고 기뻐하셨는데, 잠시 후 구토를 해 "뇌압이 올라가 재발한 게 아닌가?" 하고 조정원 총재는 자책했다.

이에 대해 한 경희의료원 관계자는 "그게 아니다"라고 손사래를 쳤다. 경희의료원 개설 당시부터 미원을 가까이에서 보좌했던 그는 "90 평생을 늘 시간에 쫓겨 사시다 보니 식사도 제때 편히 하시지 못했어. 그런데 그날 평생 처음으로 맛있는 음식을 드시는 것 같았어"라고 위로했다.

　미원을 가까이에서 보좌한 안영수 경희대 명예교수와 성숙희 비서 등 주변 사람들은 미원이 쓰러지고 난 뒤에야 '휴식다운 휴식'을 취한 것 같다는 말을 들려주었다. 평소 건강을 자신한 데다 강철 같은 의지로 시간을 분단위로 쪼개야 할 만큼 바쁜 일정을 소화하다 보니 휴식은커녕 때론 식사 시간도 없었다고 한다.

　미원이 지상에서 영원으로 떠나던 영결식장에서 한 조문객도 추도사에서 "90년 만에 처음 마음놓고 쉬실 수 있게 됐다"며 오열했다. 조정원 총재도 비슷한 얘기를 들려주었다. "아버님이 타계하시기 며칠 전 나를 부르시더니, 너는 나처럼 미련하게 살지 말거라. 조금이라도 고생을 덜 했으면 해"라고 당부했다고 한다. 자신처럼 일만 하느라 제대로 마음놓고 쉬어 보지도, 가족들과 오붓한 시간도 자주 갖지 못한 것에 대한 회한이 묻어 있는 말씀이었던 것이다.

　특유의 자상함과 타인에 대한 배려, 게다가 조리에 맞지 않는 말을 그것도 장황하게 늘어놓는 사람의 말까지 경청하는 인내의 미덕. 필자는 이러한 미원의 성품과 그 덕성의 원천은 무엇일까 궁금했는데, 전기를 쓰면서 미원이 동양의 경전 공부를 통해 맹자의 부동심을 깨우치고 나름의 수양관을 세운 것 같다는 생각을 하게 됐다.

큰 별이 지다

우주에 있는 모든 사물과 현상의 궁극(窮極)까지 헤아려 보려 했던 원대한 꿈과 포부, 또 배우기 좋아하는 호학(好學) 정신, 통섭적(統攝的) 학문 세계 등은 미원이 범상치 않은 인물이었음을 말해 준다. 그의 의식이나 철학적 인식세계로 향한 진리탐구의 문은 경희학원, 나아가 대한민국의 많은 학자들의 힘을 합쳐도 활짝 열어젖히기 힘들 것 같다는 생각이 든다.

쇠지렛대를 넣고 모두 올라가 눌러도 꿈쩍 않는[7] 바위라든가, '두쪽으로 깨뜨려져도 소리하지 않는 바위'(유치환의 시)와도 같고, 때로는 하늘이 울어도 울지 않는 '만고의 천왕봉'[8]처럼 늠름하고 웅혼한 기상이 느껴진다.[9]

이러한 모습으로 국내외 많은 사람들에게 감동을 주고 존경받던 '작은 거인' 미원이 2012년 2월 18일 91세를 일기로 이승을 떠났다. 부음 소식을 듣고 빈소가 마련된 경희대 평화의전당으로 걸음을 옮기면서, 언론계 종사자라는 신분 때문인지 불현듯 21년 전 세상을 뜬 프랑스 국민가수 이브 몽땅을 추모하고 경의를 표한 프랑스 언론 보도가 떠올랐다.

"그가 떠났다.(Il s'en est allé.)"

1991년 11월 9일 프랑스 국민가수 이브 몽땅이 세상을 떠났을 때 프랑스 신문들이 일제히 이런 헤드라인 위에 가로로 검은 상장을 입힌 듯 보도했다. 필자가 미원의 90 평생을 아우르면서 인류 발전에 공헌하고 세계평화에 헌신해 온 그의 떠남을 아쉬워하고 애달파하는 기사 제목을 구상해 보더라도 이보다 더 멋진 말을 떠올리기 어려울 것이다.

류시화 시인의 회고 : "인간이 무엇이라고 생각하나?"

자신을 '인간 탐구의 길'로 인도해 준 스승 미원을 추모하는 국문과 졸업생 류시화 시인의 글을 소개한다.[10]

가장 멀리 떠난 자는 가장 가까운 곳으로 돌아온다. 고개를 돌리면 그곳에 스무 살을 이제 막 넘긴 내가 10월의 나비처럼 떨고 있다. 우리 앞에 놓여 있는 미래의 길들은 불과 한 개의 모퉁이 저편도 내다볼 수 없지만, 이상하다. 우리가 지나온 길은 마치 직선의 여정이었던 것처럼 다 돌아다 보인다.

그때 나는 국문학과 2학년이었다. 길에서 찢어진 종이를 주워서도 시를 적을 때였다. 아무것도 말하지 않기 위해 무슨 말이라도 적어야만 하던 시절, 회기동 길거리에서 만난 눈먼 점술사는 내 미래의 삶에 대해 곧 밝음이 찾아올 것이라 예언했다. 그의 두 눈을 에워싸고 있는 어둠이 더 강했다.

그 해가 다 갈 무렵, 이 문학청년은 신문사로부터 신춘문예 당선 통지를 받았다. 지평선에 늘어놓아도 될 만큼 숱한 밤들을 새운

습작의 보상이었다. 하지만 열매를 따러 숲으로 갔던 때처럼 기쁨은 잠시였다. 나는 3학년 진급을 못하고 낙제를 해야만 했다. 수업에 자주 들어오지 않았고, 시험을 제대로 치르지 않았다는 이유였다.

그래도 열심히 글을 썼고 국문학과 학생으로서 유일하게 신춘문예에 당선하지 않았는가. 그런 항변은 쉽게 묵살당했다. 문예 장학생으로 국문학과에 입학한 나는 낙제를 함으로써 결국 학교를 포기해야만 했다. 가족과도 결별했고, 잘 곳이 없어 학교 숲속과 문리대 휴게실 창문을 밤마다 넘어 들었었는데 이제 그마저도 불가능하게 되었다.

어느 날 아침에 눈을 뜬 나는 학교 본관 건물로 들어가 총장과 면담을 신청했다. 학교를 다니고 싶었다. 나는 혼자가 아니라고 느끼고 싶었는지도 모른다. 당연히 총장과의 면담은 무산되었다. 장발머리를 하고 찢어진 신발을 펄럭이며 다니는 낙제생을 누가 반갑게 껴안아 줄 것인가.

나는 다음 날도 또다시 찾아갔다. 본관 건물 복도에 서서 며칠을 기다리며 매일 한 편의 시를 썼다. '계속되는 일곱 편의 시'를 썼을 때, 영어를 가르친 안영수 교수가 지나가다 나를 발견했고, 그녀가 선뜻 총장실 문을 열어 줬다. 아마 그녀는 이 일을 잊었을 것이다. 잊지 말아 달라고 말하고 싶다.

내가 엉거주춤 문 안으로 들어섰을 때 총장은 혼자 점심 식사를 하려던 중이었다. 다 낡은 검은색 바바리코트에 노숙자와 다를 바 없는 장발머리를 한 나를 보고 그는 전혀 놀라는 기색이 없었다. 그래서 내가 더 놀랐다. 그는 막 집어 들려던 수저를 내려놓고 아무렇지도 않게 나를 건너편 소파에 앉게 했다. 내 행색에 비해 너무도 깨끗하고 정갈한 소파였다. 꽃무늬 쿠션이 내 몸에 닿을까 봐 나는 그것을 슬쩍 밀어 놓았다.

총장은 "무슨 일인가?" 하고 묻지도 않았다. 다만 그 특유의 엷은 미소를 지은 채 내가 무슨 말을 하기를 기다렸다. 나는 당황한 나머지 이 말 저 말을 한꺼번에 늘어놓기 시작했다. 국문학과 학생인데 신춘문예 준비를 하느라 수업을 제대로 듣지 못해 낙제를 했노라고. 그런데 장학금이 없으면 학교를 다닐 수 없노라고. 내 얘기가 끝나자 총장은 기다리고 있다가 이 한마디를 했다.

"알았어. 장학금을 주겠네."

그리고 그 자리에서 교무과장에게 전화를 걸어 올라오게 했다. 교무과장이 올라오는 사이 그는 내게 물었다.

"글을 쓴다고 하니 묻겠네만, 인간이 무엇이라고 생각하나?"

나는 혼란스러워져서 또다시 이 말 저 말을 늘어놓기 시작했다. 어쨌든 내가 한 말은 이것이었다. 이제부터 인간에 대해 탐구하겠노라고. 그리고 말할 수 없이 감사하다고. 곧 이어 나는 교무과장에게 거의 끌리다시피 해서 총장실을 나왔고, 학교를 다닐 수 있게 되었다.

총장은 국문학과 교수들처럼 내게 따져 묻지 않았다. 학생이 왜 수업에 안 들어갔느냐고, 왜 시험을 제대로 보지 않았느냐고, 학생이 왜 그런 옷차림으로 다니느냐고. 그런 것에 대해선 한마디도 묻지 않았다. 다만 그는 문학을 하는 내게 진지한 목소리로

"인간이 무엇인가?"를 질문했다. 그리고 아무 보잘것없고 오히려 비정상적이기까지 한 내게, 가진 것이라곤 신춘문예 당선작이 실린 이미 색이 바랜 신문 조각밖에 없는 내게 선뜻 도움과 이해의 손길을 내밀어 주었다.

만일 내가 지금 한 대학교의 총장이고 어느 날 봉두난발을 한 낙제생이 찾아와 장학금을 요구한다면 그때의 조영식 총장처럼 나는 과연 그만한 이해심을 보여 줄 수 있을까? 나는 그럴 수 있는 사람일까? 그럴 수 없을 것이다. 나는 아직 그 경지에 이르지 못했다.

그 후 "낙제생 주제에 장학금을 받는다"는 질투 어린 시선 속에 다시 2학년을 다니고 학교를 무사히 마칠 때까지 이 문학청년은 수백 편의 시를 썼고, 연극 활동에 열정을 바쳤으며, 명상과 철학 서적들을 탐독했다. 인생의 황금빛 시절이었다. 졸업 후 그는 해마다 인도, 네팔, 티베트 등을 여행하면서 인간에 대한 탐구의 길을 걸어갔다.

제2장

지구촌 지성들, 미원을 말하다

핵전쟁 위기가 한껏 고조됐던 1980년대 중반, 미국 레이건 대통령과 소련 고르바초프 공산당 서기장은 아이슬란드 레이캬비크에서 '세기의 담판'(1986.10.11)을 벌였다. 그리고 이듬해 12월 워싱턴 D.C. 정상회담에서 '중거리핵전력조약(INF, Intermediate-Range Nuclear Force Treaty)'을 체결함으로써 핵전쟁의 위기를 무사히 넘겼다는 것이 중론이다.

"냉전의 벽을 허물고 화해(데탕트)의 시대를 앞당긴 선구자."

이 말은 얼핏 고 레이건 대통령과 최근(2022. 8. 30) 타계한 고르바초프 대통령에 대한 찬사로 보일 수 있다. 또 다른 주인공으로 '세계시민'을 자처했던 미원 조영식에 대한 지구촌 지성들의 찬사임을 아는 사람은 많지 않을 것이다.

미원은 핵전쟁 위기에서 지구촌을 구한 직접 당사자는 아니다.

그는 동서 진영의 지도자와 전략가들이 핵전쟁을 피하기 어렵다고 보고 차선책으로 '전쟁터(戰場) 최소화' 대안을 제기할 때 이에 맞서서, '지구와 인류 멸망' 가능성을 경고하며 평화적 해결책을 호소했다. 이것이 미·소 대결의 흐름을 바꿔 놓는 데 기여했다는 것이다. 다행히 이들도 극동 아시아 출신의 평화운동가가 5대양 6대주를 순방하면서 줄기차게 호소한 '전쟁 없는 평화' 노래에 귀를 기울여 주고, 서한 등으로 공감을 표시했음은 여러 자료집의 기록으로 확인할 수 있다.

그럼 미원이 불가능해 보이던 핵전쟁 위기 해소의 역할이자 소명(Mission Impossible)을 완수할 수 있었던 힘의 원천이나 원동력은 무엇이었을까? 모름지기 '무에서 창조한 유'라는 평가를 받은 경희대 창학과 성장 과정에서 보여 준 뛰어난 혜안과 직관력, 설득력, 상상력을 씨줄로, 또 미국 아이젠하워 대통령의 말처럼 "운명아 비켜라, 내가 나간다"는 불굴의 신념을 날줄로 엮어 낸 탁월한 역량이었을 것이다.

여기에 하나를 더 보탠다면, 평소 그가 주창했던 치밀한 계획과 이를 수행하기 위한 집념과 노력의 결과물이었다. 그는 1976년에 펴낸 『창조의 의지』에서 "주도면밀하게 세운 계획 아래 베르그송이 말한 순수 지속(durée pure),[11] 즉 부단한 노력을 지속함으로써 마침내 '질적 변화'를 이끌어 내는 그 집념이 창조의 의지다"라고 강조했다.

로구노프 소련과학원 부원장 : "세계 지성의 선도자"

미원이 반세기 이상 오랜 시간을 세계평화운동에 헌신한 배경이 무엇인지 자문해 본 적이 있다. 그는 일제 식민통치 시절 학도병으로 끌려가 죽을 고비를 수없이 넘긴 적이 있고, 해방 후 월남하기 전까지 북한에서 겪은 공산정권의 만행도 악몽으로 남아 있었다.

게다가 6·25전쟁으로 무수한 사상자가 발생하고 국토가 황폐해진 데다 동족끼리 총부리를 들이대고 살상을 서슴지 않는 상황을 목격하거나 직간접적 경험도 영향을 미쳤을 것이다. 이러한 참상을 목도하면서 미원은 ▲국토 재건의 선도자 ▲세계평화운동가 ▲인류문화 복지 향상의 기수가 되겠다는 결의를 다졌을 것이다.

미원에 대한 평가는 국내외 다양한 분야 전문가들의 일치된 견해라고 해도 과언이 아니다. 특히 특정인에 대한 인물평마저도 진영 논리에 따라 극명하게 달라지는 게 현실임에도 대부분 한목소리로 그를 추모하고 기린다.

옛 소련과학원 부원장과 고(高)에너지물리연구소장을 지낸 아나톨리 로구노프 전 모스크바국립대 총장은 미원이 "시공의 한계를 초월한 정열과 힘과 지력과 다양하고도 웅장한 계획들로 세계 지성의 선도자 역할을 해 왔다"고 평가했다. 중국과 대만, 홍콩 등 중화권 인사들도 미원을 위대한 사상가의 반열에 올려놓은 지 이미 오랜 시간이 지났다.

장제스 대만 총통의 아들 장웨이궈 전 대만 국가안전회의 비서장은 "한국판 공자"로까지 평가했다. 이는 과도한 상찬으로 들릴 법도 하다. 그럼에도 미원이 유엔본부와 워싱턴, 모스크바, 베이징, 도쿄, 테헤란 등 5대양 6대주를 누비며 평화와 화해, 전쟁 반대 목소리를 전하는 삶을 살아온 것을 공자의 마지막 생애(498~484 BC)에 빗댄 건 그리 과장된 것이 아니다. 공자는 나라를 다스리는 도리(治國의 道)를 설파하고자 14년 간 천하 열국(당시 10여 개 나라)을 돌아다녔다.

장웨이궈는 1972년 경희대 명예박사학위를 받으면서 미원과 빈번한 서신 왕래로 학문과 사상의 교감을 나누며 우의를 다져왔다고 밝혔다. 그리고 "조영식 박사에게 진짜 매료된 건 그의 저서 『오토피아』를 읽고 나서였다"라며 오토피아의 이념과 기본철학이 자신이 연구해 온 '홍중도(弘中道)' 사상과 상당히 일치하는데, 조 박사의 연구가 10년이나 앞선 점을 들어 미원을 선지자요 선각자로 존경하고 흠모해 왔다고 말한 점도 객관적인 평가임을 반증해 주는 것이다.

서틸린 유엔행정실장 : "냉전시대 막 내리게 한 분"

필리핀 디오스다도 마카파갈 전 대통령도 미원을 "세계시민의 특출한 회원", "한국의 성현(聖賢, Korean Sage)"으로 불렀다. 그러면서 "조 박사의 뇌리에는 항상 공자의 인(仁)의 정치와 맹자의 도덕정치로 가득하다. 그에겐 영구 평화정책만이 꿈이요 이상이다. 그 실현을 위해 그는 쉼 없이 동·서반구를 누빈다"라는 찬사를 덧붙였다.

필자는 장웨이궈에 이어 마카파갈 전 필리핀 대통령 등 세계 주요 국가 학자와 지도자들이 미원을 공자와 비견되는 인물로 칭송한 것을 알고 나름대로 두 위인의 닮은 면을 찾아보았다. 그중 하나는 "정치 유혹을 뿌리치고 학문에 정진해 학문이나 치국의 도에서 일가를 이룬" 모습이다.

공자는 천하를 주유하며 '이상정치'를 통해 국가를 바로잡으려고 노력했으나 뜻을 이루지 못했다. 노나라로 돌아와서는 73세에 타계하기까지 현실정치에 관여하지 않고 학문에만 정진했다. 미원 역시 자유당 정권 시절 야당 지도자 윤보선 전 대통령이나 박정희, 전두환 정권 시절에도 끈질긴 정계 진출 제의를 받았으나 끝내 고사했다. 휴전 이후 꿈꾸었던 교육입국의 비전과 경희대를 세계적인 대학으로 키우겠다는 목표를 실현하기 위해 불철주야 정진한 교육행정가의 일생을 택한 것이다.

일본의 평화사상가 이케다 다이사쿠 소카대 설립자(SGI 회장)도 미원을 "한국의 공자"로 칭송했다. 그는 1997년 11월 1일 소카대에서 명예박사학위 수락연설을 한 미원에게 "세계의 걸출한 지도자로 천 가지의 업적을 갖고 있는 국제평화지도자"라고 운을 뗀 뒤 미원을 "21세기를 여는 경세가"로 평가했다.

이케다 회장은 미원이 동북아를 중심으로 전 세계 인류를 위한 지구공동사회, 즉 밝은사회운동을 시작한 것에 주목하기도 했다.

그는 "내가 보건대 조영식 박사의 모습은 당시 일본의 대학자 도다 조세이(戶田城聖, 1900~1958) 선생이 내세운 '지구민족주의'의 비전과 그 뜻을 함께하는 것으로 진심 어린 경의와 존경심을 표한다"고 덧붙였다.

또 다른 닮은꼴로는 "학문하는 방법과 사색하는 태도"와 이를 중시하는 마음에서 찾아볼 수 있다. 미원이 사색 시간을 주요 일정에 포함시키는 등 생각하는 것을 중시한 것이나 공자의 학문과 사색을 동시에 하도록 권면한[12] 것도 서로 통하는 부분이다.

미원의 제자 신용철 경희대 사학과 명예교수는 스승을 일컬어 "조영식 학원장은 대한민국에서 역사상 최고로 무섭게 분출된 민족 발전의 에너지를 상징하는 위인 중 하나"로 꼽았다. 신 교수는 "사람들은 그를 '천의 업적을 이룩한 교육인'으로 '민족 주체성을 확립하여 국위를 선양'하고, '교육입국을 실천한 개척자이며 아울러 국제평화의 세계적 지도자'라고 평가한다"고 말했다.

이어 미원이 시대적 사명으로 인식하고 매진해 온 다양한 사회 및 국제운동에 대해 "실천을 위한 정열은 그에게 마치 신앙과 같았다"고 소회를 밝혔다. 그러면서 스승의 삶과 발걸음을 온전히 인식하지 못했던 데 대한 아쉬움도 털어놨다. "그의 외침이 너무 크고 중요하며 어려운 문제들이어서 세상 사람들은 충분히 이해하지 못했고, 협력도 부족했다. 그래도 그는 마치 구도자처럼 이상을 구현하기 위해 끊임없이 투쟁하며 살았다"면서 미원의 시공적인 공백에 대한 아쉬움을 이렇게 피력했다.

"이제 그가 떠난 자리가 너무 크고, 그가 남긴 업적이 우리에게 더욱 위대하게 보이는 시간인 만큼, 단 한순간도 잊을 수 없었던 '경희'와 '문화세계의 꿈'을 그는 이제 우리 후진들에게 과제로 남겨주었다. 이 힘들고 중요한 과제를 누가 어떻게 우리 시대에 맞도록 계승해 변증법적으로 발전시킬 것인가를 고민해야 할 시기다."

제임스 S. 서털린 전 유엔사무총장실 행정실장은 미원을 가리켜 "냉전시대의 막을 내리게 한 분"으로 평가했다. 대만 입법위원을 지낸 리쟈차오 홍콩 위앤둥대학교 총장은 "80년대를 전후해 국제분쟁은 예측할 수 없는 위험 수위에 도달해 핵무기 개발의 절정을 이뤄 핵전쟁을 수반하는 3차 세계대전의 위기감이 감돌았다"라며 조영식 박사의 선도적인 핵전쟁 예방 외교를 극찬했다. 노먼 D. 팔머 미국 펜실베이니아대학 정치학과 명예교수는 "시대가 낳은 위대한 국제주의자"라고 평가했다.

또한 미국 출신인 엠마누엘 파스트레히 전 경희대 교수는 미원의 예지력을 높이 평가하며, 한국인 대다수가 하루하루 연명에 바쁘다 보니 거의 관심을 두지 못하거나 두지 않던 시절에 평화와 복지, 인류평화 등에 관심을 두고 실현 방안을 찾으려 진력했던 점을 주목했다. 그리고 미원의 팍스 유엔(Pax UN)과 국제무대에서 한국의 주도적 역할을 생각해 낸 것을 탁월한 예지력이라고 했다. 미원의 이런 선각자적 노력에 힘입어 반기문 유엔사무총장 등 국제무대에서 맹활약할 수 있는 인적 기반도 마련될 수 있었다는 것이다.

파스트레히 교수는 6·25전쟁 후 한국 상황을 둘러본 서양 학자들이 경제적으로 재건하기 어렵다고 내다보며 이를 "쓰레기통에서 장미를 피워 내는 것"이라고 매우 비관적으로 생각하던 상황을 주목했다. 이런 현실을 딛고 미원이 우리 민족의 백절불굴의 정신과 저력을 믿고 국민에게 잘살 수 있다는 자신감을 심어주고 근대화를 이끌었다고 평가한 것이다.

노벨상 수상자 허긴스 : "오토피아는 위대한 걸작"

미원이 다양한 분야의 저서와 연구논문 그리고 사상부문에 대한 걸작을 남긴 것은 앞에서 이미 소개했다. 여기에 한 가지 덧붙인다면, 오랜 시간 우주의 기원에서부터 여러 사물과 현상 등에 대한 평생 연구의 결실인 '오토피아' 사상의 창안이다. 국내에서는 이에 대한 연구와 평가가 다소 미흡한 점도 있지만 미국과 중국, 러시아, 프랑스 등 사상과 철학 연구의 선진국으로 통하는 나라들에서는 오토피아에 대한 연구가 활발한 편이다.

미국의 노벨상 수상자 허긴스의 『오토피아』 예찬은 주목해 볼만하다. 미국 의학자로 전립선암에 대한 호르몬 요법을 발견해 1966년 노벨생리의학상을 받은 찰스 허긴스 시카고대학 교수는 1984년 3월 13일자 '오토피아를 읽고'라는 서한에서 "간결하면서도 심오하여 읽는 데 시간이 많이 걸렸다. 참으로 훌륭한 책이다. 『오토피아』는 지속적인 연구와 사색을 필요로 하는 책이다"

라고 평했다. 그리고 "오직 플라톤과 같은 철학자만이 '오토피아'를 제대로 이해하고 논할 수 있을 것이다. 귀하는 소크라테스와 같은 세계의 위대한 스승들 중 한 분이다. '오토피아를 지향하며'는 위대한 걸작이다"라고 극찬했다.

중국의 저명한 경제학자이자 전국인민대표대회(전인대) 위원을 지낸 펑위쭝(馬玉忠) 랴오닝대학교 총장도 오토피아 철학을 "독보적인 철학사상으로 인정하고 존경을 표시한다"고 밝힌 바 있다.

프랑스 국회 국방위원장을 지낸 로익 부바드 전 국회부의장도 『오토피아』를 한국과 세계 철학사에 큰 획을 그은 중요한 연구서로 평가하면서 "한 가지 안타까운 것은 이 책이 프랑스어로 번역되지 않아 (사상과 철학에 재능이 있는) 프랑스 독자들을 만나지 못한 점"이라며 아쉬워했다.

세계 유수 대학들에 개설된 '조영식 강좌'

미국과 일본 등 세계 유수의 대학들은 미원이 동서 진영의 평화 증진 외에도 잘살기운동, 밝은사회운동, 인류사회재건운동을 지속적으로 추진해 온 점을 주목했다. '교육입국'에 큰 뜻을 품고 경희대를 세계 속의 학교로 우뚝 세우는 과정에서 대학의 기능을 학문 연구 외에 봉사활동과 사회운동을 실천적으로 접목시킨 것이 바로 그것이다

미원이 마카파갈 필리핀 대통령과 로익 부바드 프랑스 국회부

의장을 비롯한 세계 저명인사들로부터 '평화의 사도' 등의 찬사 속에 국제평화운동을 벌여 나가면서 세계 유수의 대학들이 '조영식 평화학', '오토피아' 등의 과목을 개설했다.

아르헨티나 팔레르모대학은 1990년 '평화학 이론 개발 및 연구에 대한 미원의 업적'을 인정해 '조영식 평화학 강좌'를 개설하고 세계평화에 대한 조영식 박사의 공헌을 인정해 '조영식 평화전당'을 헌당한다고 밝혔다. 멕시코 과달라하라대학도 같은 이유를 들어 '조영식 평화전당'을 헌당했다.

중국 랴오닝대학은 2001년 '새로운 철학 Oughtopia에 대한 조영식 박사 이론의 우수성'을 인정해 '조영식 Oughtopia 철학을 연구하는 석박사 과정'을 개설, 운용했다.

미원이 '미·소 데탕트 유도' 등에서 보듯 평화운동가로서 수많은 업적을 쌓게 된 데는 끊임없이 세계 각국을 돌며 지도자들을 설득하는 등 노력의 산물이라는 게 미원 연구가들의 공통된 견해다. 이와 관련해 고 김관봉 경희대 교수는 미원 특유의 "고도의 통찰력과 불굴의 의지와 신념, 끊임없는 성찰과 사색, 끝없는 민족애와 인간애, 그리고 강인한 실천력에 기인하는 것 같다"고 말했다. 그러면서 "미원이 1992년 10월 스웨덴 스톡홀름국제평화연구소(SIPRI)에서 행한 '냉전체제 붕괴 이후의 세계질서'에 대한 강연의 여파가 대단했다"고 소개했다.

국제평화연구소의 평화연구 접근방법은 주로 기술적 문제에 대한 과학적·계량적 연구방법이었는데, 조영식 총장의 강연에 감명받은 롯트펠드 박사(SIPRI 소장)와 연구원들은 "앞으로 연구방법을 철학적으로 평화의 본질 문제를 파악하는 방향으로 바꾸겠다"
고 말했다고 한다. 그 후 국제평화연구소가 경희대와 공동으로
평화 의제 문제를 연구하자고 제안했으며, "이는 조 총장의 평화
확립 방안이 얼마나 세계적으로 영향을 미치고 있는가를 웅변해
주는 것이다"라고 덧붙였다.

제3장

미원의 10대 어록

미원 속의 역사 vs. 역사 속의 미원

경희대 국제캠퍼스 정문인 '새천년기념탑'은 웅장함 그 자체다. 규모는 물론 그 안에 새겨진 '네오르네상스(Neo Renaissance)' 정신과 정문 입구 양쪽에 자리한 '지구공동사회 대선언'이라는 영어 글귀에서 뿜어져 나오는 내재된 기상이 보는 이들의 가슴을 뛰게 한다.

중앙도서관으로 이어지는 진입로 양옆에는 '제2르네상스 횃불 들어'와 '온누리 밝히는 등불 켜자'가 새겨진 거대한 오벨리스크가 세워져 있다. 로댕의 조각상 '생각하는 사람'을 본뜬 조형물을 지나 안쪽으로 들어서면 미원이 평생 학생들과 교직원, 국내외 학자들에게 설파한 수십 편의 어록이 발걸음을 멈추게 한다.

이곳이 바로 새천년 경희학원의 미래를 설계하는 두뇌 역할을 해 온 '사색의 광장'이다. 국제캠퍼스와 서울캠퍼스, 남양주 광릉캠퍼스 곳곳에는 소년 시절부터 한국판 로댕을 꿈꾸며 '사색의 왕자'로 불렸던 미원의 어록이 즐비하다.

　미원은 6·25전쟁 폐허 속에서 청년기를 보냈다. 절대 빈곤 속에서 꿈을 잊고 살아가던 농민이나 도시 빈민들에게 "우리도 잘 살 수 있다"고 힘을 북돋우면서 잘살아보기 운동과 문맹퇴치, 농촌계몽운동 등을 벌이며 희망을 되찾아 주고자 동분서주했던 그의 삶을 돌아보면 그가 역사 속의 위인들을 닮아가려 노력했던 모습이 뇌리에 스쳐간다.

　그가 스승으로 삼았던 역사 속 인물 중에는 천하 열국을 돌아다니며 교육을 통한 치국의 도를 설파한 공자, 철학자 임마누엘 칸트, 또 인간을 '생각하는 갈대'로 표현한 파스칼 등이 떠오른다. 이런 미원이 『문화세계의 창조』를 통해 '칸트주의자'로서의 면모를 과시했다고 경희대 신충식 교수(논문 「조영식의 '오토피아' 윤리사상의 칸트적 기원」) 등 미원 연구가들은 전한다.

　그럼 사회운동가이자 교육행정가로, 또 철학자, 평화사상가로 세계인들을 향해 설파해 온 미원의 주장과 이념, 호소 등이 응축된 대표적인 어록 10개를 소개하며 그 철학적 의미를 되새겨 보고자 한다.

"생각하는 자 천하를 바로 세운다"

세계평화 증진을 위한 교육과 연구 등을 목표로 설립한 평화복지대학원에는 국내 교육기관에서는 찾아보기 어려운 명상관이 있다. 전원 기숙사 생활을 하는 학생들은 아침 기상 후 명상 시간을 갖는 것으로 일상을 시작한다.

이 대학원은 세계평화를 위한 경희대의 실천적 의지로 설립, 평화이념을 가르치고 세계평화를 선도할 지도자를 양성하는 교육기관으로 사색과 사유의 중요성을 강조한다. 어린 시절 아버지로부터 행동에 앞서 거듭 생각하도록 가르침을 받은 미원은 학교 기숙사 뒤에 명상관을 세웠다. 학생들이 학업과 학술 행사 등으로 바쁜 일상 속에서도 사색과 명상을 생활화하라는 뜻이 담겨 있다.

앞서 말했듯이 미원이 늘 깊은 사유를 생활화하는 등 일생 동안 삶의 의미, 우주의 신비, 미지의 세계 등에 대한 깊은 사색을 하게 한 배경은 광산촌의 '생각 돌탑'이다. 이 경구는 현재 서울 캠퍼스 경희관광대학교 캠퍼스 앞 표지석으로 우뚝 서 있다.

"뜻 있는 자 이루고 노력하는 자 승리하게 마련이다."

미원이 뜻을 세우는 것의 중요성을 강조한 이 말은 중국 후한 (後漢)을 건국한 광무제(劉秀)의 말과 같다. "뜻이 있는 사람은 결국 일을 성사시킨다(有志者事竟成)"는 말은 무엇인가를 이루려면 먼저 뜻을 세우는 것이 중요하고, 의지에 걸맞는 노력을 한다면 못할 바가 없다는 뜻으로 스스로에게 늘 다짐했던 말로 여겨진다.

이 점에서 유학을 체계적으로 배운 미원이 청소년 시절에 읽은 자치통감 등 역사서 속에서 이 말을 평생의 좌우명으로 삼았던 게 아닌가 추정된다. 서양 격언 "뜻이 있는 곳에 길이 있다(Where there is a will, there is a road.)"도 이와 일맥상통한다.

'유지경성(有志竟成)' 사자성어로도 통하는 이 말은 『후한서』 경엄전(耿弇傳)에 나오는데, 무에서 유를 창조한 미원의 90 평생을 관통하는 가장 의미 있는 말이자 미원 어록을 대표하는 것이라 생각한다. 뜻을 이루는 사람은 바다(紅海) 앞에 서 있는 모세와 이스라엘 백성 간의 시각 차이를 보여 준다고도 볼 수 있다. 부산 피란지에서 대학 인수 제의를 받았을 때 미원은 여러 문제점을 알고 있으면서도 이를 두려워하지 않았다.

그는 또 목표가 분명한 사람이었다. 핵전쟁을 막아내고 평화를 되찾으려는 목표는 미·소 양국의 데탕트로 이어졌다. 그가 냉전을 추구하는 정치가(Cold Warrior)가 아닌 냉전체제를 와해시키려는 운동가(Warm Warrior) 역할을 해 온 것이다. '인류사회재건운동'에 대해서도 '허황된 목표'라고 폄훼하는 사람들이 있었지만, 그는 자신의 길을 뚜벅뚜벅 걸어갔다.

"인간 이전의 학문이나
인간 위의 학문이란 있을 수 없다."

경희대는 창학정신에 입각한 4대 교육방침이 있다. 즉 인간교육, 정서교육, 과학교육, 민주교육이다. 미원은 4대 교육방침을 정할 때 "인간 이전에 학문이 있을 수 없고, 인간 위에 학문이 있을 수 없다"는 지론에 따라 '인간교육'을 맨 처음에 넣었다.

국가주의, 계급적 이념주의, 패권적 실리주의를 청산하고 문화적·윤리적 인간으로 거듭나려면 철저한 의식개혁이 필요하다고 강조했다. 그리고 새 세계에서는 정신과 물질의 일방적 추구에서 탈피해 '전인적 인간'이 될 수 있도록 교육이 필요하다고 봤다.

미원은 또 "법이 있기 전에 사회가 있고 도덕이 있다"는 점도 강조하면서 두 번째 교육방침인 '정서교육'을 통해 폭넓고 부드러운 정서생활을 권장할 것을 권고했다. 이밖에 경희의 '과학교육'은 현대 과학기술 발전에 뒤처지지 않도록 생활의 과학화를 실천할 것을 강조했다. 아울러 '민주교육'의 중요성도 역설했다. 이는 민주사회가 요구하는 성숙한 인간성을 기르기 위한 교육방침이라는 것이다.

경희대는 서슬 퍼런 군사정부 시절인 1960년대에 이미 대학 표지석에 '학원의 민주화, 사상의 민주화, 생활의 민주화'를 새겨 두고 이를 구현하도록 학생들에게 독려했다. 이러한 점도 미원이 어느 교육자도 흉내 내기 어려운 자신만의 독특한 선각자적 예지와 풍모를 갖추고 있음을 웅변해 주는 것이다.

"역사는 주어지는 게 아니라 만들어지는 것이다.
그 고삐는 우리 인간이 쥐고 있다."

오늘날 인류사회는 총체적인 변화(Metamorphic Change) 과정을 겪고 있다고도 볼 수 있다. 우주관, 세계관, 국가관이 달라지니 인생관마저 변하지 않을 수 없다. 과학기술의 혁명적 발달로 시공이 압축됨에 따라 국경의 담장은 나날이 낮아져 지구촌으로 변모한 지 오래되었고, 인터넷의 발달로 국경도 초월한 사회(Borderless and Trans-National Society)로 변모하고 인류 전체가 한 가족이 되었다고도 볼 수 있다.

이에 따라 영토 및 군비확장 등 기존의 국가패권주의나 배타적 국가주의, 패권적 민주주의, 계급적 사회주의 체제를 허물고 만민이 하나 될 수 있는 공동목표와 규범, 과제(Common Goal, Norm, Task)를 세워, "지구인이 공존공영하는 지구공동체 사회를 이루기 위해 인류사회는 재건되어야 한다"고 강력히 소신을 밝혔다.

미원은 이와 같은 지구공동사회를 만들기 위한 방안으로 ▲보편적 민주주의 실현 ▲인간존중 사상에 의한 인간중심사회 건설 ▲새 시대에 맞는 가치윤리 정립 등의 필요성을 주창했다. 배타적인 국가민주주의나 계급적 민주주의(공산주의)가 아닌 '보편적 민주주의' 실현을 주창했다. 공산 치하를 탈출했던 그는 평생 자유의 소중한 가치가 새로운 역사 창조의 중요한 전제조건이자 그 바탕임을 강조해 왔다.

"우리도 잘살 수 있다."

미원은 미국, 독일, 이스라엘, 터키, 레바논, 베트남 등 선진국
과 후진국을 돌아보고 1965년 『우리도 잘살 수 있다』는 책을 펴냈
다. 이 저서는 3년 뒤 무려 15쇄를 찍어 베스트셀러 반열에 오르
기도 했다. 뿐만 아니라 영문판 The way To Korea's Prosperity
(대한민국 번영의 길), 중문판 『新興民族 繁榮之道』(신흥민족 번영의 길)
로 번역 출판됐다. 미원의 '잘살기운동'은 1966년 5월 잘살기운동
헌장으로 제정, 공표되었다.

새마을운동은 반세기가 지난 지금도 전 세계 개발도상국들이
앞다퉈 도입하는 효자 수출품이자 자랑스러운 한국인의 유산으
로 평가받아 왔다. 이 점을 모르는 한국인은 없겠지만 이 운동의
씨앗이 미원이 제창하고 이론을 정립한 '잘살기운동'에서 비롯됐
다는 점을 아는 사람은 많지 않다. 미원은 1965년 10월 제10회
경희대 학원제 연설에서 '잘살기운동'을 전개할 것을 선언했다.

"우리 경희인은 이 점을 특별히 명심하여 사회의 안정을 기하고
온 국민이 나랏일(國事)에 협력하여 문화와 경제 발전을 가져오는
데에 총력을 기울어야 하겠습니다. 이러기 위해서는

첫째, 우리가 전개하고 있는 경희가족운동을 연장하여 선의의 생
   활을 바탕으로 단합해서 건설에 힘쓸 수 있는 안정사회를
   마련해야겠습니다.

둘째, 학원건설운동을 연장하여 보다 나은 조국을 만들기 위해 잘살기운동을 벌어야 하겠습니다. 경희인이 학원이나 직장, 가정 등 우리나라 방방곡곡에서 이 두 가지 일에 참된 힘이 되고 손발이 될 수 있어야 하겠습니다. 이는 우리 한국의 번영을 위해 큰 힘을 보태고 충실한 결과를 가져오는 일이 될 것입니다."

"어두운 길에 순응하며 운명에 우는 자는 약한 자, 밝은 곳 지향하며 운명 헤치고 나가는 자가 강한 자."

미원은 1956년 대학 건설 초창기에 극심한 재정난에 시달리다가 황달병을 얻어 몸져눕기도 했다. 이 상태에서 '고난이여 역경이여 올라면 오라'는 시를 짓기도 했다.

그는 작시 배경에 대해 "뜻하지 않게 병석에 누워 천장만 물끄러미 바라보며 절망과 공허감에 휩싸였던 적이 있었다. 이때 이대로 쓰러지면 안 된다는 강한 의지가 솟구쳐 올라 나도 모르게 주먹을 불끈 쥐고 적어내린 것"이라고 밝혔다.

미원은 전시 상황에서 신흥초급대학을 인수하고 50여 년간 매 순간 재정 문제로 고초를 겪었다. 아내 오정명 여사가 패물과 옷감 등을 팔고, 가족 친지와 지인들에게 간신히 자금을 융통해 불을 끄기는 했으나, 때론 교직원들의 월급도 제때 주지 못해 늘 긴장의 연속이었다.

부산 동광동에 있던 신흥초급대학을 인수하자마자 화재로 전소되었을 때 미원은 강철 같은 의지를 보여 주었다. 더 큰 건물에다 운동장까지 지은 것이다. "옛것을 잃으면 그보다 훌륭한 새것을 짓는다"는 신념에서였다.

서울 동대문구 회기동 고황산의 25만 평에 조성한 경희대 본교 캠퍼스 건축 과정만 살펴봐도 '미원이 무에서 유를 창조했다'는 평가가 허언이 아님을 알 수 있다.

"평화는 개선보다 귀하다."

"평화는 개선보다 귀하다(Peace is more precious than triumph.)"는 '전쟁 없는 평화'를 설파하며 세계 곳곳의 분쟁지역을 누볐던 평화운동가 미원의 일생을 집약해 주는 중요한 경구다.

전쟁에서 이긴 장수들은 위풍당당하게 개선문을 통과하면서 시민들로부터 우레와 같은 박수와 환호성을 듣는다. 또 전승 장병들은 승전에 따른 경제적 보상도 받게 되지만, 이 모든 것은 전쟁의 참상과 비교할 수 없다는 것이다.

미원은 식민 치하에서 학도병으로 전쟁터에 끌려갔다가 수차례 죽을 고비를 넘겼다. 8·15해방으로 고향에 돌아왔으나 공산 치하에서 지주 집안이라는 이유로 탄압을 받았다. 자유를 찾아 월남한 지 3년 만에 6·25전쟁을 겪었다. 이러한 체험들은 미원에게 '전쟁 없는 평화'라는 고귀한 일념을 갖게 해 준 동인이었다.

미원은 이후 세계대학총장회나 유엔본부 등에서 행한 기조연설 등을 통해 3차 세계대전의 발발 가능성을 경고하며 미국과 소련 등을 상대로 데탕트를 촉구하고 평화의 소중함을 일깨우는 운동에 진력했다.

"영장류가 아닌 인간으로서 네오르네상스 횃불을 치켜들고 인간소외, 인간부재의 현실을 극복해 나가자." (새로운 천 년을 향한 인류사회의 대구상–유엔 제정 세계평화의 날 17주년 기념 학술회의 기조연설문에서)

"우리 인간은 유인원이 아닌 인간이 되었다. 그중에서도 '문화인', '지성인'이 되었는데도 어째서 동물과 같이 먹고 먹히는 생활규범을 그대로 답습하며 살고 있는가? 또 배타적 이기심이 우리 역사를 파괴하고 피로 물들이게 해 왔는데 어째서 눈을 크게 뜨고 화합과 협동 속에서 모두가 평화롭게 함께 살아나갈 길을 생각하지 못했을까?"

이 인용문이야말로 일생을 평화의 소중함을 일깨워 주고 이념과 종교 등이 판이한 집단 간에도 이해 증진과 화합의 중요성을 강조해 온 미원의 평화 메시지의 정수이자 사상의 궁극이라고 해도 과언이 아니다.

"여행은 역사를 종횡으로 보고
사회상을 주체적으로 관찰하는 것."

미원에게 '여행'이란 두 가지 점에서 생각해 볼 수 있다. 첫째는 다양하고 방대한 책을 통해 동서고금의 역사적 인물들과 다양한 지식 등을 섭렵할 수 있었다. 또 하나는 1950년대 후반부터 5대양 6대주를 순방하며 도시와 농촌 등지를 살펴보았다. 그리고 돌아와서 "우리는 왜 못 사는가?"에 대한 깊은 고민을 하게 되었다. 이어 『우리도 잘살 수 있다』는 책을 펴내 국내에 큰 반향을 일으켰다.

'한국인 세계여행의 본좌'로 통하는 고 김찬삼 경희대 교수도 한국을 대표하는 여행가지만, 전 세계 대부분 국가를 방문한 그와 미원의 차이점은 방문 지역과 여행의 초점이었다. 미원은 선진국과 후진국의 대학과 연구소 등지를 방문해 그들의 사회상과 발전 정도, 정책 비교 등에 주안점을 두었다.

그가 여행의 의미와 개념을 "역사를 종횡으로 보는 것이요, 사회상을 주체적으로 관찰하는 것"으로 설명한 것도 흥미롭다. 세계여행에서 돌아와 '후진사회연구소'를 세운 것도 대단한 통찰력이다. 특정 국가들은 날로 발전하는데, 반대로 오랫동안 개발도상국 수준에서 헤어 나오지 못하는 나라들의 특성과 국민성 등을 '주체적으로 살핀' 살아 있는 기록들이다.

미원은 세계를 돌아보고 "우리도 잘살 수 있다"는 자신감을 얻은 뒤 농촌계몽운동과 국민의식개혁운동에 주력했다. 이는 새마을운동의 모태가 되었고, 경제가 성장할 수 있는 원동력으로 작용했다. 세계 구석구석을 다니며 당시 국내외 정세 및 사회 현실을 살펴보고 미·소 양대국이 주도하는 동서냉전이 최고조에 달해 있을 무렵 3차 세계대전 핵전쟁 발발 가능성이 있음을 우려했다. 이는 동서 진영의 데탕트를 촉구하는 평화운동으로 이어진다.

세계여행은 사회경제적 측면에 대한 이해도 높였다. 세계 인구의 약 60%가 굶주리고 있는데도 인구가 30년마다 2배씩 급증하는 추세여서 장차 식량과 물 부족 현상이 가속화될 것으로 예견했다. 미원의 위대한 점은 그러면서도 표면에 나타난 단편적인 것만 보고 판단하지 않고 심층을 보려고 노력한 것이다.

이런 안목 덕분에 이 같은 위기 상황에서도 미래에 대한 전망을 잃지 않았다. 그는 "지난 20년 동안 강대국이나 인류의 생활수준도 급속도로 향상되어 가고 있는 것을 70여 개국 여행을 통해 직접 목격할 수 있었다"고 말했다.

미원은 여기에서 그치지 않고 의식개혁운동에 주력했다. 그리고 1960년대와 1970년대를 거치면서 세계대학총장회 창설을 주도했다. 이어 세계를 무대로 한 밝은사회운동(GCS)을 시작하게 되었다. 미원은 또 프랑스와 독일 등 유럽 국가들이 유럽연합(EU)을 출범시키고, 아세안(ASEAN), 아프리카연합(AU)이 결성되던 과정을 주목했다. 그는 이 같은 '역사적 시류'를 들어 지구공동사회의 실현이 필연적이라고 강조하면서 배타적·패권적 국가주의를 버리고 지구촌 인류가족과 함께 사는 지구공동사회의 이상을 실현하기 위해 노력해 왔다.

이밖에도 "물질과 과학 우선이 아닌 인간에게 바로 봉사하는 인간중심사회, 다원주의적 약육강식, 우승열패에서 벗어난 문화규범사회, 만민의 자유와 평등, 공존공영이 함께 보장되는 보편적 민주사회, 팍스 로마나(Pax Romana)처럼 만국의 주권이 함께 모여 구현하는 팍스 유엔 하에서의 영구평화사회의 모습으로 나아가야 한다고 주장했다.

"먹구름 뒤에는 생명을 불어넣어 주는 눈부신 광명이 있다."

미원은 "허다한 아포리아(aporia)가 우리의 광명을 차단하여 암흑으로 뒤덮고 있지만, 그 검은 먹구름 뒤에는 생명을 불어넣어 주는 눈부신 광명이 있다"고 말했다. 이는 인류가 핵전쟁 위기와 물부족, 식량부족, 인구폭발, 지구온난화 등 수많은 난제(aporia)에 직면해 있지만, 적극적이고 창의적인 해결책을 강구한다면 능히 극복하고 전화위복의 결과를 얻을 수 있다고 강조한 것이다.

실버 라이닝은 모든 먹구름의 뒤편은 은빛으로 빛난다(Every dark cloud has a silver lining.)는 뜻으로 괴로움 뒤에는 무언가 희망적인(something hopeful) 것도 있음을 시사하고 있다.

그리스어 '아포리아'도 생소한 편이다. 아포리아는 대화법을 통해 문제를 탐구하는 도중에 부딪치게 되는 해결할 수 없는 난제를 뜻한다. 그러면서도 이 철학 용어는 어렵더라도 포기하지 않고 다른 방법이나 새로운 관점에서 탐구를 시작하는 출발점이 된다.

이 아포리아는 미원이 창학과정이나 환도 후 본교 캠퍼스 조성작업 등에서 50여 년간 끊이지 않았던 내우외환, 즉 재정난과 화재, 학내 분규, 대학교 강탈 위기 등 짙은 먹구름이 끼었을 때 대처 방식에 대해서도 적용해 볼 수 있다. 각종 역경과 고난에 시달리면서도 자포자기가 아닌 어려움이 있을수록 더욱 강해지는 미원의 인생 전반을 보여 주는 것 같다.

미원은 "경희의 역사야말로 숱한 고난(아포리아)을 극복하며 '무에서 유를 창조한' 경이로운 성취의 역사"라고 평가하고, 경희정신의 요체를 아래와 같이 '창의적인 노력', '진취적인 기상', '건설적인 협동'으로 설명했다.

새로운 창의와 끊임없는 노력, 즉 창의적인 노력은 우리 경희정신의 첫머리요, 고난에 도전하고 역경에 감투하는 호연지기, 즉 진취적인 기상은 그 둘째요, 평화와 문화복지 건설의 기틀을 단결에서 구하는 것, 즉 건설적인 협동은 그 셋째가 된다.

"의지는 역경을 뚫고 이상은 천국을 낳는다."

교육철학자 미원은 지구온난화나 핵전쟁 등으로 공멸 위기에 직면한 인류사회를 재건하기 위해서는 교육을 통한 지속적인 정신혁명이 필요하다고 강조하곤 했다. 이 같은 의식개혁의 필요성에 대해 "이성이란 따로 있는 것이 아니라 바로 감성을 도야한 것입니다"라고 설명했다. 인간은 교육을 통해서 잠재능력을 계발하지 않으면 아무런 가치가 없는 존재가 되어 버린다는 것이 미원의 일관된 생각이었다.

미원은 "일찍이 모든 사회변화와 역사창조는 인간의 의지에 따라 결정된다고 보았다. 그는 청년 시절 '칸트주의자' 소리를 들을 정도로 칸트의 책을 통독하고 그의 이론을 따르면서도, '역사 창조'에서만큼은 칸트의 견해인 '폭력', '자기중심주의', '비도덕의 영역'에 동의하지 않았다.

다시 말해 미원에게서 역사란 "어떤 이해할 수 없는 힘에 의해 창조되어 나가는 것이 아니라, 사람의 의지적·의도적 노력에 의해 생성되는 것이다"라고 했다. 신충식 교수는 이러한 그의 역사관에 대해 "주의적 생성원리(Generative Principle of Subjective Will)에 기반을 두고 있다"고 보면서 "자연은 생성되는 이치에 의해 이뤄지고, 역사는 인간의 당위(ought)와 객관의 요청에 의해 이뤄진다"라고 풀이했다.

미원은 인간을 인간답게 하고 더 행복하고 값있게 해 주는 것도 단순한 주체와 객체의 상관관계에서 오는 것이 아니라 고차원적 정신인 '주의'에 의해, 즉 '의식적 지도'에 의해 이뤄짐을 강조했다. 인간이 인간일 수 있는 조건은 자기가 해야 할 일과 해서는 아니 될 일, 그리고 자기가 바랄 수 있는 일과 바라서는 아니 될 일을 분간하는 인격을 소유하고 있는지의 여부에 달려 있다고 본 것이다.

이런 점에서 인간은 건전한 의지를 함양한다면 인간적으로 보람 있고, 정신적·도적적으로 건전한 사회, 즉 당위론적 사회(Oughtopia)인 지상낙원을 건설할 수 있다는 게 오토피아 철학의 핵심 개념 중 하나다. 신충식 교수는 이러한 입장이 후일 인간을 자유의지에 입각한 인격적 존재로 파악하는 '주리생성론' 개념으로 정식화됐다고 분석했다. 그러면서 정신문화의 고차원적 발전과 물질문명의 고도발달을 추구하는 문화세계의 한 축은 분명 칸트와 맞닿아 있음을 알 수 있다고 설명했다.

1 미원의 주도로 제정된 세계평화의 날과 세계평화의 해가 미·소 간 일촉즉발의 무력충돌 상황에서 화해를 이끌어내는 결정적인 계기로 작용했음을 상기시켜 주는 발언. 경희대는 이날 고르바초프 전 대통령을 재임 기간 동서냉전의 종식과 화해에 앞장서는 등 세계평화에 기여한 공로를 인정해 평생명예교수로 추대했다.

2 어린 시절 고향 운산에서 구봉(九峰)을 바라보며 호연지기를 키워 온 미원의 삶을 9개의 봉우리로 형상화했다.

3 미원은 학교에서도 교수는 물론 학생들에게도 '하오체'를 썼다. 세미나와 토론장에서도 상대의 말을 경청하고 이견도 존중했다. 때로는 청중석에서 장황하면서도 조리 없는 말들이 난무하기도 했는데, 이때도 미원의 표정이나 목소리는 한결같았다.

4 『중용』 제19장 32편 "죽은 자 섬기기를 산 사람처럼 하고, 이승에 없는 사람 섬기기를 살아 있는 사람 모시듯 하는 것이 지극한 효다(事死如事生 事亡如事存 孝之至也)"라는 내용 참조.

5 「공자가어(孔子家語)」 치사(致謝)편이나 시경(詩經) 해설서인 한시외전(韓詩外傳 - 卷九) 등에 전한다.

6 공자 제자인 증자(曾子)는 '봉양(奉養)하다'에서 '양'은 맛있는 음식뿐만이 아닌 바로 부모님의 '뜻'까지 헤아려 행하는 양지(養志), 즉 적극적인 효행이라고 설명했다. 증자는 아버지 증석(曾晳)이 상을 물릴 때 남은 음식을 누구에게 줄지 물어, 아버지가 베푸는 기쁨을 갖게 했다. 『맹자(孟子)』 이루(離婁)편 19장, 『소학(小學)』 제4편 계고(명륜)-12편 참조.

7 필자가 읽고 메모해 둔 문장. 독자들에게 도움이 될까 하여 원문을 소개한다. 우리의 무게를 다 합쳐 쇠지레를 내리눌렀지만 바위는 꿈쩍도 하지 않았다.(Our combined weight on the crowbar would not prize the boulder loose.)

8 남명(南冥) 조식(曺植)의 시 '천왕봉(天王峯)'의 萬古天王峯 天鳴猶不鳴.

9 개인에 대한 '우상화'나 '아부성 찬사'라는 지적이 나올 수도 있지만, 필자는 미원에 대한 비판적 관점을 극복해 가면서 이러한 소견을 갖게 됐다. 평화복지대학원 운영 방침과 교육철학 등에 반발해 학생들과 함께 항의 서한을 총장실에 전달한 바 있다. 하지만 졸업 후 사회에 진출해 그의 저작물들을 단계적으로 학습하고 세계를 이끈 여러 인물들과 비교해 보면서 이러한 생각을 굳히게 됐다. 또 적잖은 국내외 석학들의 미원에 대한 평가가 지인에 대한 '주례 비평'이 아닌 객관적·과학적 분석을 통해 나온 것으로 판단된다.

10 이 글은 류시화 시인이 어느 잡지에 '인간이 무엇이라고 생각하나?'라는 제목으로

기고한 글이다.(PP.103~106) 전기 작업 중 안영수 경희대 명예교수가 제자의 글이라면서 건네준 한 잡지에 게재된 글인데, 잡지의 표지를 찾지 못했다.

11 '순수 지속'은 앙리 베르그송 철학의 근간을 이루는 개념으로, '공간적으로 표현할 수 없는 의식 등 생명적인 흐름, 즉 참된 시간의 존재 방식'을 일컫기 위해 창안해 낸 말이다. 창안한 개념어인 '지속(duration)'의 의미는 한 사물이 시간이 지나면서 질적 변화를 일으키는 것으로 이때가 '순수 지속의 시간'이다. 기존의 분석철학에서 말하는 '지속(persistence)'의 뜻은 한 사물이 시간이 흘러도 (속성의 변화 없이) 동일성을 유지하는 것이다.

12 배우기만 하고 생각하지 않으면 어두워져 체계를 갖추기 어렵고, 생각만 하고 배움으로 연결하지 않으면 (독단에 빠져) 위태로울 수 있다(學而不思則罔, 思而不學則殆), 『논어』 위정편(2~15).

에필로그

미원이 남긴 미완의 유산

수년 전 한 공중파 TV방송에서 '세계를 움직인 100인' 프로그램을 시청한 적이 있다. 루스벨트, 처칠, 아인슈타인, 퀴리 부인 등 신문 방송에 늘 등장하는 위인들의 모습에 미원 조영식 총장을 비춰 보았다. "팔이 안으로 굽는다"는 말을 듣더라도 지적하고 싶은 것은, 미원을 비롯해 근현대 한국인 중에서도 국내외적으로 큰 영향을 끼친 인물들을 적극 발굴해 소개했으면 하는 것이다.

미원은 세계 최초로 경희학원에 일관교육체계를 만들었고, 세계 지성인들로부터 미·소 데탕트를 통한 탈냉전의 숨은 공로자라는 평가를 받아왔다. 『문화세계의 창조』, 『인류사회의 재건』, 『오토피아』 등의 저술만으로도 그를 평범한 교육행정가로 보기 어렵다.

무엇보다도 그는 기계문명의 뒤안길에 놓인 인간소외 현상의 문제점을 통찰하고 인간성 회복을 통한 인류사회 재건의 당위성을 역설, 국내외 지성들의 이목을 끌었다. 문맹퇴치, 농촌계몽 등 사회운동이나 전쟁을 반대하는 평화운동을 둥지 속에서만 노래하지 않았다.

"평화는 개선보다 귀하다"는 평화 철학을 부르짖으며 미국과 소련을 비롯한 5대양 6대주를 쉼없이 누비고 다니는 등 '뽕나무 활과 쑥대 화살'에 뜻을 둔(桑蓬之志)[1] 실천적 사상가 미원 조영식. 2008년 2월 타계한 그의 삶을 돌아보면서 아놀드 토인비가 말한 "문명은 동작이지 상황이 아니다. 또 항해이지 항구가 아니다"라는 말이 떠올랐다.

그에게 쏟아진 세계 각국 지도자들의 찬사는 유엔, 대학교 등 주요 기관의 기록으로 고스란히 남아 있다. 미원의 측근 중 다수는 그가 1980년대 핵전쟁과 3차 세계대전 위기를 불식시킨 인물 중 한 사람임에도 이러한 헌신과 공로가 널리 알려지지 않았다며 안타까움을 토로하고 있다.

조선일보가 학계 연구서를 인용해 '서북 출신 학병 세대가 대한민국의 지적 설계'라는 제목으로 보도한 기사(2017. 4. 5)의 10대 교육행정가 명단에서조차 빠져 있다. 장준하, 김준엽, 선우휘, 김수환 등 서북 출신 인물 10명이 "조국 근대화의 밑그림을 그리며 정치, 언론, 종교, 교육의 기초를 놓았다"고 소개했다. 미원이 전쟁 와중에 대학을 인수해 국민교육의 터전을 만들고, 경희대를 세계적인 대학으로 발전시켰으며, 세계대학총장회 탄생의 산파역으로 한국의 위상을 한껏 드높인 점은 제외되었다.

미원이 전란의 폐허 속에서 망연자실하던 국민을 대상으로 잘살기운동과 문맹퇴치, 농촌계몽운동에 매진했고, 80년대에는 아시아 태평양 시대의 도래를 외치며 지구촌 시대에 대비하자고 국민을 일깨웠던 점은 직시할 가치가 있다. 선각자의 생각과 비전을 기록한 출판물이 다섯 수레²에 실을 만하지만 언론과 학계 연구자들에게 널리 알려지지 않은 것 같다.

미국, 프랑스, 중국, 러시아 등 동서양의 저명한 학자와 대통령, 총리, 유엔사무총장 등 세계적 인물들이 '평화의 사도', '위대한 사상가' 등으로 극찬할 때도 유독 국내에서는 미원에 대한 평가가 박했다.

1974년 미국 애틀랜타 시는 제1회 세계인류학자대회에서 미원에게 '인류최고영예의장'을 수여했다. 1975년에는 일본 오사카상업대학교에서 학술대상을, 또 그 해 미국 보스턴에서 열린 제4차 세계대학총장회 총회에서 세계학술대상을 수상했다.

그가 평생 일궈 낸 성과만을 살펴봐도 전방위적인 비범성이나 인간주의자로서의 모범을 발견하는 데 어렵지 않다. 교육을 통한 세계평화 구현과 물질문명에 찌든 인류사회 재건, 문화복리와 복지증진, 문화세계 창조 등을 위해 선구자로, 선각자로 행동하는 지성인의 모습을 보여 준 점도 주목되는 부분이다.

미원의 발자취를 따라가면서 그가 평생 일궈 놓은 연구 업적과 성과를 바탕으로 새로운 학문의 길을 개척하고 그가 남긴 유산을 발전적으로 계승해야 하는 책임과 의무는 필자를 비롯한 제자와 후학들에게 있다고 생각한다. 그가 세상을 위해 헌신하고 인류사회를 위해 남긴 공로 역시 재평가의 대상일 것이다.

미원은 일생을 공자, 맹자 등 성인들의 가르침을 본받으려 노력했지만, 인간으로서 자신을 알아 주는 지기(知己)와 진면목까지 살펴주는 지음(知音)의 부재에 서운하기도 했을 것이다.[3] 필자는 미원이 버럭 화를 내는 모습을 한 번도 보지 못했다. 하지만 미원의 진심을 알지 못하는 오해와 비판의 목소리를 들으면서 무척 안타까웠다.

"난세에는 군자는 배척되고 소인들이 득세한다"는 말이 있다. 많은 사람들의 분노가 하늘을 찌르고 사회는 극심하게 분열된 요즘, 인간의 도덕질서 회복을 주창하며 천하를 외로이 주유했던 공자가 따뜻한 자리 하나 만들지 못한 채(孔席不暖) 동분서주했듯 미원도 같은 길을 걸었던 것 같다.

한시도 잔잔한 미소가 떠나지 않던 그 고운 이마 위에 드리워진 깊은 주름살이나 미소 속에 감춰진 외로움의 원천은 무엇이었을까? 세월의 무게 때문이었을까? 아니다. 미원이 감당한 세월은 세상의 풍진을 온몸으로 다 받아온 시간들로 점철됐다. 그는 어두운 세상의 평안을 구하고 인류화해와 세계평화의 대의 실현(Allegiance to the Cause of World Peace)을 위해 진력한 사도의 표상이었다.

이런 삶의 가치를 후학들에게 일깨워 주면서 사도를 실천하기에 바빴던 그였기에 지구촌에서 화약 연기를 없애고, 총성과 포성 없는 자유를 얻기 위해 자신을 돌보는 것은 소홀히 하면서도 그토록 바쁘게 곳곳을 찾아다녔던 것 같다. 미원이 남긴 유산을 올바로 계승하고 지구공동사회 건설 등 '미완의 소명 완수' 대열에 적극 동참하는 것이야말로 진정으로 그를 추모하는 길이라고 본다.

"내가 아직 살아 있는 동안에는 나로 하여금 헛되이 살지 않게 하라"며 자신을 경계했던 철학자 에머슨의 경구는 바로, 실로 고됐지만 보람으로 충만된 미원의 삶을 예시한 듯하다. 평소 경서를 즐겨 읽고 아랫사람에게 배우는 것을 부끄러워하거나(不恥下問) 꺼리지 않는(他山之石) 자세를 갖춘 데다 효를 실천하는 마음이 남달랐던 점 등이 대표적인 사례다. 이처럼 넓은 뜻과 굳센 의지, 생명을 '완전 연소'하고 떠나게 된 배경을 증자(曾子)의 효를 실천하는 자세에서 찾아볼 수 있다고 생각한다.

어쩌면 미원은 총장으로서, 학원장으로서, 지란지교를 꿈꾸며 화초나 가꾸고 고급 호텔에서 와인잔을 부딪치며 고적하고 고답적인 삶을 누릴 수 있었다. 그러나 이러한 호사를 단호히 물리쳤다. 그는 일관된 교육체계 구축 등 교육 선진화를 위한 개혁적 소신이 현실의 벽에 부딪쳤을 때도 이에 정면으로 맞서 끊임없이 해결책을 모색한 실천적 지식인이었다.

역사를 내다보는 선지자적인 혜안은 또한 어떠한가? 식민지 시대와 해방, 전쟁, 신생국 수립을 전후해 지식인이자 참 지성인이었던 미원이 늘 걸었던 경희대 본관 교정을 오고가는 제자들과 내방객들에게 던져주는 화두는 무엇일까? 나라 안팎으로 위기가 날로 깊어지고 백척간두 상황으로 치닫고 있는 지금, 미원이 천상에서 보내오는 목소리에서 어떤 가르침과 일깨움을 얻어야 하는가라는 생각에 미친다.

만해 한용운의 '님의 침묵' 한 구절처럼 필자를 비롯한 미원의 제자들은 늘 그분을 기리며 그리워하곤 한다. 대부분 "향기로운 님의 말소리에 귀먹고, 꽃다운 님의 얼굴에 눈이 멀었습니다"라는 시어 속에서 자신을 발견하고 있을 것이다. 이 시의 마지막 구절로 전기를 마무리하고자 한다.

"아아 님은 갔지마는 나는 님을 보내지 아니하였습니다."

미원의 전기 작업이 막바지에 이를 무렵 서울 예술의전당에서 '처사 남명 조식'이라는 오페라를 감상했다. 2막으로 된 작품을 지켜보면서 내내 미원의 얼굴과 음성을 보고 듣는 듯했다. 어느 책에서 읽었던 한 구절이 남명 조식 선생의 '천왕봉' 시와 중첩되어 떠올랐다.

"우리의 무게를 다 합쳐 쇠지레를 내리눌렀지만 바위는 꿈쩍도 하지 않았다."(Our combined weight on the crowbar would not prize the boulder loose.)

『오토피아』 한 권만 예를 들어도 남명 선생의 위풍당당한 모습과 중첩된다. 우주의 삼라만상까지 품으려 했던 그 기상과 의지, 호학(好學) 정신, 통섭적 학문 세계 등을 봐도 범상치 않다.

미원의 의식과 철학적 인식세계로 향하는 문은 경희학원, 나아가 대한민국 모든 후학들의 힘을 합쳐도 활짝 열어젖히기 힘들다. 쇠지렛대를 넣고 눌러도 꿈쩍 않는 바위, 특히 "두쪽으로 깨뜨려져도 소리내지 않는 바위"와도 같고, "하늘이 울어도 울지 않는(天鳴猶不鳴)" 천왕봉 같은 모습이 느껴진다.

이런 점을 볼 때 전기 출간은 미원 조영식에 대한 본격적인 연구를 알리는 시작의 종소리라는 생각이 든다. 미원의 불후의 업적을 마무리하는 시간이라기보다 1단계 마침표를 찍는 작업이자 궁극적인 '조영식 총서' 작업 등을 향한 2단계 과정의 개시(Commencement)로 볼 수 있다.

끝으로 한 줄 덧붙이고자 한다. 선인들의 가르침을 생각하며 경계하기에 힘쓰기도 했지만, 탈고를 앞두고 어린 시절 익힌 율곡 선생의 가르침이 떠올라『격몽요결』의 관련 구절을 찾아보고 얼굴이 화끈거렸다. "문장으로 세상에 이름을 내겠다며 여러 경전에서 요리조리 베껴 쓸데없이 화려하기 만한 문장을 꾸미려 한"[4]이라는 말이 마음에 걸리기도 했다.

하지만 꼭 그러겠다는 의도보다는 미원의 말과 글에 자주 보이는 어휘들을 좀 더 활용하면서 그의 참모습을 최대한 가까운 거리에서 그려보고 싶었다. 이를 통해 그가 품었던 생각을 좀 더 헤아려 보고, 또 그의 무수한 역저들에 한 발짝이라도 근접해 독자들에게 전해 보고 싶을 따름이다.

1 남자가 사방으로 활약하며 세상을 위해 공을 세우고 헌신(爲世獻身)하려는 큰 뜻. 『예기(禮記)』 사의(射義)편에 "사내아이가 태어나면 뽕나무 활에 쑥대 화살(桑弧蓬矢)을 매겨 사방으로 여섯 번(천·지·동·서·남·북) 쏘게 한다"고 되어 있다. '천지와 사방은 사나이가 가져야 하는 것'이라는 의미다.

2 두보는 '백학사의 이엉집에 붙여(題柏學士茅屋)' 제하 시에서 "부귀는 꼭 근면한 데서 얻어야 하나니(富貴必從勤苦得), 사내라면 모름지기 다섯 수레 책을 읽어야(男兒須讀五車書)" 한다며 독서의 중요성을 강조했다. 남자에게 국한된 말이 아니라 지성인이라면 독서를 생활화해야 한다는 의미로 보인다. 『장자(莊子)』 天下편에도 "혜시는 방술이 많으니 책이 다섯 수레(惠施多方五車書)"라는 말이 있다.

3 『논어』 학이편(1~16)에 "남이 나를 알아주지 않는다고 근심하지 말고, 내가 남을 알지 못하는 것을 걱정하라(不患人之不己知, 患不知人也)"는 구절이, 또 헌문왕편(14~32)에는 뒷부분을 "자신의 무능과 부족한 점을 근심하라(患其不能也)"고 다소 수정해 자기 향상과 내적 충실을 위해 쉼없이 노력하도록 권면하는 내용이 나온다.

4 율곡은 "학문에 뜻을 두면서도 성취하지 못하는 이유로 '마음과 뜻이 게으르고, 한가함과 편안함의 추구, 세상에서 인정받기 위해 꾸미는 화려한 문장 등 열 가지를 꼽았다." 『격몽요결』 혁구습장(革舊習章 第二篇).

미원 조영식 연보

1921. 11. 22 • 평북 운산에서 출생

1936 • 북진공립보통학교 졸업 후 평양숭실중학교(5년제, 평양3중)
입학

1941~1943 • 일본체육전문대학 유학

1943 • 평양 서문여고 교사 오정명과 결혼

1944 • 일제에 의해 학도병으로 징집돼 평양 소재 일본군 제48
공병중대 입소

1945 • 학도병 의거 모의 혐의로 체포, 헌병대 형무소에 수감

• 재판에서 불기소 결정으로 석방되어 본대 복귀

• 히로히토 일본 천황 항복 선언. 해방 직후 소련군 북한 진주

• 부대원 10여 명을 이끌고 탈영(8. 17)

1946 • 부친 조만덕, 공산 치하 지주 탄압 등으로 화병 투병 중
타계(46세)

1947. 6 • 자유 대한민국으로 월남

• 모친 강국수 여사와 아내 오정명 월남

• 서울중학교(5년제) 체육교사로 임용

1948 • 첫 저서 『민주주의 자유론』 출간

1950 • 6·25전쟁 발발(1953. 7. 23 휴전)

• 서울대학교 법학부 졸업

1951	• 성재학원 이사 취임(7. 23)
	•『문화세계의 창조』 출간
1952	• 신흥초급대학 정식 인가
	• 4년제 대학 설립 인가, 신흥대학으로 승격
1953	• 부산 동대신동 신축 교사에서 첫 학위 수여식 개최(3. 30)
1954	• 전시 수도 부산에서 서울로 환도(3. 24)
	• 신흥대학교 제4대 학장 취임(5. 20)
1955	• 신흥대학교 대학원 인가 및 종합대학교 승격 승인(2. 28)
	• 신흥대학교 초대 총장 취임
	• 종합대학교 승격 기념 정문(등용문) 건립 완공(5. 10)
	• 서울캠퍼스 교시탑('문화세계의 창조') 건립(7. 24)
1956	• 농촌계몽운동(문맹퇴치, 자력갱생, 봉사활동) 전국적으로 전개
1958	• 사회개발연구소 및 국토종합개발연구소 설립
1960	• 경희대학교로 교명 변경, 유치원·초등학교·초급대학 설립
1964	• 세계대학총장회(IAUP) 창립 제안
	• 후진사회문제연구소 설립. 잘살기운동 전국적으로 전개
1965	• 미국 페얼리디킨스대학 삼마르티노 총장과 세계대학총장회 창설(초대, 2대, 3대 회장 연임)
	• 페얼리디킨스대 영국 분교에서 열린 창립총회에서 '평화를 위한 기도(A Plea for Peace)' 기조연설을 통해 "공동번영을 위한 협력시대를 열어가자"고 국제사회에 호소
	• 동서양 의학 접목한 제3의학 창시
1967	• 경희간호대학 설립
	• 인공호수 선동호(仙洞湖)와 삼선(三仙)폭포 건립
1968	• 제2차 세계대학총장회(IAUP) 경희대 주관으로 개최. 의장

에 조영식 박사 피선. 31개국 대표 105명, 옵서버 44명, 초청연사 5명 등 154명 참석.

1969	• 경희인상(8선녀상) 건립
1971	• 경희의료원 설립(양방, 한방, 치과병원 포함 1,500병상)
	• 경희종로한방병원, 성지(聖地)에서 온 교회 설립
1973	• 서울캠퍼스에 한국식 석조정원 '경희 금강(金剛)' 조경
1974	• UNDP와 공동으로 경희호텔경영대학 설립
1975	• '밝은사회운동 경희학원 결성대회' 개최
	• 미국 보스턴에서 열린 제4차 세계대학총장회에서 '인류사회의 신선언(New Declaration of Human Society)' 채택
	• 세계인류학회, '인류사회의 신선언' 제정 공로로 인류최고영예의장(Highest Award of Humanities) 수훈
	• 『인류사회의 재건』 출간(1976년 인류사회재건연구원 설립)
	• 밝은사회운동 전국적으로 전개
1978	• 밝은사회국제클럽 한국본부 결성
	• 세계 저명 지도자 77인과 함께 밝은사회운동 국제공동발기인단 구성
	• 경희대 자연사박물관 설립
1979	• 국제캠퍼스 설립
	• 밝은사회국제클럽 국제본부 결성
	• 서울캠퍼스에 잘살기운동, 밝은사회운동기념탑 건립
	• 인류사회재건연구원·로마클럽이 공동 개최한 개교 30주년 기념 국제학술대회에서 '21세기의 전망과 오토피아를 향한 우리의 자세' 기조연설(10. 28)
	• 『오토피아』 출간

1981	• 제6차 세계대학총장회 코스타리카에서 개최. 대회 폐막 에 앞서 채택된 '코스타리카 결의문'에서 유엔이 세계평 화의 날과 세계평화의 해를 각각 제정, 공포해 달라고 제안(7. 3)
	• 코스타리카 정부의 '유엔 세계평화의 날' 제정안 제36차 유엔총회 상정, 156개 유엔회원국 만장일치로 가결(11. 30)
1982	• 이산가족재회추진위원회 설립
1983	• 경희대 평화복지대학원(GIP, Graduate Institute of Peace Studies) 설립 인가(10. 29)
1984	• 제3 광릉캠퍼스(평화복지대학원) 개원(9. 25)
	• 하비엘 페레스 드 케야르(Javier Perez de Cuellar) 유엔사무 총장과 협의해 만국 주권 하의 Pax UN 이론을 개발하고 유엔 중심의 세계평화 구현운동을 범세계적으로 전개
1986	• 국제평화연구소 주관으로 『세계평화대백과사전』 발행(영국 Oxford Pergamon Press. 4. 30)
	• 세계평화의 해 기념식 개최(5. 13)
	• 제1회 평화의 횃불 봉송(The First Earth Run) 주자들, 평화 복지대학원까지 계주(11. 17)
1987	• 부트로스 부트로스 갈리 유엔사무총장, 유엔에 의해 공포 된 1986년 세계평화의 해 제정에 대한 공로를 인정, 미원이 주도해 온 세계대학총장회를 'UN Peace Messenger'로 지정
1988	• 밝은사회클럽을 통해 국민대화합운동 전국적으로 전개
1989	• 국제밝은사회재단 설립
	• 미국 의회, 세계평화 구현에 기여한 공로를 인정해 의회

의사당에 조영식 박사 이름으로 성조기 게양

1990   • 세계평화의 날과 세계평화의 해 제정 기념 평화의 탑 건립
        (광릉캠퍼스)

        • 조영식 박사의 평화공적 기리는 '조영식평화 강좌' 개
        설(아르헨티나 Palermo대학)과 '조영식강당' 개관(멕시코
        Guadalajara 대학)

1992   • 미국 하와이주 상원, 인류평화와 복지사회 구현에 대한 공
        헌을 높이 평가해 만장일치로 지지 결의 서명

        • 독립국가연합(CIS), '제3민주혁명' 이론 개발과 구현에 앞장
        선 공헌을 인정해 CIS 학술원 정회원으로 추대

1993   • 평화복지대학원 설립과 평화교육 및 연구증진에 기여한 공
        로로 유네스코 평화교육상 수상

        • 경희대 체육과학대학원 설립

        • 남북이산가족 재회 촉구 범세계 서명운동. 세계기네스협
        회가 최다 국가, 최다 서명 기록 인증

1994   • '도덕과 인간성 회복을 위한 사회평화운동' 전개

1995   • '인류사회 재건을 위한 Neo Renaissance 운동'을 후원하
        고 UN 창립 50주년을 기념하기 위해 세계 저명 지도자
        50인 Global Initiative 발기회 조직(1997년 규모를 100인으로
        확대)

1996   • 유엔 역사상 최초로 세계평화에 대한 공헌을 인정받아
        'UN세계평화특별공로상' 수상

        • 국제캠퍼스에 사색의 광장과 Neo Renaissance탑 건립

1997   • 경희대 아태국제대학원 설립

        • 국내 대학 최대 규모 중앙도서관 개관

	• 경희대학교, 교육개혁추진 최우수대학 선정(전국 1위)
	• 미국 세계평화를 위한 국제교육자협회(IAEWP)로부터 '평화 대사상' 수상
	• 인도 잠날랄 바자즈(Jamnalal Bajaj)로부터 평화와 비폭력을 위한 마하트마 간디의 사상을 고취한 공로로 '국제평화상' 수상
1998	• 국제캠퍼스 대학종합평가 전국 1위(3. 5)
	• 제17회 세계평화의 날 기념 국제세미나에서 '지구공동사회 대헌장(Magna Carta of Global Common Society)' 채택 선포(9. 26)
1999	• 경희대 평화의전당(4,600석) 및 새천년광장 준공
	• 서울NGO세계대회 개최
	• 영국 국제인명사전협회(IBC, International Biographical Center), '20세기의 인물상'(세계평화 부문) 수상
	• 동양의학대사전(전 12권) 발간(9. 20)
2000	• 경희대 종합예술디자인대학원, 사이버대학교 설립
2001	• 국제캠퍼스 정문 Neo Renaissance문 건립
	• 중국 랴오닝대학교, '조영식 오토피아 철학과 석사과정' 개설
2004. 4. 17	• 남양주시 삼봉리 밝은사회기념관에서 뇌출혈로 쓰러짐
2008. 5. 26	• 오정명 여사 타계(87세)
2012. 2. 18	• 미원 조영식 박사 타계(91세)

▲ 밝은사회운동 로고

밝은사회운동의 지향목표

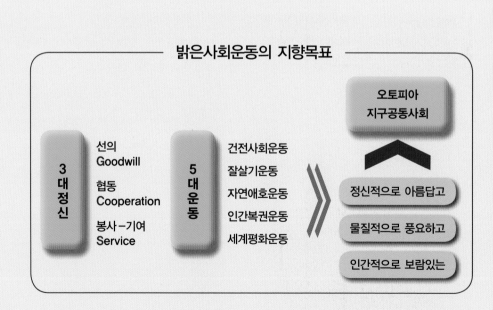

3대정신		5대운동	
	선의 Goodwill		건전사회운동
	협동 Cooperation		잘살기운동 자연애호운동
	봉사-기여 Service		인간복권운동 세계평화운동

오토피아
지구공동사회

정신적으로 아름답고

물질적으로 풍요하고

인간적으로 보람있는

▲ 선의(Goodwill)·협동(Cooperation)·봉사-기여
(Service)를 3대 기본 정신으로 하는 밝은사회운동
결성대회가 1975년 경희대학교에서 진행되었다.
밝은사회운동(GCS)은 건전사회운동, 잘살기운동,
자연애호운동, 인간복권운동, 세계평화운동 등 5대
운동을 전개하는 범세계적인 시민운동으로 자리하
고 있다.
▼ 밝은사회운동 포스터(1975).

▲ 밝은사회운동 전개 2주년을 기념하는 경희 환경녹화미화상 및 밝은사회 모범가족상 시상식.
▼ 1978년 밝은사회국제클럽 한국본부가 결성되었으며, 초대 총재로 안호상 박사가 취임하였다.

▲ 밝은사회 뉴욕클럽 결성식(1996).
▼ 밝은사회클럽 국제본부 국제대회에 참석한 미원과 오정명 여사(1998).

▲ 미원은 밝은사회문제연구소를 비롯한 많은 연구소를 개설하여 활발한 연구 활동을 펼쳤다.

▼ 밝은사회 한국본부 당진클럽 기념석 앞에 선 미원.

작품감상

 1. 평화의 기도

 8. 교가 Orchestra ver.

 2. 경희 판타지

 9. 교가 Piano ver.

 3. 미원의 동산

 10. 목련화 Choir ver.

 4. 평화의 새아침

 11. 목련화 Jazz ver.

 5. 꿈에 본 내 고향

 12. 목련화 Orchestra ver.

 6. 교가 Choir ver.

 13. 목련화 New Age ver.

 7. 교가 Eng ver.

작사 조영식
작곡 김동진·박태준·이성환
편곡 이우창

Producer: 이우창(Woochang Lee)
Recording at JW studio
Mastering at Sonic Korea

Ⓟ&ⓒ 2023 EASY Publishing Co.,Ltd. 2023.1
Manufactured and Distributed by 2023 EASY Publishing Co.,Ltd. KOREA